新时代高质量发展丛书

U0572057

新时代中国城镇保障性住房制度研究

郑云峰◎著

STUDY ON THE SYSTEMS OF
INDEMNIFICATORY HOUSING OF
CHINA IN THE NEW ERA

福州职业技术学院2021年学校科研项目：新时代我国城镇保障性住房制度改革与创新研究（项目编号：FZYSKJJJC202101）

经济管理出版社
ECONOMY & MANAGEMENT PUBLISHING HOUSE

图书在版编目（CIP）数据

新时代中国城镇保障性住房制度研究/郑云峰著.—北京：经济管理出版社，2022.6
ISBN 978-7-5096-8440-5

Ⅰ.①新…　Ⅱ.①郑…　Ⅲ.①城镇—保障性住房—住房制度—研究—中国
Ⅳ.①F299.233.1

中国版本图书馆 CIP 数据核字（2022）第 090752 号

组稿编辑：李红贤
责任编辑：李红贤　杜羽茜
责任印制：黄章平
责任校对：董杉珊

出版发行：经济管理出版社
　　　　　（北京市海淀区北蜂窝 8 号中雅大厦 A 座 11 层　100038）
网　　址：www.E-mp.com.cn
电　　话：（010）51915602
印　　刷：唐山昊达印刷有限公司
经　　销：新华书店
开　　本：720mm×1000mm/16
印　　张：13.5
字　　数：231 千字
版　　次：2022 年 6 月第 1 版　　2022 年 6 月第 1 次印刷
书　　号：ISBN 978-7-5096-8440-5
定　　价：68.00 元

前　　言

从古至今，住房问题一直都是社会各界关注的焦点问题之一。只有实现安居，人民才能乐业，才会最终实现社会安定和谐。改革开放以来，我国逐步推进城镇住房管理体制改革，逐步减少直至 1998 年"房改"最终停止实物福利分房，并以住房市场化及保障性住房取而代之。2003 年房地产业被确定为我国国民经济支柱产业之后，住房市场化、产业化成为我国城镇住宅建设发展的主要方式，市场成为城镇居民解决住房问题的主要渠道。此外，保障性住房建设总量不足、位置偏、配套不完善、分配不均成为保障性住房领域存在的突出问题。在主要依靠市场手段解决住房问题、保障性住房建设总量不足的背景下，我国城镇房地产价格不断攀升，居民住房负担不断加重，住房成为困扰经济发展、影响社会和谐的主要问题之一。

基于住房问题的重要性及住房属性的特殊性，2008 年以来，我国加大了对城镇保障性住房建设的支持力度，大规模实施保障性住房安居工程，在保障性住房建设财政投入、税收优惠、土地供给、金融支持以及制度创新等方面给予了前所未有的支持，促进了保障性住房建设的发展。经过多年的发展，我国建成了世界上最大的住房保障体系，初步形成了以公租房（包括并轨运行的廉租房）、保障性租赁住房、共有产权房（包括经济适用房、限价房等销售型保障性住房）为主体的保障性住房制度，形成了多主体供给、多渠道保障、租购并举的保障性住房供应体系，对于保障城镇中低收入家庭基本住房权益起到了一定的作用。但是，我国城镇保障性住房制度仍然存在立法不健全、结构不合理、保障范围小、分配不公平、建设效率低等问题。这些问题极大阻碍了我国城镇保障性住房建设的发展，难以适应新时代我国经济社会发展的新形势，因此必须进一步完善与优化我国城镇保障性住房制度。

本书坚持以马克思主义相关经济理论为指导，并适当借鉴西方经济学关于保障性住房制度研究的有益成果，包括理论基础体系、制度评价体系、对策建议体系三大部分。理论基础体系部分在深入考察城镇住房保障思想史，充分借鉴国内外相关研究成果的基础上，构建城镇保障性住房制度的基础理论，包括城镇保障性住房制度的相关范畴界定、理论基础等内容。制度评价体系部分在理论分析的基础上对我国城镇保障性住房制度的成效与不足进行评价，包括我国城镇保障性住房制度历史演进与现行制度安排、我国城镇保障性住房制度评价与绩效考察两个部分。对策建议体系部分在对我国城镇保障性住房制度评价与绩效考察的基础上，合理借鉴发达国家（地区）住房保障制度的经验教训，提出完善我国城镇保障性住房制度的总体构想与对策建议。

本书共分为八章，具体安排如下：

第一章，绪论。主要阐述研究中国城镇保障性住房制度的背景、意义、国内外文献研究综述，以及本书的研究内容、研究方法、主要创新点及有待进一步研究的问题。

第二章，城镇保障性住房制度的范畴界定与理论基础。本章对住房属性及特征、城镇保障性住房制度等相关概念进行界定，从思想史的角度全面梳理了马克思与恩格斯关于住房问题的思想与论述，总结了新时代我国关于住房问题的重要论述，全面梳理了西方经济学关于住房保障制度的理论研究，为本书研究提供理论借鉴。

第三章，中国城镇保障性住房制度历史演进与现行制度安排。本章阐述了改革开放以来我国城镇保障性住房制度的历史演进过程、现行制度构成、实施概况以及各地的创新实践。从发展历史、制度构成、实施情况以及创新实践等角度对我国城镇保障性住房制度进行综合阐述，力图准确把握我国城镇保障性住房制度的全貌。

第四章，中国城镇保障性住房制度评价与绩效考察。一方面，通过定量研究对我国城镇保障性住房制度的适度性、公平性以及效率性进行研究并得出相应的评价指数；另一方面，通过定性分析对我国城镇保障性住房制度取得的成效以及存在的问题进行阐述。通过定量研究与定性分析对我国城镇保障性住房制度进行评价，为完善我国城镇保障性住房制度提供科学依据。

第五章，发达国家（地区）保障性住房制度考察与经验借鉴。本章对发达国家（地区）保障性住房制度与实践进行研究、归纳，从中总结出保障性住房制度的规律，为完善我国保障性住房制度提供经验借鉴。主要研究了美国、德国、英国、新加坡、日本保障性住房制度，归纳出了共同的经验与启示。

第六章，中国城镇保障性住房制度改革总体构想与目标模式。本章分析了新时代我国城镇保障性住房制度改革面临的新形势与新要求，总结出城镇保障性住房制度改革的影响因素，并提出改革的目标、原则与目标模式。

第七章，完善中国城镇保障性住房制度的对策建议。城镇保障性住房制度改革是一项复杂的系统性工程，本章从立法体系建设、融资制度、供地制度、管理制度以及新市民住房保障等角度提出完善我国城镇保障性住房制度的对策建议。

第八章，结论与展望。这部分是对本书研究成果进行总结，并提出研究展望。

目　　录

第一章

绪　论

第一节　选题背景

一、住房问题成为全社会关注的焦点问题之一

"安得广厦千万间，大庇天下寒士俱欢颜。"自古以来，住房问题就是最重要的民生问题，事关人民群众安居乐业与国家社会、经济平稳健康发展，"努力实现全体人民住有所居"是社会和谐稳定的基础。

改革开放以来，我国加快了城镇住房体制改革的步伐。1998 年住房制度改革（以下简称"房改"）之后，我国结束福利分房制度，确立了市场机制在住房资源配置中的基础性地位。2003 年，国务院印发《关于促进房地产市场持续健康发展的通知》（国发〔2003〕18 号），确立了房地产国民经济支柱产业的地位，从此我国房地产市场进入了发展的"黄金十年"，城镇居民的居住条件、住房市场供应结构以及住房资源的分配产生了巨大变化。

一方面，随着我国房地产市场的蓬勃发展，城镇居民的居住条件大幅改善，生活质量得到迅速提高，城镇人均居住面积由 1978 年的 6.7 平方米提高到 2018 年的 39 平方米[①]，房屋建设质量、室内规划设计以及住宅小区配套设施也都得到大幅度改善。另一方面，我国房地产市场因为房价不断上涨、住房

---

① 国家统计局投资司 . 建筑业持续快速发展　城乡面貌显著改善：新中国成立 70 周年经济社会发展成就系列报告之十〔J〕. 安装，2019（9）：5-7.

资源分配不均、中低收入人群住房困难没有解决等问题而受到诟病。一是房价日益高涨，在 2003 年房地产被确立为我国支柱产业之后，我国房价（特别是一、二线城市的房价）进入快速上涨的时代。以北京为例，2003 年以来房价从均价 4456 元/平方米上涨至 2020 年的均价 46932 元/平方米①，房价上涨超过 10 倍。二是住房资源分配不均，1998 年"房改"以后我国住房资源主要依靠市场机制进行分配，在居民收入存在差距的背景下，城镇居民家庭拥有房产的数量也出现较大差异。三是城镇中低收入群体住房困难问题未能得到妥善解决，特别是大城市新市民和青年人等群体住房困难问题仍然十分严峻。在现有住房体制下，解决住房问题有三种途径，即自购住房、租房、政府提供保障性住房。随着房价上升，购买商品住房对于中低收入群体来说很困难。在现有保障性住房制度下，保障范围有限、保障房资源不足、受户籍限制等因素又导致部分中低收入群体无法享受政府提供的保障住房。因此，部分中低收入群体只能依靠租房解决住房问题，而随着房租的不断上涨，中低收入群体的住房问题变得越来越严峻，群租、合租现象逐渐普遍。

房价上涨过快、城镇中低收入群体住房困难将会成为影响社会和谐与稳定的一大因素，住房问题目前已经成为各级政府、专家学者以及广大人民群众共同关注的热门话题之一。

二、政府加大保障性住房建设的支持力度

1998 年国务院《关于进一步深化城镇住房制度改革加快住房建设的通知》（国发〔1998〕23 号）提出"建立和完善以经济适用住房为主的多层次城镇住房供应体系"，"最低收入家庭租赁由政府或单位提供的廉租住房；中低收入家庭购买经济适用住房；其他收入高的家庭购买、租赁市场价商品住房"。由此可以看出，只是将收入高的家庭住房问题完全市场化，而最低收入家庭及中低收入家庭仍然由政府提供相应住房保障。

2003 年以前住房价格保持平稳，保障性住房建设稳步推进，各地尚能重视民众住房保障问题。而 2003 年国务院发布的《关于促进房地产市场持续健康发展的通知》（国发〔2003〕18 号）将房地产业确立为国民经济的支柱产业，提出"调整住房供应结构，逐步实现多数家庭购买或承租普通商品住

---

① 资料来源：2020 年北京楼市盘点：住宅成交创近 4 年新高［EB/OL］.［2021-01-14］. https：//fdc.fang.com/news/2021-01-14/38367642.htm.

房"。该通知改变了 1998 年 "房改" 的设想，将城镇多数家庭住房问题市场化，住房市场需求激增，房价日益攀升。保障性住房建设重要性下降，保障房目标也逐渐被地方政府弱化。

面对上涨过快的房价以及城镇中低收入家庭住房困难的持续，国家一方面出台了一系列以房价调控为目标的政策措施，包括限购、限贷等政策；另一方面，2007 年以来，国家开始反思住房政策，重新将保障性住房建设视为事关民生、民心的重大问题。2007 年国务院发布《关于解决城市低收入家庭住房困难的若干意见》（国发〔2007〕24 号），提出力争到 "十一五" 期末，使低收入家庭住房条件得到明显改善。

2009 年下半年以来，房价经过金融危机低谷后全面反弹，国家密集出台了一系列政策，开始大规模实施保障性安居工程建设。2010 年 1 月，国务院办公厅发布了《关于促进房地产市场平稳健康发展的通知》（国办发〔2010〕4 号），提出 "加快推进保障性安居工程建设"，"力争到 2012 年末，基本解决 1540 万户低收入住房困难家庭的住房问题"。2010 年 6 月，住建部等七部委联合发布《关于加快发展公共租赁住房的指导意见》（建保〔2010〕87 号），提出 "大力发展公共租赁住房，是完善住房供应体系，培育住房租赁市场，满足城市中等偏下收入家庭基本住房需求的重要举措，是引导城镇居民合理住房消费，调整房地产市场供应结构的必然要求"。2011 年 9 月，国务院办公厅发布《关于保障性安居工程建设和管理的指导意见》（国办发〔2011〕45 号），提出 "大力推进以公共租赁住房为重点的保障性安居工程建设"，"到 '十二五' 期末，全国保障性住房覆盖面达到 20% 左右，力争使城镇中等偏下和低收入家庭住房困难问题得到基本解决"。

党的十八大以来，党中央深化了对住房问题性质的认识，认为住房问题关系民生福祉，坚持 "房住不炒"，突出住房的民生属性，不将房地产作为短期刺激经济的手段。2012 年，党的十八大提出 "住房保障体系基本形成" 的目标。2013 年 10 月 29 日，中共中央政治局首次就住房问题开展集体学习，习近平同志在会上提出 "加快推进住房保障和供应体系建设，构建以政府为主提供基本保障、以市场为主满足多层次需求的住房供应体系"。党的十八届三中全会再次强调 "健全符合国情的住房保障和供应体系"。党的十九大指出，"坚持在发展中保障和改善民生"，"增进民生福祉是发展的根本目的"，并将住有所居作为补齐民生短板的重要内容之一。2019 年 7 月 30 日，党的十九届中央政治局会议提出 "不将房地产作为短期刺激经济的手段"，直接将 "保增长"的任务从房地产调控政策中剔除，进一步强化住房的民生属性。2020 年中央经济工作会议更是史无前例地指出住房问题关系民生福祉，从而将住房问题的民生属性推向了前所未有的高度。2021 年 4 月 30 日，中央政治局召开会议，再次强调要坚持"房子是用来住的，不是用来炒的"，增加保障性租赁住房和共有产权房供给。在政府对保障性住房建设的大力支持与推动下，经过几年的发展，形成了以公租房（含廉租房）、保障性租赁住房、共有产权房（如经济适用房、限价房）等为主体的保障性住房制度体系。

三、新型城镇化对保障性住房建设提出新的要求

我国仍处于城镇化快速推进的发展阶段，党的十八大强调走新型城镇化的道路，将对我国保障性住房建设提出新的要求。

第一，新型城镇化将对保障性住房建设总量提出更高的要求。根据第七次全国人口普查的数据，2020 年中国城镇化率高达 63.9%，预计"十四五"期间将突破 65% 的大关。[①] 我国现有城镇化主要是通过"农转非"模式实现的，即国家通过将农村集体土地征收为国有，农民相应转化为城镇人口，这些新增城镇人口很大一部分属于中低收入群体，难以依靠自身的努力解决住房问题。因此，新型城镇化的推进使政府在面对原有城镇家庭保障性住房需求的同时，新增了大量的保障性住房需求，基数迅速扩大，对保障性住房建设总量提出了更高的要求。

第二，新型城镇化将对保障性住房建设质量、居住环境提出更高的要求。新型城镇化强调的是人的城镇化，强调的是群众要享受城镇化发展的红利，居住质量要随着城镇化的推进得到提高，要能够让群众享受均衡的公共服务。随着新型城镇化的推进，群众对于居住的质量、环境等方面的需求都会大幅度提升，这些新需求的提出将对政府建设保障性住房的能力提出更高的要求，不能仅有量的增长，还要有质的提升。

第三，新型城镇化将对保障性住房政策的差异化提出更高的要求。我国幅员辽阔，各地的发展水平各异，相应地各地区的城镇化水平也千差万别，居民的住房情况也有很大不同。东部地区经济较为发达，城镇化水平较高，还有大量的新市民（外来务工人员），建设新型城镇不能仅仅考虑本地居民的住房问

---

① 资料来源：翟振武. 新时代高质量发展的人口机遇和挑战｜第七次全国人口普查公报解读 [N/OL]. 经济日报，[2021-05-12] . https：//proapi. jingjiribao. cn/detail. html？id=339961.

题，还必须将新市民的住房问题进行统筹考虑。而中西部经济发展水平相对较欠发达，大量人口外出务工，建设新型城镇中面临的情况与东部地区迥然不同。因此，新型城镇化推进过程中应当十分注重各地之间的差异性，应当因地制宜出台符合本地发展实际的住房保障政策，切忌"一刀切"。

四、政府财政负担增加对保障性住房建设的可持续性提出挑战

政府财政负担增加将对保障性住房建设的可持续性提出巨大挑战。保障性住房建设需要政府投入土地、减免税费、提供各种补贴，保障性住房建设支出成为各级政府财政支出的重要内容之一。政府财政收支面临的新情况将使保障性住房建设的可持续性面临不确定性。

一方面，从政府财政支出来看，未来几年政府面临较大的保障性住房建设还款压力。2008 年中央启动保障性住房安居工程以来，中央政府已经连续 13 年投入大量财政资金用于保障性安居工程建设。近年来，中央在保障性安居工程建设方面的投入维持在 3500 亿元以上的规模。保障性安居工程方面的投入很大一部分来自银行的信贷资金，需要在约定的期间还本付息。廉租房、公租房这类不能出售、租金又比较低廉的保障性住房项目，将对政府还款付息造成较大的压力，需要更多财政投入。

另一方面，从政府的财政收入来看，增速放缓以及缺乏足够支撑地方财政收入的税种将对保障性住房建设投入造成较大影响。2003 年以来，土地出让金收入已然成为大部分地方政府的重要财政收入来源，甚至成为部分地方财政收入的支柱。然而，土地资源毕竟是有限的，并且土地出让金收入受房地产市场景气程度影响很大，面临较大的不确定性，土地出让收入容易大幅度波动。在缺乏替代土地出让金成为地方财政收入主要来源税种的情况下，保障性住房建设投入难言乐观。

随着我国经济发展进入新常态，经济增速放缓，特别是受新冠肺炎疫情影响，我国经济发展面临各种挑战，各地财政收支不容乐观。根据 2021 年 6 月审计署公布的《国务院关于 2020 年度中央预算执行和其他财政收支的审计工作报告》，截至 2020 年底，重点调查的 55 个地区政府债务余额达到 5.07 万亿元。在这种情况下，如何开拓更多筹资渠道来应对政府财政负担加重对保障性住房建设的挑战，增强保障性住房建设的可持续性成为未来完善保障性住房制度的重点课题之一。

第二节　选题意义

　　改革开放以来，我国经济发展取得了举世瞩目的成就，居民居住状况也得到了大幅度改善，特别是1998年"房改"以来，居民居住环境得到了空前的提高。然而2003年以来，我国房价步入了快速上涨的时期，根据上海易居房地产研究院2021年3月30日发布的《2020年全国50城房价收入比报告》显示：2020年，50城房价收入比均值为13.4，远超世界平均值。过快上涨的房价使城市中低收入群体的住房问题日益凸显，住房问题成为城市中低收入群体重要的民生问题。从市场运行的规律以及发达国家的经验来看，解决中低收入群体的住房问题主要依靠政府保障性住房建设，然而我国保障性住房制度在保障范围、保障方式、保障性住房资源分配、保障性住房建设的可持续性方面仍然存在着问题，引起了很大的争议。因此，对我国城镇保障性住房制度进行研究，对于丰富社会主义市场经济理论体系、完善我国城镇住房制度、努力实现"全体人民住有所居"的目标、促进社会公平和谐具有重大的战略意义，是值得研究的重大课题。

一、理论意义

　　第一，完善社会主义市场经济理论体系。房地产市场是社会主义市场体系的重要组成部分，但是房地产市场与普通的商品市场既有区别又有联系。普通商品依靠市场机制的调节能够达到资源最优化配置的效果，而房地产市场由于住房商品的特殊性，注定了住房商品不能单纯依靠市场机制的调节，必须借助政府这只"看得见的手"的调节才能达到兼顾公平与效率的目标。因此，对住房商品的特殊性质进行剖析，研究城镇居民的住房需求，分析住房资源配置的最优方式，对于丰富社会主义市场经济理论体系具有重要意义。

　　第二，成为房地产宏观调控理论的重要补充。2003年以来，随着房价的不断上涨，加强国家对房地产市场调控的呼声不断高涨。面对日益高涨的房价，学术界对于如何调控房地产市场进行了大量研究，一时间成为众多专家学者研究的热门问题。总体看，房地产宏观调控理论主要从住房供应模式、土地政策、货币政策、财政政策、行政手段等角度论述我国房地产宏观调控政策体系，力求通过降低房价、调整住房供应结构来缓解中低收入群体的住房困难问题，解决思路是以市场为主、政府为辅；而保障性住房制度则强调的是政府在中低收入家庭居民住房问题上应当承担应有的责任，强调的是政府为主、市场为辅，只有将这两种方式相结合才能最大限度地满足城市居民的住房需求。因此，对保障性住房制度的研究将成为房地产市场宏观调控理论的重要补充。

第三，对保障性住房制度进行合理评价。我国保障性住房建设经过多年的努力，形成了较为完整的保障性住房制度，但是制度的实施效果如何却是众说纷纭，缺乏有说服力的评价研究。对我国保障性住房制度进行评价必须构建科学合理的评价理论基础、评价原则、评价指标体系，合理设置各个指标体系的占比，才能得出符合实际情况的评价结果，从而增强评价的指导性和可操作性。在对保障性住房制度进行合理评价的基础上，才能正确总结出我国保障性住房建设取得的成绩、存在的问题，才能以此提出合理的改进建议。

第四，丰富中国特色社会主义保障理论。保障性住房制度是我国住房保障制度的核心组成部分，更是我国社会保障制度的重要内容。计划经济时期，我国实行福利分房制度，城镇居民的住房问题由政府及企业统一解决。改革开放以来，随着社会主义市场经济体制的逐步完善，我国逐步取消了福利分房，实行住房市场化，并初步建立了住房保障制度。但是总体来说，我国保障性住房制度仍不完善，保障性住房建设力度有待加强，需要继续深化研究，借鉴国外保障性住房建设的成功经验与吸取部分国家保障性住房建设失败的教训，从理论上深化保障性住房的相关理论研究，丰富社会主义保障理论。

二、现实意义

第一，加快保障性住房制度建设有利于改善民生，实现"全体人民住有所居"的目标。衣食住行是人类最基本的需求，住房作为人类生存、发展及享受之所，对于群众安居乐业、社会和谐稳定具有至关重要的作用。改革开放以来，我国经济建设实现高速发展，群众的生活水平有了较大幅度的提升。但由于房价持续上涨以及贫富差距没有消除等原因，城市中低收入群体的住房问题日益凸显，正成为社会安定和谐的隐患。中低收入群体的住房问题无法通过市场解决，必须依靠政府加大保障性住房制度建设力度，从而缓解中低收入群体的住房困难问题，为实现改善民生及"居者有其屋"的目标提供制度保障，为社会安定和谐奠定基础。

第二，加快保障性住房制度建设有利于扩大内需，实现"稳增长"的目标。投资、消费、出口是拉动经济增长的"三驾马车"。长期以来，我国经济发展依靠的是投资和出口拉动，而内需对经济发展的促进作用比较微弱。国际金融危机、欧债危机的爆发及持续发酵使我国出口环境迅速恶化，而投资的增速也出现了下滑，从而使我国经济发展的动力减弱，需要寻找新的经济增长点以实现"稳增长"的目标。加快保障性住房建设可以从以下两个方面实现扩大内需：一是保障性住房建设需要政府加大投资力度，从而带动国内相关行业的发展；二是加强保障性住房建设，提高中低收入群体的保障房覆盖率，能够大大减轻中低收入群体的住房负担，增强中低收入群体的消费能力，拉动内需。因此，应当将保障房建设作为扩大内需的一项长期政策。

第三，加快保障性住房制度建设有利于房地产市场的健康发展。商品房与保障房是住房供应体系的两个互补的组成部分，中高收入群体依靠购买商品房来实现住房需求，而中低收入群体则依靠政府提供的各类保障性住房实现住房需求，两者应当并行不悖。长期以来，由于我国保障性住房覆盖面不够，一些中低收入群体只能购买商品房或者租用商品房来解决住房问题，推高了房租与房价。在高房价及高利润的刺激下，大量社会资本涌入房地产市场，加剧了房地产泡沫。加快保障性住房建设有利于分流商品房的需求，缓解住房刚需带来的压力，稳住商品房价格，促进房地产市场稳定、健康发展。

第四，加快保障性住房制度建设是新型城镇化发展的重要基础。"十四五"期间乃至 2035 年之前我国仍将处于城镇化的高速发展时期，将有大量的农村人口转变为城镇人口。这部分新增城镇人口由于教育、职业技能、收入水平等原因，他们的支付能力相对较差。如果让他们直接通过购买商品房来满足住房需求无疑会使他们承受巨大的压力，低收入与高房价的矛盾将进一步尖锐化。这些问题将给城镇化带来困扰，成为社会安定与和谐的隐患。因此，在推进新型城镇化进程中，必须重视中低收入家庭的住房问题，为城镇化提供和谐的社会环境。

第五，构建新发展格局的迫切需要。"推动形成以国内大循环为主体、国内国际双循环相互促进的新发展格局"是根据我国发展阶段、环境、条件变化提出来的，是重塑我国国际合作和竞争新优势的战略抉择。① 构建新发展格局意味着要更加重视内需在我国经济发展中的推动力作用，更加重视国内经济

---

① 习近平. 在经济社会领域专家座谈会上的讲话［N］. 人民日报，2020-08-25（002）.

循环的畅通无阻。要充分发挥内需的作用，不仅要稳步提高居民的收入水平，还要提升居民可支配收入的水平，培育坚实的购买力基础。然而商品房价格上涨过快透支了家庭的购买力，普通中产家庭为了购买一套城市商品住宅，不仅需要父辈家庭的资助，还要背负房贷月供的压力。由高房价导致沉重的住房消费负担，必然倒逼居民压缩其他方面的支出，影响国内大循环的顺利运行。因此，从构建新发展格局的大局出发，亟须通过建立完善的保障性住房制度，增加保障性住房的供应数量，稳定房价，稳定预期，提升居民住房消费以外的支出水平。

第三节　文献研究综述

中低收入家庭住房困难问题是世界各国面临的共同的民生问题，特别是在工业化和城市化快速发展的阶段，住房困难问题更为突出。鉴于保障性住房制度对于经济发展、社会稳定的重要性，国内外学术界对保障性住房制度及保障性住房建设都做了大量的研究。

一、国外学术界对保障性住房的研究

（一）保障性住房的属性及功能研究

西方国家从 18 世纪中期开始开启工业化的进程，到 19 世纪步入工业革命，进入城市化高速发展的阶段，大量农民离开农村进入城市，城镇住房问题特别是中低收入家庭住房困难问题开始凸显。

伟大的革命导师恩格斯于 1872 年开始研究工人阶级住房问题，在《论住宅问题》一书中指出在资本主义时代，由于工业化、城市化的快速发展，工人阶级本已经很恶劣的居住条件不断恶化，住房市场供需矛盾突出，租金飞涨，极大地伤害了工人阶级。他还批判了资产阶级政府对工人阶级住房问题的漠视。

19 世纪晚期，为了缓和住房、教育、医疗等问题引发的日益尖锐的社会矛盾，西方国家政府及学者开始重视公民的住房问题，提出了公共住房（Public Housing）的概念，将公共住房定位为准公共物品，目的在于为中低收入家

庭提供住房保障；并且在1894年，法国政府就出台了专门为中低收入者提供的廉租住房的法律，为廉租住房建设提供法律保障。

Nevit（1977）认为公共住房的实施是由于住房问题与公共利益具有高度的相关性，如果公共住房政策实施不当，将会对公共利益造成较大损害，影响国家的和谐安定。Marshall（1975）指出现代社会公民的基本权利包括生存权、健康权、工作权、受教育权、居住权与资产拥有权六个方面的内容，其中居住权与资产拥有权都与住房有着直接的关系，因此应当重视对公民居住权的保障。Adams（1984）认为住房问题是关系到个人社会地位、社会安置、财富、权利、追求及个人标志等多种意义的交互式问题，是否拥有住房以及拥有住房数量的多少成为划分社会阶层的重要依据，也是贫富差距扩大的主要表现形式。

（二）保障性住房租金控制研究

在国外，租赁型保障性住房是保障性住房的主要组成部分，因此国外保障性住房的定价问题主要是租金水平的制定，租金定价及调整机制成为重要的管理制度之一，它关系到中低收入群体的负担能力，同时也关系到保障性住房的可持续发展。

Gyourko和Linneman（1990a）认为保障性住房的租金控制不能仅考虑收益与成本，还必须将不同收入群体的支付能力以及收入分配的公平效应考虑在内。Olsen（1972）对纽约市的租金控制政策效果进行了研究，认为租金控制政策对租房者与房主产生了截然不同的影响，租金控制政策一方面使租房者收入提高了3.4%，另一方面使房主的房租收入减少额多达租房者收入增加额的2倍。为了考察租金控制在不同收入群体间的不同收益分配效应，Gyourko和Linneman（1990b）利用纽约市1968年的相关数据研究租金减少在不同收入家庭产生的分配效应，结果显示贫困家庭能够从政府的租金控制计划中获得更大的收益。当然，也有学者反对实行租金控制政策，认为实行租金控制政策虽然维护了公共利益，但是扰乱了住房租赁市场的租金定价机制，带来了市场效率的损失。

Gyourko和Linneman（1990）还研究了租金控制政策对于房屋质量及维修投入的影响，他们认为在房租受到管制的情况下，房主会削减房屋维修投入，从而造成房屋折损加快。Malpezzi和Ball于1991年将其论文 *Rentcontrol in developing countries*（《发展中国家的租金控制》）作为讨论件提交给世界银行，该论文对世界各国的租金控制制度进行了比较研究，提出了租金控制制度能够决定租金标准以及能够控制租金上涨、如何确定租金标准等问题。

（三）保障性住房融资制度研究

建立长期可持续的资金来源渠道对于保障性住房建设来说至关重要，拓宽保障性住房融资渠道是完善住房保障制度的关键。David（2000）认为保障性住房开发建设不能仅仅依赖公共财政融资，还要积极引入私人资本参与。Disney（2007）认为开拓保障性住房融资渠道，吸引社会资本进入可以实现保障性住房的推广发展；还认为通过实行"国家可支付租房奖励计划"，即民间组织通过现金捐赠等方式筹集资金作为房租补贴的资金来源，为房东提供长期的租约，为租房者提供租金补贴，一方面保证了房东的可持续的租金回报，另一方面满足了低收入群体的住房需求。

（四）住房保障方式研究

选择合适的住房保障方式对于提高保障性住房的运行效率、促进保障性住房运行的公平公正具有重要作用。Galster（1997）认为在房地产市场价格弹性够大的情况下，"人头补贴"优于"砖头补贴"，在住房供给足够多的情况下，应当选择以补贴中低收入家庭的方式来提供住房保障。阿瑟·奥沙利文（2003）认为在住房极其短缺的条件下，可以对中低收入家庭提供实物住房保障，但是实物住房保障方式容易导致保障性住房资源使用效率低下，造成不公平的现象，因此，在住房短缺缓解时，应当以货币补贴取代实物补贴。

（五）对中国保障性住房制度的研究

随着中国综合国力的增强，中国的国际社会政治、经济等方面的影响力也随之增强，国际社会也加强了对中国的关注。特别是目前中国正在进行的全球规模最大的城市化进程，如何解决大量人口集中在城市进而导致的住房短缺问题也成为国外专家学者关注的重点。

世界银行1991年发布了《中国城镇住房改革：问题与可供选择的方案》，其中提出要从中国国民收入分配结构和积累方式演变的角度来把握中国的住房改革，对中国城镇住房改革存在的问题进行剖析，为中国城镇住房制度改革提供了新的研究视角。[①]

---

① 安德鲁·黑马. 中国城镇住房改革：问题与可供选择的方案［R］. 北京：世界银行中国局，1991.

Duda 等（2005）对中国公积金制度以及经济适用住房制度进行了研究，认为这些政策未能真正满足大多数中低收入家庭的住房需求，中国应当对以鼓励购买部分产权式保障性住房为导向的住房保障政策进行反思，应当加快推进租赁型保障性住房的建设进程。

联合国人居署于 2008 年与 2009 年分别发布了 *Rental Housing：A much Neglected Housing Option For the Poor*（《租赁住房：一个被忽视的穷人住房选择》）与《中国低收入阶层住房研究报告》，对中国城市中低收入阶层住房问题进行了研究，认为在房价不断攀升的背景下，城市中低收入阶层难以依靠自身力量购买商品房，建议中国加强在公租房制度方面的探索与实践力度。

美国花旗银行对亚太地区的房地产行业进行了研究，并于 2010 年 7 月发布了研究报告，在报告中对中国的保障性住房制度进行了研究，对中国住房供应体系以及保障性住房供应体系进行了分析。[1]

二、国内学术界对保障性住房制度的研究

（一）关于住房的性质及保障性住房建设的必要性研究

早在 1980 年，邓小平同志就对住房的属性进行了精彩的描述，他认为："关于住宅问题，要考虑城市建筑住宅、分配房屋住宅的一系列政策。城市居民可以个人购买房屋，也可以自己盖。不但新房子可以出售，老房子也可以出售。可以一次付款也可以分期付款，10 年、15 年付清。住房出售以后，房租恐怕要调整。要联系房价调整房租，使人们认识到买房合算。因此要研究逐步提高房租。房租太低，人们就不买房子了……将来房租提高了，对低工资的职工要给予补贴。这些政策要联系起来考虑。建房可以鼓励公私合营或民建公助，也可以私人自己想办法。"[2] 从邓小平同志的论述中，我们可以得到两点结论：一是住房是商品，可以买卖；二是住房同时具有准公共物品的性质，要对低收入的职工进行补贴，这里就体现了邓小平同志的住房保障思想。

近年来，随着房价不断上涨，人们对于住房问题的关注热情空前高涨。对于住房属性及住房问题性质的讨论也很激烈。周其仁（2005）认为房价虽然

① Choi O.，Sze M. China Property—Social Walfare Housing：A Right Move to a Healthier Market [R] . New York：CITI Bank，2010.

② 国务院住房制度改革领导小组办公室. 城镇住房制度改革 [M] . 北京：改革出版社，1994.

是一个经济问题，但是却具有很强的政治含义。程恩富和钟卫华（2011）认为住房具有双重经济属性，住房首先是生活必需品，是人类赖以生存和发展的基础，是重要的民生问题，国家必须有长期周密的保障性住房政策安排。冯俊和张锋（2014）认为住房问题关系群众切身利益，关系宏观经济平稳运行和城镇化健康发展。

对于完善保障性住房制度的必要性及重要意义，学术界也做了大量的研究。郭万达（2008）分析了美国次贷危机带来的教训，他认为保障性住房建设使低收入者免于借助商业贷款解决住房问题，因此可以防止次贷危机的发生。罗应光等（2011）认为保障性住房建设具有以下重要意义：一是有利于改善民生，维护社会公平，为和谐社会建设奠定基础；二是保障性住房建设有利于扩大内需；三是保障性住房建设有利于住宅市场的健康发展。张占斌等（2013）认为保障性住房建设是增强经济增长的内生动力，是促进收入分配公平，提升社会保障能力，促进产业结构优化、升级，推动经济增长方式转变的重要保障。魏铭材等（2021）全面分析了房地产市场、住房保障与人居民生之间的关系，认为落实住房保障是提升人居民生水平的根本手段。

（二）关于我国保障性住房制度存在的问题的研究

由于我国正处于城市化的高速发展时期，城市中低收入群体的住房问题比较突出。张占录（2011）归纳了我国保障性住房建设存在的问题，主要有政府重视程度不够、保障性住房类型体系不清晰、居民收入审查形同虚设、保障性住房准入标准过高、缺乏科学的轮候制度、定向分配导致变相福利分房等。董丽晶和田源（2011）认为我国保障性住房建设存在缺乏对申请对象科学的识别机制、缺乏对保障性住房的合理定位、缺乏稳定的资源供给渠道、缺乏科学合理的进入与退出机制、缺乏强有力的住房保障实施机构等问题。成志刚和彭少峰（2012）对我国保障性住房制度的公共性缺损问题进行研究，认为我国保障性住房制度存在价值理念的公共性缺损、供给主体的公共性缺损、保障对象的公共性缺损以及实施手段的公共性缺损。杨向前（2012）认为我国现行住房保障制度存在住房保障体系小福利特征明显，经济适用房制度产生福利过度，保障性住房由于区位偏远、公共服务设施缺乏、居住品质低下的情况等造成较大的住房福利损失，以及住房保障投入不足等问题。曹飞（2013）对我国现阶段的保障性住房供给模式进行研究，认为我国保障性住房体系过于复杂、保障性住房供给制度与房地产宏观调控政策关系混乱、保障性住房政策未能充分考虑供需双方的特殊性。吕萍等（2013）认为我国保障性住房存在产权界定不清、住房权益模糊、保障性住房分配存在不公平及低效率等问题。叶晓甦和黄丽静（2013）从公平和效率的原则出发对我国住房保障制度进行研究，认为我国住房保障制度在运行中存在保障房类型复杂，保障对象缺乏普适性；各种保障房政策界限模糊、存在重叠，公平性较差；保障房制度名目多样，制度执行效率比较差；保障房制度与机制创新缺乏理论指导。马蕾（2015）认为我国保障性住房存在规划布局不合理、分配制度不完善、政策法规不健全等问题。谭锐等（2016）从土地财政的视角对保障性住房制度及建设过程中遇到的阻碍进行研究，发现财政压力比逐利动机更好地预测了城市政府规避供地的行为，土地因素是抑制保障性住房建设成效的最重要因素。王祖山和余昕（2018）认为在现有中央与地方的治理结构框架下，保障性住房建设虽然在"加速跑"但是存在"跑偏"的风险。陈成文和黄利平（2019）指出当前我国住房保障的实践困境在于契合度偏差，包括制度执行低效化、管理机制混乱化、供给主体单一化。刘亚娟（2021）认为我国住房保障制度发展存在两难困境：一方面，产权型保障性住房存在供给成本高、分配不公平等问题；另一方面，租赁型保障性住房稳定性差、难以提供长期住房保障。

（三）关于保障性住房制度评价的研究

目前对于我国保障性住房制度的评价还主要是以定性分析为主，很少涉及定量研究。周雪飞（2009）对我国住房保障政府绩效评价的体系进行初步研究，从评价体系构建、评价指标的设置、评价方法与标准三个方面对我国住房保障政府绩效评价的体系进行思路性探析，认为缺乏科学的政府绩效评价制度是我国保障性住房制度存在诸多问题与矛盾的重要原因。邓中美（2009）认为评价保障性住房制度要从适度性、公平性、效率性三个方面入手，初步构建了评价指标体系，以模糊综合评价方法构建了保障性住房制度的评价模型。高义等（2012）从公共绩效评估基本理论出发，研究地方政府住房保障绩效评估问题，构建了"目标—标杆"二维绩效评估概念模型。任兴洲（2013）对我国保障性住房体系进行评价，认为随着各级政府对保障性住房认识的不断深化，制度建设取得显著进展，具有中国特色的多层次住房保障制度建立并不断完善；同时认为还存在一些亟待解决的问题。祝仲坤（2018）从公众满意度的视角，基于中国综合社会调查的数据，运用 OLS 估计和分位数回归等方法对中国住房保障政策进行评价，得出以下结论：我国住房保障的满意程度不高；住房保障的便利性是最大需求；随着满意度不断提升，充足性需求不断强化。

（四）关于保障性住房制度国际比较研究

住房问题是全世界面临的公共问题，合理借鉴国外保障性住房制度的成功经验以及吸取失败的教训对于完善我国城镇保障性住房制度具有重要意义。巴曙松等（2011）对美国保障性住房制度的演变历史进行研究，认为中国正处于保障性住房大规模建设的初期阶段，应当结合国际经验，明确保障性住房制度运行的基本框架，重点考虑为何而建、为谁而建、如何建、建后管理四个问题。梁云凤（2011）对德国住房保障体系进行研究，认为德国由"房荒"严重发展成住房供应充沛、政策法律完善的国家，其经验值得我国借鉴，并提出应当强化政府在保障房建设中的作用。林梅（2012）对发达国家住房保障的基本模式进行研究，总结了三种住房保障方式：以英国、新加坡为代表的政府直接建造公租房的模式，以美国为代表的提供房租补贴及购房减税的模式，以德国、日本为代表的补贴住房建设环节的模式。她认为住房保障模式的选择取决于特定历史背景。谢恒和周雯珺（2012）对外国保障性住房建设融资方式进行研究，认为充分借鉴发达国家保障性住房的融资经验，有利于推进我国保障房制度的进一步完善。卞靖（2012）从社会构造和政治价值理念维度对国外住房保障制度的主要模式进行研究，总结了国外住房保障制度建设的共同经验，即：中央政府是责任主体，法律法规是必要保障，公房建设是核心政策，严格审查是重要环节，财政金融是有效支持，居住分异须努力避免。李德智等（2015）对美国保障性住房项目的可持续性进行研究，总结了美国自20世纪30年代以来在提高保障性住房可持续性方面的成功经验。段亚男（2017）研究了公共租赁住房管理的国际实践，总结国际公共租赁住房的经验与做法，认为必须坚持公平的政策取向，发挥市场在公共住房资源配置中的决定性作用，更好地发挥政府作用，构建灵活可持续的住房保障体系。杨跃龙和韩笋生（2019）对澳大利亚住房保障的供给侧结构性改革与创新性进行研究，梳理和分析了澳大利亚联邦政府及各州实施的各项激励市场和非营利组织增加可负担住房供应的政策，为完善我国城镇住房保障政策提供参考。王晓燕和李美洲（2019）对英国、美国、德国、新加坡等发达国家房地产管理的经验教训进行研究，认为这些国家都将"以居住为导向的住房制度"作为住房相关法律的核心，保障居民"居有其所"，对于我国建立多元化住房保障体系有很重要的参考意义。

（五）关于新市民（外来务工人员）住房保障问题的研究

城市化的快速发展以及区域发展的不平衡，许多农民进城务工，成为庞大的城市流动人口，大部分进城务工的农民收入较低，居住条件相对较差；大量进城务工人员已经在城市生活二三十年，在当地组建家庭，成为所在城市的新市民。城市流动人口（新市民）的住房问题逐渐成为保障性住房制度研究的重点内容之一。刘力（2012）对城市流动人口住房保障的重庆模式进行研究，认为重庆公共租赁房建设具有以下特点：一是保障方式新；二是保障范围广；三是无户籍限制；四是投资建设主体明确；五是配套齐全；六是布局合理、出行便捷。金萍（2012）对我国新生代农民工的住房保障问题进行研究，提出公共租赁住房是新生代农民工住房保障的依托。彭华民和唐慧慧（2012）对我国城市低收入农民工的住房问题进行研究，认为住房问题是农民工面临的突出的问题之一，提出要改革户籍制度，完善住房市场政策、住房保障政策和城市建设规划政策，以实现低收入农民工的社会融入。刘洪辞（2012）对大学毕业生的"蚁族"现象进行了研究，对"蚁族"群体的住房现状及问题进行了分析总结，提出了"蚁族"住房的 CMAT 供给模式。董昕（2013）对我国外来务工人员的住房政策历史沿革进行研究，得出了以下结论：一是外来务工人员住房政策从无到有，但缺乏长期目标和城乡统筹的整体构想；二是外来务工人员住房保障没有基本法律保障，目前的外来务工人员住房保障方式与土地政策存在矛盾；三是外来务工人员住房保障的范围、标准、方式等适度性问题有待合理规范；四是责任主体不明确，住房保障资金来源不稳定，政策执行难度大；五是解决外来务工人员住房问题的政策仍处于探索阶段，实际作用有限。吴翔华等（2015）以南京市实证调研为基础，发现性别、年龄、收入、职业、居住类型、未来去向等因素对外来务工人员的住房保障意愿有显著影响。孟星（2016）认为解决外来务工人员住房问题受制于外来务工人员在城市的购房意愿与购房能力，应将农民住房及宅基地纳入市场化改革轨道，深化以提高农民收入以及改善农民住房条件为目的的住房制度改革，这是解决外来务工人员住房问题的根本途径。杨菊华（2018）对近十年流动人口住房来源进行研究，发现约七成流动人口租住私房，租住公屋的比例极低，提出应从制度上消减流动人口安居之路上的障碍，扩大公租房对流动人口的覆盖率。蔡鹏和严荣（2020）认为新市民住房问题主要体现在五个矛盾上：各城市所需要的新市民的住房需求与相应住房政策不匹配之间的矛盾、新市民的住房困难与住房保障覆盖面之间的矛盾、新市民的住房困难与住房保障覆盖面之间的矛盾、新市民的租房需求与住房租赁市场发展不充分之间的矛盾，以及住房政策的普适性与住房困难的特定性之间的矛盾；同时从供需两端施策、因城施策、地区间联动施策等角度提出了近期、中期、远期分阶段的具体实施建议。

（六）关于完善我国保障性住房制度的对策建议的研究

近几年房价不断攀升，使广大城镇中低收入家庭只能"望房兴叹"，住房问题成为社会关注的热门话题，如何解决城镇中低收入家庭的住房困难问题成为学术界研究的热门问题之一，专家学者也提出了一系列解决方案。归结起来，主要观点有两种：一种是重构我国保障性住房制度，以公租房为主为大多数城市居民提供住房保障；另一种是完善我国现有保障性住房制度，确保政策落实到位，公平分配保障性住房资源。上述两种解决方案的代表性观点如下：

程恩富（2011）认为保障性住房层次越多，管理的成本就越高，制度建设就越复杂，从而效率也就越低；提出我国住房供应体系应当分为公租房、私租房、商品房三类，倡导实行"以公租房为主体、以商品房和私租房为辅"的"新住房策论"。

申卫星（2011）提出住房保障法的宗旨在于完善我国住房保障体系，目标是确保"住有所居"的实现，因此我国住房保障法应以发展租赁式保障房为主，针对不同人群的不同住房保障需求制定不同层次的住房保障方式，实现住房保障法"保基本、广覆盖、分层次、国家保"的基本原则。

陈峰（2012）提出我国现代住房保障体系运行的目标模式，即以住房困难户为基本保障目标，以租作为主要保障形式，以配物补租、货币配租为主要保障方式，通过分层交叉保障来重构和优化我国住房保障体系。

杨向前（2012）对我国保障性住房制度的完善提出五点建议：一是通过立法确立"一户一宅"制度；二是对现行住房保障制度进行整合，构建新型住房保障制度；三是建立空置住房强制出租制度；四是改革住房保障用地制度，保障性住房用地实行市场化用地制度；五是改革相关制度，引导居民形成理性住房消费习惯。

胡邵雨（2013）提出重点发展廉租房、建立完善的住房租赁制度、弱化经济适用住房、取消限价房、解决"夹心层"的住房问题、多渠道筹集建设资金、加快住房法制化建设，从而完善我国保障性住房制度。

邓郁松（2013）建议逐步推进住房保障体系转型，将廉租房与公租房并轨成为租赁型实物保障房，采取"市场租金、分档补贴、租补分离"的保障方式；将经济适用房与"两限"房并轨成为"公共产权"性质的实物型可售型保障房，在此基础上调整和优化住房保障供应体系，逐步提高货币补贴方式在住房保障方式中的比例。

马蕾（2015）认为政府应当对保障性安居工程承担起应有的责任，要从拓宽融资渠道、完善住房结构、合理引导住房需求、坚持信息公开制度、加强监管及社会舆论监督，有计划、分步骤地建立住房保障体系，实现保障性住房的可持续发展。

武妍捷和牛渊（2018）认为要从完善住房保障对象范围及机制创新两个方面来促进达到保障性住房政策实施的目的，具体来说包括：彻底破除户籍限制，全面覆盖住房困难人群；推进保障性住房建设与实际需求相衔接；制定规范性收入核算体系；建立动态甄别监管机制。

秦虹（2019）建议从进一步丰富住房保障的内涵和进一步提高住房保障管理的精细化和精准化水平两个维度进一步完善住房保障体系。

李克武和聂圣（2019）认为有必要改变以"有房住"为单一政策目标的住房保障制度，建立多元化目标，包括盘活存量房源和调控商品房价格、减轻政府的财政负担和管理负担、满足保障对象多样化的住房需求和选择自由、消除居住空间分异问题等。

江荣灏等（2021）提出要优化财税体制和土地供给结构，提高民生工程在政绩考核中的地位，积极推进新型城镇化和集体住宅用地入市，逐步将外来务工人员纳入住房保障体系，积极引入社会力量参与构建多渠道、多层次的保障体系。

三、简要评述

从上述分析来看，国内外学术界对城镇保障性住房制度的研究已经形成了较好的基础，取得了不少有益的研究成果，对于城镇保障性住房制度建设大有裨益。但是仍存在许多不足之处，值得进一步深化研究。

第一，目前学术界对我国保障性住房制度的研究主要集中在宏观政策层面，主要研究国家如何从宏观政策层面推进保障性住房制度建设，对于城镇保障性住房制度的微观运营研究仍然较为薄弱，关于将政策落实到位的研究还有待进一步加强。

第二，目前对我国城镇保障性住房制度的评价仍然以定性分析为主，比如从定性的角度分析我国保障性住房制度取得的成绩、存在的问题等，缺乏准确的定量分析。通过构建合理的评价模型、设置合理的评价指标体系对我国城镇保障性住房制度取得的成绩以及存在的问题进行定量研究，是未来一个重要的研究方向。

第三，对城镇保障性住房制度的理论基础研究不够。目前对于完善我国城镇保障性住房制度的对策建议研究仍然局限于执行层面的研究，缺乏理论高度，未能为制度设计提供足够的理论依据以及原则性基础。

第四，城镇保障性住房制度研究的视野有待进一步开阔。目前对于城镇保障性住房制度研究的出发点更多在于解决城市中低收入家庭的住房问题，维护社会安定稳定。但实际上住房问题是一个综合性问题，更应该从转变经济发展方式、完善收入分配制度、加快推进新型城镇化和工业化的角度来看待城镇住房保障制度的构建。

第四节 研究内容和研究方法

一、总体研究思路

本书以中国城镇保障性住房制度为研究对象，包括相关理论基础、问题的来源、城镇保障性住房制度的历史沿革与现行制度安排、现行城镇保障性住房制度的绩效考察与评价、国际保障性住房制度比较与经验总结、中国城镇保障性住房制度改革的总体构想、完善中国城镇保障性住房制度的对策建议等内容。

本书力求在合理借鉴现有研究成果的基础上，考察中国城镇保障性住房制度的历史沿革，揭示中国城镇保障性住房制度发展的来龙去脉，在历史考察中更准确地描述中国城镇保障性住房现行的制度安排。在正确理论的指导下，构建中国城镇保障性住房制度的评价指标体系与评价模型，从定量与定性两个视角研究中国城镇保障性住房制度的成效与不足。在此基础上，考察世界各国保障性住房制度的成功经验与失败教训，提出我国城镇保障性住房制度的改革构想与对策建议。

为了达到上述研究目的，本书的研究思路如图1-1所示，基本上遵循"绪论—理论基础—历史考察与现行制度安排—现行制度绩效评价—国际经验教训总结—改革总体构想—具体对策建议—结论"的研究思路进行。

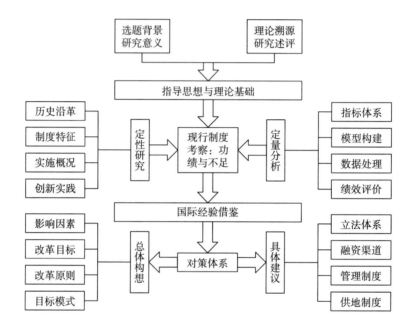

图1-1 中国城镇保障性住房制度研究思路

二、研究内容与框架

根据上述研究思路，本书共分为八章，具体的内容结构安排如下：

第一章，绪论。本章对选题的背景、意义进行阐述，对国内外保障性住房制度的研究进行综述与简要评价，阐明本书研究思路、本书结构、主要研究内容、研究方法、创新之处、有待进一步研究的问题。

第二章，城镇保障性住房制度的范畴界定与理论基础。本章首先对城镇保障性住房制度的内涵进行阐述，论述了城镇保障性住房制度的功能。然后，追溯城镇保障性住房制度的理论基础，包括马克思主义经典理论、社会保障理论、公共产品理论、公平分配理论、住宅权理论、住房梯度消费理论等，这些理论是本书研究的基础。

第三章，中国城镇保障性住房制度历史演进与现行制度安排。本章对我国改革开放以来城镇保障性住房制度的历史演进与现行制度安排进行研究，首先，对我国城镇保障性住房制度进行历史考察，研究我国城镇保障性住房制度演进的动因；其次，对我国现行城镇保障性住房制度进行研究，包括廉租房制度、公租房制度、经济适用房制度、限价房制度；再次，总结我国城镇保障性住房制度的特征与实施概况；最后，对我国各地城镇保障性住房制度的创新实践进行研究。

第四章，中国城镇保障性住房制度评价与绩效考察。本章从定量研究与定性分析两个视角对我国城镇保障性住房制度进行评价。首先，提出保障性住房制度评价的意义与思路；其次，合理选择保障性住房制度评价的指标体系、构建评价模型，从定量研究的视角对我国城镇保障性住房制度进行评价；最后，根据定量研究的结果，从定性分析的视角对我国城镇保障性住房制度进行评价与绩效考察。

第五章，发达国家（地区）保障性住房制度考察与经验借鉴。本章对部分发达国家（地区）的保障性住房制度进行研究，分为两个部分的内容：一是对几个发达国家（地区）的保障性住房制度进行考察研究；二是对发达国家（地区）的保障性住房制度进行评价、总结，提出值得我国借鉴的经验与启示。

第六章，中国城镇保障性住房制度改革总体构想与目标模式。本章从宏观角度对我国城镇保障性住房制度改革进行研究，提出改革总体构想与目标模式。同时，在分析我国城镇保障性住房制度面临新形势的基础上，提出我国城镇保障性住房制度改革的目标、原则与目标模式。

第七章，完善中国城镇保障性住房制度的对策建议。本章从操作层面的角度提出完善我国城镇保障性住房制度的对策建议，主要从立法体系建设、融资制度、供地制度、保障性住房的各项管理制度、新市民（外来务工人员）住房保障问题等角度提出完善我国城镇保障性住房制度的对策建议。

第八章，结论与展望。结论部分对本书研究成果进行总结，提出研究展望。

三、研究方法

本书根据研究目标与研究内容的安排，以马克思主义理论为指导，运用规范研究与实证研究相结合、比较研究法、系统分析法等方法，同时借鉴相关学科的研究成果，最终形成集经济学、管理学、社会学、统计学等学科的综合研究方法体系。

第一，规范研究与实证研究相结合的方法。应用规范研究方法论述我国完善保障性住房制度的重要性，提出应当加大对城镇中低收入家庭的住房保障力度，研究我国城镇保障性住房制度的目标模式，即应当建成什么样的城镇保障性住房制度。应用实证研究的方法对我国城镇保障性住房制度进行研究，描述我国城镇保障性住房制度的全貌、取得的成效、存在的不足等。

第二，比较研究法。运用比较研究的方法对我国城镇保障性住房制度进行纵向比较，即比较我国改革开放以来各个阶段城镇保障性住房制度的内容、特征、绩效与缺陷。同时，运用比较研究的方法对世界主要国家的保障性住房制度进行横向比较，对各国保障性住房制度的变迁、发展动因、特征、成效、不足等方面进行比较，总结经验与教训。

第三，系统分析法。城镇保障性住房制度是我国社会制度与经济制度的重要组成部分，城镇保障性住房制度本身也是由一系列子制度构成的系统。运用系统分析方法有助于更准确地把握城镇保障性住房制度对于经济社会发展的重要意义，有利于全面分析评价我国城镇保障性住房制度及世界主要国家保障性住房制度的运行成效与缺陷，有助于更合理地优化我国城镇保障性住房制度的体系。

第五节　本书的创新之处与有待进一步研究的问题

一、本书的创新之处

第一，将城镇保障性住房制度的完善提升到关系经济发展方式转变、促进收入分配公平、推进新型城镇化的战略高度。

第二，明确指出政府应当在保障性住房建设中承担主导责任。住房是准公共物品，具有重要的保障民生功能，为城镇中低收入家庭提供基本住房保障是政府应尽的义务。

第三，构建了城镇保障性住房制度的评价指标体系与评价模型，运用数学方法对我国城镇保障性住房制度评价进行定量研究。

第四，对各国选择保障性住房模式的背景与原因进行研究，提出要从我国经济社会发展的实际情况出发，借鉴和吸取发达国家（地区）保障性住房制度的经验和教训，不能盲目跟风。

第五，提出构建多层次城镇保障性住房制度。城镇中低收入家庭内部由于家庭人口数量、人口构成、收入等存在较大差异，具有多样化的住房保障需求。应当构建更为人性化的多层次城镇保障性住房制度，提高中低收入家庭的幸福指数。

第六，提出将新市民（外来务工人员）纳入城镇保障性住房制度重点保障的范畴。我国目前普遍以户籍作为享受城镇保障性住房政策的先决条件（拥有本地户籍优先享受），这种做法存在一定的问题。本书提出将新市民（外来务工人员）纳入保障对象，根据新市民（外来务工人员）这一群体的特征出台相关住房保障政策。

二、有待进一步研究的问题

尽管本书在城镇保障性住房制度思想、理论基础与评价方法上做了一些积极的探索，但因个人能力以及篇幅有限等因素限制，还有很多问题有待进一步深入研究：一是对马克思主义关于住房问题以及社会保障思想等理论基础挖掘还不够深入，理论基础有待进一步扎实。二是由于我国各地经济社会发展情况差异很大，各地政府对城镇居民的住房保障政策也有较大差异，对各地城镇保障性住房制度创新实践的研究上难免有所疏漏，值得进一步跟踪调研。三是本书在对我国城镇保障性住房制度进行定量评价研究上做了一些探索，但是对于指标体系的选择、各个指标的具体权重还可以做进一步的优化，以提高制度评价的科学性与合理性。四是对于如何完善我国城镇保障性住房制度还需要更多的微观措施探讨，要进一步研究如何让政策更好地落地。五是保障性租赁住房是我国城镇保障性住房供给侧结构性改革的重要成果，是"十四五"期间需要重点发展的方向之一。要深入研究如何从土地管理法律法规、保障性住房政策、财税政策等促进和支持保障性租赁住房制度的规范与健康发展，防范资本无序扩张在住房保障领域的泛滥，使之真正服务于"努力实现全体人民住有所居"的目标。

第二章

城镇保障性住房制度的
相关概念界定与理论基础

建立和完善城镇保障性住房制度是一项长期而复杂的工程，只有在科学理论的指导下才能做到有的放矢，保障性住房建设才能富有成效。"安得广厦千万间，大庇天下寒士俱欢颜。"住房问题事关民生福祉，从古至今都是备受人们关注的重点话题之一。马克思、恩格斯等马克思主义代表人物以及中华人民共和国历代中央领导人对住房问题做了深刻的阐述，西方经济学也有一些流派对住房保障问题进行了大量研究。我们必须坚持以马克思主义理论为指导，合理吸收西方经济学住房保障理论中有益的成分，构建与完善我国城镇保障性住房制度，努力实现全体人民住有所居的目标。

第一节　城镇保障性住房制度的相关概念界定

一、住房的属性及特征

住房是人们生活居住的空间与场所，是人类赖以生存与发展的最基本的条件，它能够为人们提供遮风挡雨、繁衍生息、娱乐休闲的空间。在市场经济条件下，住房作为商品具有住房属性与商品属性，除了具备普通商品的一般特征之外，还有其自身的特性。

（一）住房的属性

1. 住房的自然属性

一是位置固定性。住房产品与其他产品不一样，住房必须建筑在土地上，一旦建成之后空间位置必须是固定的（少量的可移动房屋除外），它只能在一定的区域内进行交换，不能通过交通工具运输实现异地买卖，无法通过运输来协调不同区域间住房的供需状况。二是住房是长期耐用品。一般来说，住房一旦建成便可长期使用，使用期限可以长达数十年甚至上百年。三是住房品质的差异性。与其他同质可批量化生产的产品不同，每套住房都具有其特性，住房会由于其所处地段、楼层、朝向、户型、周边配套措施等因素的不同而具有完全不一样的品质，具有高档住房与普通住房的区别。四是住房功能具有差异性。住房可以满足人们基本的居住功能，为人们提供遮风避雨、休养生息的场所；住房还可以提供娱乐身心、缓解压力、社会交往等功能。

2. 住房的经济属性

在市场经济条件下，住房成为商品，除了上面论述的自然属性以外，住房还具有经济属性。一是住房的价格应当遵循价值规律，即价值是住房价格的基础，同时受供求关系影响围绕价值上下波动。但是，土地的稀缺性以及人们对住房的刚性需求，使得住房供求矛盾经常存在，因此，与其他普通商品不同，住房价格受供求关系影响的程度更大，甚至经常处于远远偏离其价值的状态。二是住房产权可以进行分割。住房的产权束一般包括所有权、使用权、占有权、抵押权等，这些权利可以进行分割，以一定的代价由不同人享有。住房的交易实际上是产权束的交易，既可将住房的产权束进行整体交易，也可以部分交易产权，比如在保留所有权的情况下出让住房的使用权收取房租。三是住房具有投资功能，即具有资产的属性。一般情况下，人们购买住房的目的有自住、出租、出售赚取价差、财富传承等。用于自住的购房行为称为"自主性消费"，用于出租、出售以及财富传承的购房行为称为"投资性消费"，特别是在通货膨胀预期较强的经济环境下，投资房产成为人们资产保值增值的首要选择。四是住房总价很高。住房的总价一般远远高于一般商品的价格，对于中低收入家庭来说，依靠自身的力量解决住房问题存在较大困难。

（二）住房的特征

住房特殊的自然属性与经济属性决定了住房除了具备普通商品所共有的特

征之外，还有其自身的特性，这些特性决定了政府必须以特殊的方式对待住房。

1. 住房具有商品与准公共产品的双重特征

市场经济条件下，住房是一种商品，应当发挥市场在配置住房资源中的决定性地位，居民以一定的价格购买住房。但是住房又是人类必需品，每一个社会成员应当都享有最基本的住房，并且住房标准要随着社会的发展而变化；住房又具备准公共物品的性质，因此政府应当加大对住房这种准公共物品的投入力度，保障中低收入群体的基本住房权益。住房是商品与准公共物品的特性，应当作为我国住房政策的出发点，强化政府在保障中低收入群体住房权益中的责任。

2. 住房消费行为具有商品性与福利性双重特征

一般的住房消费表现为商品性，即家庭以家庭收入为基础，通过自身的力量选择自己满意的住房，支付购房款；而中低收入群体的住房消费则表现出福利性的一面，即政府为保障中低收入家庭的基本住房权益，通过转移支付手段，确定给每个家庭一定的财政补贴金额，并根据情况规定给予补贴的期限。

3. 住房具有消费品与资产的双重角色①

一方面，住房能够满足人们的居住需求，是一种总价高、使用期限长的消费品。另一方面，住房能够用于出租获取利息、用于出售获取差价，是居民获取财产性收入的重要手段，在房价上涨预期强烈的环境中，住房商品成为个人和相关机构投机、投资的重要工具。国家在制定住房政策的实践中，应当注重支持个人住房的消费性需求，适当引导住房的投资性需求，打击住房的投机性需求，特别是应当注重满足中低收入群体的消费性住房需求。

4. 住房问题事关个人与社会，影响十分广泛

一方面，住房问题事关个人切身利益，住房问题的解决首先要依靠个人。另一方面，住房问题如果未能妥善解决，就会出现各种社会矛盾，影响居民的其他消费支出，从而影响社会稳定和谐以及经济健康发展，最终导致整个社会福利水平的下降。因此，住房问题又是社会问题，需要依靠政府、企业、个人、开发商、金融机构以及社会各界人士的共同努力才能实现"住有所居"的目标。

---

① 郭玉坤. 中国城镇住房保障制度设计研究［M］. 北京：中国农业出版社，2010：31.

二、城市保障性住房问题的提出

住房问题是全世界面临的共同难题，各国政府都把解决居民的住房问题作为重点问题。1948 年联合国大会通过的《世界人权宣言》将居住权列为六大基本人权之一。1996 年联合国人类住区（生境）中心在第二届联合国人类住区大会上通过了《伊斯坦布尔宣言》，提出住房问题是世界面临的共同难题，国家间应当建立良好的合作关系，加强国际资金援助和技术援助。

我国城镇住房问题也不容乐观。20 世纪 90 年代开始，我国加快了住房制度改革进程，1998 年"房改"提出解决城镇居民住房问题的三种渠道：高收入家庭购买或者租赁商品房，中低收入家庭购买经济适用房，最低收入家庭租用国家提供的廉租住房，并提出经济适用房应当成为城镇住房供应体系的主体。随着房地产市场的发展，我国城镇居民的住房条件得到了大幅度改善，住房质量不断提升，人均居住面积也不断提高。

但是，我国城镇住房问题出现了新的矛盾。2004 年以来，我国房地产市场出现了房价上涨过快、住房供应结构不合理、保障性住房开工建设不足等现象。由于保障性住房开工建设不足，在城镇住房供应体系中占比偏低，城镇居民被迫主要通过购买价格较高的商品住房解决居住问题，因此大量城镇居民面临住房困难问题。我国改善城镇中低收入家庭住房条件的任务依然十分繁重。

针对这一情况，党中央、国务院予以了高度重视。面对保障性住房与商品住房结构失衡的问题，习近平同志在 2013 年 10 月 29 日党的十八届中央政治局第十次集体学习中强调，加快推进住房保障和供应体系建设，是满足群众基本住房需求、实现全体人民住有所居目标的重要任务。习近平不仅十分重视住房保障工作，还在党的十九大及党的十九届四中全会中提出了将"多渠道保障"纳入住房制度，成为城镇住房制度的重要组成部分。2020 年中央经济工作会议上强调要高度重视保障性租赁住房建设。成熟的住房供应体系应能够满足不同收入层次家庭的住房需求，高端住宅由市场提供满足高收入家庭的住房需求，中低端住宅由政府提供满足中低收入家庭的住房需求。

从国际及我国住房发展的实践中可以发现住房问题的核心在于住房价格与城镇居民的支付能力不匹配、住房的供给结构与居民的住房需求不匹配。由于城镇中低收入群体支付能力不足，无法依靠自身的力量实现住房条件的改善，必须依靠政府提供的各种帮助，即政府必须建立完善的保障性住房制度帮助中低收入群体解决住房问题以及实现住房条件的改善，这正是本书的研究内容。

三、城镇保障性住房制度的内涵

城镇保障性住房制度指的是国家或政府依据法律规定，通过各种方式对城镇中低收入家庭的住房困难问题进行扶持和救助的一系列政策措施的总和。[①]城镇保障性住房制度实际上是国家或政府在住房领域提供的社会保障，实质是国家利用财政手段在住房领域进行国民收入的再分配，目标在于保障中低收入家庭的基本住房权益，维护社会安定与和谐，实现全体人民住有所居的目标。城镇保障性住房制度的内容包括保障目标对象、保障水平、保障方式、保障性住房的供应体系、保障性住房资源的分配方式、保障性住房的经营管理办法、保障性住房的准入与退出制度等内容。从上述描述中可以总结出城镇保障性住房制度具有以下性质：

第一，城镇保障性住房制度的目标是为城镇中低收入家庭提供基本住房保障。包含两层含义：一是保障的对象是城镇中低收入家庭，以财政补贴（财政补贴住房分为"砖头补贴"与"人头补贴"）的方式提高中低收入家庭的住房支付能力，缓解住房总价高与家庭收入低的矛盾；而城镇高收入家庭的住房问题则依靠自身的能力购买或租用商品房解决。二是只能保障城镇中低收入家庭的基本住房需求，由于我国人口众多，城镇中低收入家庭不在少数，而我国又是发展中国家，这些因素决定了城镇住房保障制度只能保证城镇中低收入家庭的基本住房需求。

第二，城镇保障性住房制度的责任主体是国家。首先，城镇保障性住房制度目的在于保障公民的基本权益，维护社会稳定，这是代表最广大人民利益的国家应当承担的管理职责。其次，城镇保障性住房制度的实施是一项复杂的系统性工程，涉及筹集补贴资金、土地供应、税收优惠、保障对象审查、日常管理等，需要很高的管理水平，只有依靠政府的权威和强大的资源调动能力才能顺利实施。

第三，城镇保障性住房制度是城镇住房供应体系的重要组成部分。市场经济条件下，商品房与保障性住房是城镇住房供应体系的两个组成部分。中高收入家庭依靠商品房解决住房问题，中低收入家庭依靠限价房、经济适用房、公租房以及廉租房等保障性住房解决住房问题，这两种住房供应应当各行其道、互为补充。

---

① 郭玉坤. 中国城镇住房保障制度设计研究［M］. 北京：中国农业出版社，2010：36.

四、城镇保障性住房制度的主要模式与选择依据

（一）城镇保障性住房制度主要模式

世界各国在长期处理住房问题的实践中，根据本国的经济发展水平以及特殊国情，探索出了不同的城镇保障性住房模式。值得一提的是，各国在选择城镇保障性住房模式的时候并不是一成不变的，而是随着经济的发展以及住房供需情况的变化对保障性住房政策进行调整。

1. "砖头补贴"模式

"砖头补贴"模式指的是政府对保障性住房的供应方进行财政补贴或者政府直接投资建设保障性住房的模式。"砖头补贴"模式的优点在于政府能在短时间内动用各种资源，迅速扩大住房供应总量，以极高的效率缓解住房短缺的状况。"砖头补贴"模式的缺点在于使政府财政负担在短期内迅速加重，保障性住房建设不可持续，并会对私人资本投资房地产产生挤出效应。一般来说，在战争结束之初以及城市化快速发展阶段采取"砖头补贴"对于解决住房短缺的问题颇为有效。另外，在经济高度发达的情况下，政府财力有保障，也可以采取政府直接建房的方式为公民提供住房。"二战"之后，德国、英国等受战争破坏较大的国家，都采取了政府直接兴建大量公共住房的方式来缓解住房极其短缺的状况。

2. "人头补贴"模式

"人头补贴"模式指的是政府对住房保障的需求方进行补贴。"人头补贴"的做法有：一是政府为购房者提供低息住房贷款和贷款担保；二是政府对购房者实行税收减免；三是对租房者发放租金补贴。"人头补贴"模式的优点在于政府通过直接补贴住房消费者的手段提供住房保障，减少了对房地产市场的直接干预，避免了对房地产市场直接干预带来的价格扭曲，保证了房地产市场运行的效率，同时也有利于减轻政府短期的财政负担。"人头补贴"模式的缺点在于无法在短时间内刺激住房供应量的快速增加，其充分发挥作用的前提是市场必须有足够的存量住房，否则必然造成房租大幅上涨，无法达到保障居民居住权的目的。

（二）城镇保障性住房制度模式的选择依据

城镇保障性住房制度模式并没有绝对的优劣之分，关键是要选择适合本国

实际情况的模式，才能最大化地实现保障城镇居民基本住房权利的目标。

第一，本国经济发展水平是选择城镇保障性住房制度模式的基础性因素。城镇保障性住房制度的实施与保障水平的确定与一国经济发展水平息息相关。不同经济发展水平的国家在城镇保障性住房制度的模式以及保障水平、保障范围等方面千差万别。本国的经济实力是选择城镇保障性住房制度的物质基础。

第二，本国的经济与社会制度是选择城镇保障性住房制度模式的重要因素。在不同的经济社会制度下，保障性住房制度的模式与形式差异很大。在实行计划经济的国家，政府成为配置住房资源的主体，相应地，政府也要承担起保障居民住房的责任，因此政府兴建住房成为保障居民居住权的主要方式。而在实行市场经济的国家，市场在配置住房资源中发挥决定性地位，政府提供相应的住房保障成为房地产市场的有效补充。因此，市场经济国家在保障性住房制度的实施方面有更为广阔的选择。可见，经济与社会制度决定了一个国家城镇保障性住房制度模式的选择范围，成为影响城镇保障性住房制度选择的重要因素。

第三，本国住房供应情况是选择城镇保障性住房制度模式的直接原因。在住房极其短缺的情况下，选择"人头补贴"的住房保障模式会激发大量的住房需求，从而刺激房价上涨以及租金的大幅度上升，不利于住房问题的解决。因此，在住房极其短缺的情况下，由政府直接投资兴建公共住房，短期内大量增加住房供给成为较优的策略。而在住房充裕的条件下，选择"砖头补贴"的住房保障模式会干扰房地产市场的运行规律，造成住房资源的极大浪费，降低房地产市场的运行效率。因此，在住房供给充裕的情况下，选择"人头补贴"模式更能提高住房保障资源的使用效率。综上，一个国家住房供应情况事关城镇保障性住房制度实施的成效，是选择城镇保障性住房制度模式的直接原因。

第二节　保障性住房制度的相关理论基础

一、马克思与恩格斯的住房思想

马克思与恩格斯对住宅这一人类基本的需要极为关注，认为它事关工人阶级的基本生存状态。马克思论述了人的需要以及社会产品分配次序，认为住房需求是人类的基本需求，应当在社会产品分配中优先为广大劳动人民提供住房；恩格斯则揭示了资本主义社会住房问题的根源，批判了各类"社会庸医"提出的住房解决方案，指出解决住房问题是实现人民安居乐业的根本途径。马克思与恩格斯的住房思想为我国城镇保障性住房制度提供了基本的思想来源与理论支撑。

（一）马克思关于人的需要的论述

早在 100 年前，马克思就已经建立了系统的人的需要理论体系，马克思是提出人的需要理论体系并做深入、全面探讨的第一人。[①] 马克思在《1844 年经济学哲学手稿》《德意志意识形态》《资本论》等著作中提出了一系列需要理论的观点。

1. 马克思关于人的需要的基本思想

马克思认为"需要是人对物质生活条件和精神生活条件依赖关系的自觉反应"。[②] 首先，马克思认为生存需要是人类生产活动的第一个目的，物质利益是推动社会历史进步的重要动力，他指出："人们为了能够'创造历史'，必须能够生活。但是为了生活，首先就需要衣、食、住以及其他东西。因此第一个历史活动就是生产满足这些需要的资料，即生产物质生活本身，而且这是这样的历史活动，一切历史的一种基本条件，人们单是为了能够生活就必须每日每时去完成它，现在和几千年前都是这样。"[③] 其次，人类的需要是变动的，构成一个需要的历史序列。生存需要固然是人类社会的第一需要，但是随着生产力的发展，人类需要的层次会逐步提高，而且人类需要的内容会逐步扩大。对此，马克思指出："然而，生存需要只是人类的原初需要，并非人类的发展需要，人们不仅要为生存需要的满足而斗争，也要为满足发展需要而斗争，准备为取得高级的享受而放弃低级的享受。"[④] 人类社会的需要始终处于"需要—满足—新的需要—满足—新的需要……"的矛盾运动和螺旋上升的过程中。最后，人的需要以社会生产力发展水平为基础，并随社会生产力发展水平提高而不断发展。人的需要虽然是人类生产的直接动因，但是需要的层次以及需要的范围却是以社会生产力发展水平为基础的。

① 姚顺良. 论马克思关于人的需要的理论［J］. 东南学术，2008（2）：105-113.
② 马克思恩格斯全集（第 2 卷）［M］. 北京：人民出版社，1960：164.
③ 马克思恩格斯选集（第 1 卷）［M］. 北京：人民出版社，1972：32.
④ 马克思恩格斯选集（第 4 卷）［M］. 北京：人民出版社，1995：623.

2. 马克思关于人的需要层次的划分

马克思认为人的需要是多层次、多种类的，并对需要的类型进行了划分。马克思将人的需要分为生存需要、发展需要以及追求人的全面自由发展的需要。人的需要的第一层次，即生存需要，也叫作自然需要或者生理需要，既包括维持"有生命的个人的存在"的需要，也包括实现"新的个体生命的再生产"的需要，生存需要的内容主要包括基本的衣、食、住、行，可以说生存需要是全部人类历史的前提。人类在满足生存需要的同时，不断产生出新的需要，也正是新需要的不断产生才推动历史不断向前发展。在人类满足了生存需要之后，产生了人的需要的第二层次，即发展需要。发展需要与生存需要相比，不仅在形式上，也在内容上全面超过了生存需要的内容，不仅包含了实现人类简单再生产的需求，也包含了实现剩余劳动积累的需要，更产生了参加政治、经济、艺术、科学、宗教等各种活动的需求。可以说，发展需要是在生存需要满足的基础上必然产生的结果。然而在私有制、分工的情况下，劳动是同劳动者自身相异化的劳动，"一些人靠另一些人来满足自己的需要，因而一些人（少数）得到了发展的垄断权；而另一些人（多数）经常为满足最迫切的需要而进行斗争"。① 结果便是只能满足部分人的发展需要，广大劳动者还无法实现"人作为人"的目标，这种社会形式也注定要成为"需要的历史序列"的过渡阶段。第三层次，即追求人的全面自由发展的需要。在这一阶段，人的劳动并非出于生存需要或者迫于外界力量的强制，而是成为每个人主观的兴趣与自觉，劳动成为一种乐趣，这是"需要的历史序列"的高级阶段，但不会是需要和发展需要的终结，而是新需要提出的起点。

3. 马克思关于人的需要的发展趋势的论述

马克思对人的需要的发展趋势进行了科学论述，认为人的需要具有不断上升的趋势、需要与有效需要发展不同步的趋势、需要的发展与社会组织发展呈一致性的趋势。首先，人的需要的层次是不断上升的，在满足了基本的生存需要之后，就会产生社交、政治活动、科学等各种需要，这些需要也是推动人类不断进步的力量。其次，需要与有效需要发展会出现不同步的趋势。"有效需要"指的是具有满足条件的需要，出现需要与有效需要不同步的原因有两种：一是社会生产力发展水平与社会需要出现脱节；二是私有制的出现使劳动成为异化劳动，一方面是财富的大量增长，另一方面是工人阶级贫困的加剧。最后，需要的发展与社会组织发展呈一致性的趋势。马克思认为人的需要与人类

---

① 马克思恩格斯全集（第3卷）［M］. 北京：人民出版社，1960：507.

生产什么产品以及如何生产产品是一致的，而如何生产产品则包含了生产的社会组织形式。与人类需求的三个层次相对应的是，人类生产的社会组织形式也包括依次推进的三个阶段，即人类互相依赖性占统治地位的阶段、以物的依赖性为基础的阶段以及"建立在个人全面发展和他们共同的社会生产能力成为他们的社会财富这一基础上的自由个性"的阶段。①

（二）马克思关于社会产品分配的论述

马克思在《哥达纲领批判》中通过对机会主义者拉萨尔的"平等权利""公平分配"以及"劳动所得应当不折不扣和按照平等的权利属于一切社会成员"等观点的批判，阐述生产与分配的关系，对积累与分配以及分配的具体构成做了深入的分析。

马克思在《哥达纲领批判》中指出："如果我们把'劳动所得'这个用语首先理解为劳动的产品，那么集体的劳动所得就是社会总产品。现在从它里面应该扣除：①用来补偿消费掉的生产资料的部分；②用来扩大生产的追加部分；③用来应付不幸事故、自然灾害等的后备基金或保险基金。从'不折不扣的劳动所得'里扣除这些部分，在经济上是必要的，至于扣除多少，应当根据现有的资料和力量来确定……在把这部分进行个人分配之前，还得从里面扣除：一是和生产没有关系的一般管理费用……二是用来满足共同需要的部分，如学校、保健设施等……三是为丧失劳动能力的人等设立的基金，总之，就是现在属于所谓官办济贫事业的部分。"②

马克思正是在对拉萨尔的不折不扣的劳动所得理论的批判中提出了社会产品分配理论。在马克思看来，在社会产品分配给个人之前必须进行两次扣除，第一次扣除用来补偿消费掉的生产资料的部分，用来扩大生产的追加部分，用来应付不幸事故、自然灾害等的后备基金或保险基金等部分，用于保证扩大再生产的顺利进行；在进行第一次扣除之后，还要进行国民收入再分配，即进行第二次扣除，扣除的内容包括与生产无关的一般管理费用、教育、医疗、养老等关系全体社会成员生存与发展所需的资源。社会产品只有在上述两次扣除之后才能在生产者之间进行分配。通过社会产品的分配，最终将形成补偿基金、积累基金与消费基金，这是社会得以实现良性发展的必要条件。

---

① 高惠珠. 马克思需要理论与价值哲学创新［J］. 上海师范大学学报（哲学社会科学版），2010（1）：5-12.

② 马克思恩格斯选集（第3卷）［M］. 北京：人民出版社，1972：9-10.

马克思关于社会产品分配的论述从实践上对我国保障性住房制度实施提供了指导意见，即保障性住房建设关乎中低收入群体的基本住房权益、关乎社会的安定和谐，建设保障性住房所需要的资金从未分配社会产品中进行预先扣除，从而为保障性住房建设提供资金保障。

（三）恩格斯的住房思想

恩格斯的住房思想主要体现在《论住宅问题》之中，《论住宅问题》由一篇序言和三篇文章，即《蒲鲁东怎样解决住宅问题》《资产阶级怎样解决住宅问题》《再论蒲鲁东和住宅问题》构成。《论住宅问题》是马克思主义经典著作之一，对于解决当前我国房地产问题仍然具有重要的现实意义。

19世纪下半叶，德国确立了资本主义制度，实现了统一，取得了普法战争的胜利并获得了50亿法郎的战争赔款，德国迎来了资本主义经济发展的高速时期，由此带来了严重的住房短缺问题。针对如何解决住房短缺问题，各种资本主义"社会庸医"大肆兜售各种改良主义主张。为了揭露这些"社会庸医"理论上的虚伪性与危害性，1872~1873年恩格斯同资产阶级理论家就住宅问题进行了论战，批判了蒲鲁东主义者、假社会主义者的改良方案和各种错误观点，阐明了马克思主义关于如何解决住宅问题的基本观点。

1. 恩格斯关于德国住房问题产生原因的分析

资产阶级经济学家萨克斯认为住宅问题的根源在于人的原罪和邪恶，在于大资本家和工人阶级的无知。恩格斯对此予以有力的批驳，他认为住宅问题的根本原因在于资本主义生产方式，是资产阶级社会形式发展的必然产物。恩格斯指出，住房短缺"是资产阶级社会形式的必然产物；这样一种社会没有住房短缺就不可能存在……在这种社会中，工人大批地涌进大城市，而且涌入的速度比在现有条件下为他们修造住房的速度更快；所以，在这种社会中，最污秽的猪圈也经常能找到租赁者；最后，在这种社会中，身为资本家的房主不仅有权，而且由于竞争，在某种程度上还有责任从自己的房产中无情地榨取最高额的租金"。①

快速的工业化和城市化则是导致大城市住房短缺的直接原因，在向大工业过渡时期，一方面大量工人涌入城市，另一方面工人的住房由于城市布局变更被大量拆除，住房短缺成了必然现象。恩格斯指出："一个古老的文明国家像这样从工场手工业和小生产向大工业过渡，并且这个过渡还由于情况极其顺利

---

① 马克思恩格斯文集（第3卷）［M］. 北京：人民出版社，2009：275-276.

而加速的时期，多半也就是'住房短缺'的时期。一方面，大批农村工人突然被吸引到发展为工业中心的大城市里来；另一方面，这些老城市的布局已经不适合新的大工业的条件和与此相应的交通；街道在加宽，新的街道在开辟，铁路穿过市内。正当工人成群涌入城市的时候，工人住房却在大批拆除。于是就突然出现了工人以及以工人为主顾的小商人和小手工业者的住房短缺。"①

2. 恩格斯对工人住房性质的分析

恩格斯从工人住房费用的性质、工人拥有住房产权之后身份是否改变、工人持有住房产权的必要性、工人住房问题的影响范围等角度对工人住房性质进行了深刻分析。

恩格斯认为工人住房的费用属于劳动力生产费用的组成部分。他假定某个工业区的工人阶级都可以免费享用住房，在这种条件下，工人住房费用就不用计入工人的生产费用，按照"国民经济学说的铁的规律"，工人工资就要下降，并且下降的平均数量会等于节省下来房租的平均数量。

工人拥有住房是否就改变了身份成为资本家了呢？恩格斯认为，虽然工人拥有住房之后成为有产者，但无法成为资本家。因为资本是对他人无偿劳动的支配权，只有当住房租给他人以租金形式占有他人的劳动产品，房子才能成为资本，然而工人阶级拥有房产之后只能用于自住。

对于工人拥有住房产权的问题，恩格斯认为蒲鲁东让每个工人通过赎买出租住房从而拥有住房的所有权的方法是行不通的。原因有三点：一是工人的居住条件不好，往往是很多工人挤在一间房屋里面，产权根本就无法分割；二是周期性的经济波动使工厂生产极不稳定，工人有可能还未完全获得房屋产权就被迫要流动到其他城市；三是通过银行交换部分所有权的办法也是行不通的。恩格斯认为，对于大城市的工人来说，拥有房产"对于他们只能是一种枷锁"，"那是破坏他们反抗工厂主压低工资的力量"。因此，恩格斯认为"重新实行各个人对自己住房的个人所有权，是一种退步"。②

工人阶级住房问题不仅对工人阶级造成了极大的伤害，对于小资产阶级、大资产阶级也有直接或间接的利害关系。恩格斯指出："小资产阶级在这个问题上也有很大的直接利害关系。大资产阶级在这个问题上也有颇大的、虽然只是间接的利害关系。"③ 恩格斯认为，正是因为工人住房问题关系到资产阶级

①　马克思恩格斯文集（第3卷）［M］．北京：人民出版社，2009：239.
②　马克思恩格斯文集（第3卷）［M］．北京：人民出版社，2009：219.
③　马克思恩格斯文集（第3卷）［M］．北京：人民出版社，2009：163.

的利益，主流媒体才会关注这一问题。

　　3. 恩格斯关于如何解决工人住房问题的论述

　　对于如何解决工人的住房问题，蒲鲁东主义者主张通过分期偿付的形式让工人拥有住房所有权；资产阶级改良主义者主张通过工厂修建工人住房、工人自助和国家帮助的方式解决工人住房问题。恩格斯深刻地指出蒲鲁东主义者和资产阶级改良主义者一方面力图要解决资本主义社会中存在的丑陋现象，另一方面又极力维护资本主义生产方式，而事实上这是"根本无法实现的幻想"。

　　那么，如何解决工人的住房问题呢？恩格斯认为，要依靠"供求的逐渐的经济上的均衡"。恩格斯指出："住宅问题，只有当社会已经得到充分改造，从而可能着手消灭在现代资本主义社会里已达到极其尖锐程度的城乡对立时，才能获得解决。资本主义社会不能消灭这种对立，相反，它必然使这种对立日益尖锐化……并不是住宅问题的解决同时就会导致社会问题的解决，而只是由于社会问题的解决，即由于资本主义生产方式的废除，才同时使得解决住宅问题成为可能。想解决住宅问题又想把现代大城市保留下来，那是荒谬的。"①在恩格斯看来，住房短缺问题并不是偶然的事情，它是资产阶级社会形式发展的必然产物，只有对产生这种社会现象的社会制度进行根本性变革才能消除。同时，恩格斯指出住房短缺问题是个伪命题，事实上在城市里有足够多的住宅，只不过被少数人占有成为盘剥工人阶级的工具，只有无产阶级取得政权，由社会集体对住宅进行合理分配、合理使用，才能真正解决住宅缺乏的问题。

二、新时代我国关于住房问题的重要论述

　　住房问题关系民生福祉，实现全体人民住有所居的目标是落实以人民为中心发展思想的重要体现及落脚点，是决胜全面建成小康社会、开启全面建设社会主义现代化国家新征程的必然要求。党和政府关于住房问题重要论述系统回答了住房的功能属性、发展目标、实现路径等重大问题，为我国城镇住房制度改革及建立房地产持续健康发展长效机制指明了方向。

　　（一）深化认识住房问题的性质：关系民生福祉

　　2003 年以来，房地产行业迅猛发展，成为我国国民经济的支柱产业，与上下游产业一道成为我国经济发展的重要动力。党的十八大以来，习近平多次

---

①　马克思恩格斯文集（第3卷）［M］. 北京：人民出版社，2009：215.

对住房问题的性质作出了经典的论断，认为住房问题关系民生福祉，不将房地产作为短期刺激经济的手段。2013 年 10 月 29 日，习近平在十八届中央政治局第十次集体学习中就指出："加快推进住房保障和供应体系建设，是满足群众基本住房需求、实现全体人民住有所居目标的重要任务，是促进社会公平正义、保证人民群众共享改革发展成果的必然要求。"① 这从社会公平正义、共享改革发展成果的角度要求加快住房保障和供应体系建设。习近平在党的十九大上提出，"坚持在发展中保障和改善民生"，"增进民生福祉是发展的根本目的"，② 将住有所居作为补齐民生短板的重要内容之一。2019 年 7 月 30 日，习近平在党的十九届中央政治局会议上提出，"不将房地产作为短期刺激经济的手段"③，旗帜鲜明地将保增长的任务从房地产政策中剔除，进一步强化住房的民生属性。2020 年中央经济工作会议更是史无前例地指出住房问题关系民生福祉，从而将住房问题的民生属性推向了前所未有的高度。④ 党和政府对住房问题性质的深化认识，为改革我国住房管理体制、住房分配制度、供给制度、房地产政策等奠定了基础并指明了方向。

（二）重新定义住房的功能：房子是用来住的，不是用来炒的

随着我国房地产市场的迅猛发展，住宅被赋予了多重的功能定位，包括居住功能、投资功能以及投机功能等。我国发展房地产业的初衷是依靠市场的力量增加住宅供给，从而更好地满足人民群众的住房需求。但是，房地产市场固有的缺陷以及资本的逐利本性使住宅成为部分企业、高收入群体牟取暴利的投机工具，炒房、操纵价格等行为时有发生。房地产投机行为不仅扰乱了房地产市场，造成住宅价格不合理上涨，同时也埋下金融风险等巨大隐患。

面对城镇住宅功能定位错位的问题，2016 年底中央经济工作会议明确"房子是用来住的，不是用来炒的"，第一次对我国城镇住房的功能定位进行精准定义。习近平在党的十九大报告中重申"坚持房子是用来住的、不是用来炒的定位"，并在后续历次中央政治局会议及 2018 年、2019 年、2020 年的

---

① 习近平谈治国理政（第一卷）[M]．北京：外交出版社，2018：192.

② 习近平．决胜全面建成小康社会　夺取新时代中国特色社会主义伟大胜利——在中国共产党第十九次全国代表大会上的报告 [N]．人民日报，2017－10－28（003）.

③ 习近平主持中共中央政治局会议 [EB/OL]．[2019－07－30]．http：//www.gov.cn/xinwen/2019－07/30/content_5417282.htm.

④ 中央经济工作会议在北京举行　习近平李克强作重要讲话　栗战书汪洋王沪宁赵乐际韩正出席会议 [N]．人民日报，2020－12－19（001）.

中央经济工作会议中坚持"房住不炒"的定位,将该定位贯彻落实到我国住房制度改革及房地产市场调控的具体实践中,实现了政策的连贯性。"房子是用来住的,不是用来炒的"定位是习近平关于住宅功能定位的具体表述,指出了房地产发展的首要目标是满足人民的住房需求,要限制并打击扰乱房地产市场秩序的投机和操纵价格的行为。

(三)优化政府与市场分工:更加重视保障性住房建设

1998年7月,国务院发布《关于进一步深化城镇住房制度改革加快住房建设的通知》(国发〔1998〕23号),全面开启我国城镇住房制度改革。改革的目标之一是建立和完善以经济适用住房为主的多层次城镇住房供应体系。按照"房改"的初衷和设想,城镇住房供应以经济适用住房等保障性住房为主、商品住房为辅,城镇居民主要依靠经济适用住房解决居住问题。但是在城镇住房供应体系建设的实践过程中,由于多种原因,保障性住房开工建设不足,在城镇住房供应体系中占比偏低。城镇居民被迫通过购买价格较高的商品住房解决居住问题,造成了部分城镇居民住房困难。

面对保障性住房与商品住房供给结构失衡的问题,2013年10月29日,习近平在党的十八届中央政治局第十次集体学习中提出加快推进住房保障和供应体系建设,实现全体人民住有所居的目标。习近平不仅十分重视住房保障工作,还在党的十九大及党的十九届四中全会中提出了将"多渠道保障"纳入住房制度,作为城镇住房制度的重要组成部分。除此之外,习近平还在历年的中央经济工作会议中反复强调住房保障体系建设,例如在2020年中央经济工作会议上提出要高度重视保障性租赁住房建设。习近平对保障性住房建设的重视体现了对住宅商品特殊性的科学认识,住宅不仅具有商品属性,还具有福利属性。成熟的住房供应体系应能够满足不同收入层次家庭的住房需求,高端住宅由市场提供满足中高收入家庭的住房需求,中低端住宅由政府提供满足中低收入家庭的住房需求。

(四)明确实现住有所居目标的路径:建立租购并举的住房制度

党的十八大以来,党和政府反复强调要实现全体人民住有所居的目标,要求各级党委和政府落实目标任务和政策措施。居民解决住房问题,主要有三种方式:购买商品住房、租赁住房、政府提供各类保障性住房。1998年"房改"以来,我国城镇住宅供给以商品住房为主,而保障性住房供给不足。然而商品住房价格普遍较高，部分中低收入家庭，特别是大中城市的新市民难以承担，因此大量的中低收入家庭只能依靠租赁商品住房解决居住问题。然而我国城镇租赁住房市场发展不规范，租户正当权益屡被侵犯，而且被排除在城市部分公共福利体系之外。

面对此种困境，一方面，习近平在历次中央经济工作会议中提出支持大力发展住房租赁市场、加快住房租赁市场立法、鼓励自然人和机构投资者成为租赁市场的房源提供者等，以增加租赁住房的供给数量和规范住房租赁市场行为。特别是2020年的中央经济工作会议更是将保障性租赁住房建设和完善长租房政策作为解决大城市住房突出问题的重要举措，成为2021年要抓好的重点工作之一。另一方面，习近平在党的十九大和党的十九届四中全会中都提出要建立租购并举的住房制度，将租赁住房纳入我国城镇住房的制度安排中。2020年5月11日，中共中央、国务院发布《关于新时代加快完善社会主义市场经济体制的意见》，将租购并举作为住房制度的重要内容之一。党和政府对租购并举的论述是从我国住宅产业发展的实际情况出发得出的科学论断，对于引导住宅产业各类市场主体树立正确的住房观念具有重要的指导意义，为实现全体人民住有所居的目标规划了实施路径。

三、西方经济学关于住房保障制度的理论基础

（一）市场失灵与国家干预理论

自从亚当·斯密发表《国富论》以来，放任自由思想长期占据西方经济学的主流地位，他们认为在信息完全以及经济人假设的条件下，通过个人的理性决策，市场机制这只"看不见的手"能够自动实现资源的优化配置以及社会福利的最大化。然而，西方资本主义社会却经常出现周期性的经济波动甚至经济危机，特别是20世纪30年代出现了资本主义世界经济大危机，出现了严重的经济萧条，生产大幅下降，大量工人失业，许多人流离失所，社会动荡不安，悲惨的社会现实使人们开始反思自由市场经济理论。

面对大萧条带来的灾难，以凯恩斯为代表的一些西方经济学家认为市场的力量并非完美，力主国家对经济进行适当干预。他们认为，一方面市场本身存在一定的局限性，不可能解决人类经济社会领域的一切问题；另一方面市场容易受到一些外部因素的干扰，使市场机制无法正常发挥作用，进而出现市场失

灵的情况，这种市场失灵使资源配置难以达到最优水平。

对于市场失灵的表现，西方经济学家主要从垄断、公共产品、外部性、公平等角度进行论述。一是市场对于垄断是无能为力的，市场的自由竞争必然导致优胜劣汰，在市场整合的过程中必然会慢慢出现超级企业，对市场产生垄断性影响，抑制市场机制的有效运作，对于市场垄断的行为，必须要依靠政府的反垄断措施才能解决。二是在公共产品领域市场无法充分发挥作用。产品可以分为两类：一类是具有排他性的消费产品，即一个人消费了另一个人便不能再消费的产品，这类产品称为"私人物品"；另一类产品是不具有排他性的消费产品，即一个人消费了不影响另一个人再次消费的产品，这类产品称为"公共产品"，比如路灯、道路等。在公共产品的供给上存在"沧海一粟"以及消费者"搭便车"的困境，一般的理性经济人不具备生产公共产品的动机，公共产品的生产依靠市场配置资源效率是低下的。三是外部性的存在导致市场失灵。人的经济活动既有使他人受益的正外部性（如科技研发），也有使他人受损的负外部性（如环境污染）。在没有外部力量干预的情况下，理性经济人都有将私人成本转化为社会成本的动机，市场机制本身无法对这种行为进行调整，只能依靠政府补贴或者惩罚的手段才能解决外部性问题。四是市场无法实现公平的目标。市场机制充分发挥作用能够提高资源配置的效率并促进经济发展，但是在发展过程中不可避免地会出现贫富差距扩大等不公平的社会现象，依靠市场机制是无法解决这些问题的，只有依靠国家提供各种福利政策才能实现公平的目标。

市场失灵与国家干预理论为我国保障性住房建设提供了思路借鉴。住房是准公共物品以及实现社会公平目标的重要体现，如果仅仅依靠房地产市场，必然会出现以下情况：一是由于市场的逐利性，必然导致住房供应以中高档住宅为主，适合中低收入者群体的小套、低价供应偏少，房价迅速攀升；二是由于针对低收入群体的保障性住房微利的特征，必然会导致保障性住房供应不足。这两种情况作用下的结果就是中低收入群体的住房越来越困难，公平缺失，社会矛盾加剧。因此，市场失灵与国家干预理论要求国家要通过对房地产市场实施宏观调控、加快保障性住房建设来弥补市场的失灵，帮助城镇中低收入群体实现"住有所居"的目标。

（二）福利国家理论

19 世纪末，西方资本主义社会贫富差距日益加大，阶级对抗日趋严重，西方经济学家开始提出福利国家理论并不断进行完善。福利国家理论的提出在一定程度上调和了社会矛盾，对西方资本主义社会的社会保障制度以及分配制度具有较大的影响力，对于近几十年西方社会稳定与经济发展起到了积极作用。

19世纪末，施穆勒（Schmoller）、布伦坦诺（Brentano）以及英国费边派学者对福利国家理论进行了初步阐述。施穆勒认为国家是人们在道义上的结合，对于日益尖锐的劳资矛盾可以通过完善社会保险体系以及铁路国有化来调和；布伦坦诺（Brentano）主张通过引入谈判机制来增强工人阶级的话语权，从而提升工人阶级的福利水平；费边派主张通过改良的方法，对资本主义经济进行调节，通过国家对国民收入进行再分配，并逐步将土地以及资本收归国有，实现"社会主义"。1920年，庇古（Pigou）在《财富和福利》的基础上出版了《福利经济学》，提出了福利经济学的基本观点，建立了旧福利经济学理论。庇古运用边际效用递减规律对收入分配进行研究，认为收入越少收入的边际效用越大，因此通过国民收入再分配所造成的富人福利损失小于穷人福利增加，会增进整体社会福利，这为福利国家理论与实践奠定了基础。[①] 20世纪30年代世界经济大危机之后，勒娜（Lena）、贝弗里奇（Beveridge）等人发展了新福利经济学。1942年，贝弗里奇对英国社会保障制度进行研究，提出了著名的"贝弗里奇报告"，即《社会保险和相关服务》报告。该报告提出了建立社会保障体系必须遵循的四项原则：一是普享性原则，即公民的基本权利由每个人普遍享有，所有的国民不论身份、民族、性别、贫富等都应享受社会福利保障，社会保障制度也应是全民保障；二是统一性原则，即国家应对社会保障事业进行统一规划、统一管理；三是满足最低生活需要原则，社会成员由于自身能力、家庭背景等因素必然造成收入分配的不均等，必须重视低收入群体人文关怀，保障弱势群体的最低生活需要；四是实现充分就业的原则，即社会保障制度应当将公民的充分就业联系起来，在对公民最低生活进行保障的同时避免保障过度。1949年，马歇尔（Marshal）在《公民权利与社会阶级》中提出了公民权利论，发展了福利国家理论，他提出接受救助是公民的权利，公民权利也是一种社会福利。

福利国家理论对西方国家社会保障制度的建立与完善具有重要作用，其中的一些观点与原则对于我国保障性住房建设也具有重要参考意义。福利国家理

---

① 罗应光，向春玲，等. 住有所居　中国保障性住房建设的理论与实践［M］. 北京：中共中央党校出版社，2011：33.

论提出享受社会保障是公民的权利，而不是对个人的怜悯，必须保障受助公民的人格尊严，我国在建设城镇保障性住房中也要注意中低收入群体的心理感受以及人格尊严。福利国家理论认为保障公民的基本权益是政府的责任，我国在保障公民基本住房权益的过程中政府应当发挥主导作用。在福利国家理论指导下践行的北欧、西欧以及美国等国家和地区的社会保障模型同样也值得我们借鉴。

（三）公平分配理论

公平分配理论主要关注社会资源以及社会机会如何更好地在社会成员中进行分配，因此如何处理效率与公平的问题成为公平分配理论的研究重点之一。以奥肯、布坎南为代表的经济学家主张对公平与效率进行协调，以期达到公平与效率的有机统一。奥肯（Oken）在《平等与效率：巨大的交替》一书中认为公平与效率都应当受到重视，他赞成"混合经济结构"，即既主张国家保护私人财产以及个人自由以提高经济运行效率，又认可国家有权对国民收入进行再分配，以保证社会成员之间的平等。罗尔斯（Rawls）在《公平论》中强调社会成员之间的机会平等以及实质性平等，通过政策转变原先不平等的现象，以达到优先照顾处于劣势地位的社会成员的目的。他指出："将社会及经济的不平等加以特别安排，以便使处于劣势者能够获得最大的利益，并且使所有的人能获得平等的机会。"

黑登（Headey）通过对各种国家政策和计划目标进行研究，提出了垂直公平与水平公平理论。他将垂直公平与水平公平作为评价国家政策与计划的基本目标和内容特征的标准。垂直公平指的是不同收入家庭从国家政策与计划中获取的收入分配应该不同，垂直公平首先承认社会存在实际上的贫富差距，应当通过国家再分配的方式对社会财富进行二次分配，在二次分配中，贫困的家庭应当获得比富裕的家庭更多的好处。水平公平指的是不同收入家庭从国家政策与计划中应当获取一样的好处，所有人在政策中受到一致对待。黑登认为并非每项政策都必须实现垂直公平与水平公平：在某些政策领域，必须保证水平公平，以使每个社会成员都受到相同的待遇；但是在另一些政策领域，必须保证垂直公平，以使处于弱势地位的群体受到相应的保障。

公平分配理论对于我国保障性住房制度建设具有重要的参考意义。一是住房政策在追求效率的同时也要重视公平的目标。我国住房体制通过引入市场机制极大地提高了运行效率，使群众的住房水平得到大幅度提高，但是也应当看到单纯依靠市场机制无法解决城镇中低收入群体住房问题，造成住房领域的不公平现象，国家应当注重保障性住房建设，重视住房领域的公平目标。二是住房政策应当考虑垂直公平与水平公平，通过各种政策为不同收入群体的人提供不同程度的住房支持，支持力度从最低收入阶层、低收入阶层、中低收入阶层、中等收入阶层、中高收入阶层、高收入阶层逐层递减，实现垂直公平；而对于同一收入阶层的住房支持力度应当保持一样的水平，实现水平公平。

（四）住房梯度消费理论

梯度理论原本是区域经济学中用于解释"工业区位向下层渗透"现象的理论，它认为每个国家与地区都处于一定的经济发展梯度上，由于技术进步出现了新技术、新产品、新行业，从而造成原本处于高梯度的技术、产品和行业向低梯度转移，并且这种转移是一级一级向下传递的。西方经济学家认为在住房领域也存在梯度消费的现象，由于人们的购买力不同，所以在某一个时点上，不同收入阶层的群体会选择不同层次的住房消费，即高收入阶层选择高档住宅甚至别墅，而中低收入阶层则相应地会选择较差的住宅。而随着经济发展，人们收入普遍增加，住房设计技术以及建筑技术不断提升时，就会出现高收入阶层追求更高品质的住宅从而将原有住房转让给中等收入阶层，同样地，中等收入阶层会将原有住宅转让给低收入阶层，这就是住房梯度消费转移现象。

西方经济学家还对出现住房梯度消费转移现象的原因进行了研究。他们认为之所以会出现住房梯度消费现象，原因主要在于住房消费的特性。一是住房消费的总价较高，使不同收入群体具有不同的住房消费需求。高收入阶层、中高收入阶层、中等收入阶层、中低收入阶层、低收入阶层之间的住房消费形成了明显的梯度，并且由于住房总价很高，即使对于高收入阶层而言，不转让原有住房而去追求更为高档的住房也可能会面临购买力不足的问题，这为住房梯度消费提供了必要性。二是住房是长期消费品，具有较长的使用周期。一般而言，城镇住房的使用周期可以长到60年，甚至建筑质量较好的住房使用期限可以长达上百年，这为住房消费实现梯度转移提供了可能性。三是人们普遍具有追求更好居住环境的需求。新的住房设计理念、新的建筑技术的产生往往能引领住房时尚，从而激发新的住房消费需求，为住房消费梯度转移提供直接原因。

住房梯度消费理论对于完善我国住房供应体系具有重要的启示意义。一是要完善住房供应体系，加大保障性住房建设力度，合理确定高档住宅、普通商品房、限价房、经济适用房、公租房、廉租房的供给比例，满足每个收入阶层人群的住房需求；二是要加大房地产市场的宏观调控，促进存量住房资源的合理流动，为住房消费梯度转移提供良好的市场环境；三是要完善保障性住房的退出制度，制定各种优惠政策帮助中低收入群体改善住房条件。

（五）住房过滤理论

住房过滤理论研究不同住房子市场之间的互相作用关系，描述了住房从一种用途转移到另一种用途的过程，具体来说指的是随着时间的推移，原有住房逐步老化，所能提供的功能越来越少，从而导致较高收入人群放弃原有住房，在较高收入人群追求更好住房条件的同时，原有较差的住房会转移到较低收入人群手中。20 世纪 20 年代，芝加哥大学教授伯吉斯（Burgess）对芝加哥住房格局进行研究，运用同心圈理论解释了不同收入群体住房的区位分布状况，对住房过滤现象进行了初步描述。1960 年，劳瑞（Lowry）第一次从经济学的角度对住房过滤现象进行概念性解释，他认为"过滤"产生的原因是现有住房的老化以及新建住宅的出现，并且"过滤"的主体是住宅而非不同收入阶层的人群。1974 年，斯文尼（Sweeney）在《质量、商品等级和住房市场》以及《住房市场的商品等级模型》这两篇文章中构建了第一个也是最经典的住房过滤模型。斯文尼较为系统地阐述了住房过滤模型，该模型得出了三个结论：一是如果政府想要在提高住房质量的同时减轻中低收入家庭的住房支出负担，就必须采取房租补贴或者改变居民收入分配结构的措施；二是政府对特定人群进行房租补贴会提升房租水平从而损害没有得到住房补贴的家庭的利益，对这部分人群的住房问题必须加以关注；三是对开发商进行的"砖头补贴"并不能降低房租市场租金水平，但政府可以通过新建住宅从而增加住房市场供应量来达到降低房租的目的。斯文尼模型提出之后许多学者对其进行修正和创新，取得了不少有益的成果。

住房过滤理论为我国制定保障性住房政策提供了一些有益的参考意见。一是住房保障政策要充分考虑房地产市场供求状况。在住房供应量充足时应当优先考虑"人头补贴"的方式，即为城镇中低收入家庭提供住房补贴，一方面提高低收入家庭的支付能力，另一方面提高房子出租的收益，鼓励房东修缮房屋，提高房屋的质量。二是制定保障性住房政策要充分考虑"夹心层"的住房问题。所谓的"夹心层"指的是不符合政府保障性住房申请条件而收入又不足以购买商品房的群体，要防止由于对更低收入群体的住房补贴而损害"夹心层"的利益，造成新的不公现象。三是要考虑保障性住房的保障规模与水平。由于保障性住房相对比较简陋，功能较为简单，如果因为国民收入的普遍增加而导致这些条件较差的住房"过滤"下来无人居住，必然造成资源的极大浪费。四是在设计保障性住房制度时应当充分考虑盘活存量房，通过"人头补贴"的方式，由中低收入者自行租房，将条件较为简陋的旧房作为保障性住房的重要来源渠道。

第三章

中国城镇保障性住房制度
历史演进与现行制度安排

第一节　中国城镇保障性住房制度历史演进

中华人民共和国成立以来，我国城镇住房制度经历了计划经济时期政府实物福利分房制度向改革开放以后社会主义市场经济体制下的房地产市场与保障性住房制度相结合的转变过程。中国城镇保障性住房制度是伴随着中国城镇住房制度改革不断深化而逐步发展与完善的，其历史演进基本上遵循着从全面福利过渡到市场主导，再从市场主导转向民生主导的路径①，具体来说经历了以下四个阶段：①保障性住房制度初步探索阶段（1978~1987年）；②保障性住房制度发端阶段（1988~1991年）；③保障性住房制度初步形成阶段（1992~1997年）；④保障性住房制度确立与完善阶段（1998年至今）。

一、保障性住房制度初步探索阶段（1978~1987年）

中华人民共和国成立以后，在计划经济体制下，我国城镇长期实行公有住房和实物福利分房的住房制度，即对城镇职工住房进行统建、统分、统包的政策，虽然保证了城镇居民基本的住房权益，但是客观上却存在住房投资不足，城镇居民居住水平长期未能得到改善，在较低水平上徘徊的问题。

---

① 杨向前. 中国住房保障制度的演进与思考［J］. 中共石家庄市委党校学报，2013（2）：19-25.

1978 年改革开放以后，随着经济体制改革的逐步深入，我国城镇住房体制改革也逐步启动，作为城镇住房制度重要组成部分的城镇保障性住房制度也不断向前推进。总体来说，1978～1987 年我国保障性住房制度建设主要开展了两项工作：一是为城镇住房体制改革以及城镇保障性住房制度做基本的理论准备；二是开展局部的城镇住房体制改革试点。

（一）我国城镇住房体制改革的理论准备

对于如何改善城镇居民的住房困难问题，邓小平在 1978 年的时候就提出："解决住房问题能不能路子宽些，譬如允许私人建房或者私建公助，分期付款，把个人手中的钱动员出来，国家解决材料，这方面潜力不小。"1980 年 4 月 5 日，邓小平在与中央领导同志的谈话中提出了比较完整的住房体制改革思想，他指出："关于住宅问题，要考虑城市建筑住宅、分配房屋的一系列政策。城镇居民个人可以购买房屋，也可以自己盖。不但新房子可以出售，老房子也可以出售。可以一次付款，也可以分期付款，10 年、15 年付清。住宅出售以后，房租恐怕要调整。要联系房价调整房租，使人们考虑到买房合算。因此要研究逐步提高房租。房租太低，人们就不买房子了……将来房租提高了，对低工资的职工要给予补贴。这些政策要联系起来考虑。"① 邓小平这次重要的讲话勾勒出了中国城镇住房体制改革的蓝图，其中也包含了清晰的住房保障思想。邓小平关于解决我国城镇居民住房问题的讲话引起了各界的广泛关注，许多理论工作者开始研究在社会主义条件下使住房成为商品的合理性与可能性，并进行了热烈的讨论。这场关于住房属性的讨论为我国城镇住房体制改革做了最基本的理论准备，在住房具有商品属性成为共识的同时，也认识到住房保障的重要性。

（二）开展局部的城镇住房体制改革试点

在不改变低租金、实物福利分房制度的情况下，我国通过成本价向职工出售公有住房开始了城镇住房体制改革试点。1979 年，国务院选择了西安、柳州、梧州、南宁四个城市进行公房出售试点，即由政府统一新建住房，以土建成本价向城镇职工出售。1980 年 6 月，中共中央、国务院在转批《全国基本建设工作会议汇报提纲》中提出"准许私人建房、私人买房，准许私人拥有自己的住宅"，正式提出了住房商品化政策。1980 年公房出售试点扩大到全国

---

① 国务院住房制度改革领导小组办公室. 城镇住房制度改革［M］. 北京：改革出版社，1994.

50 个城市；截至 1981 年，公房出售试点扩大到全国 23 个省份的 60 多个城市及部分县镇。按成本价出售公房的试点由于租售比不合理（即售价过高、租金太低）、个别人员在操作过程中存在不正之风等很快被迫终止，截至 1981 年底，全国试点城市出售的公房仅有 3000 套左右，新建住房出售量仅占新建住房总量的 1/2000。①

在以成本价出售公房效果不显著的情况下，成本价出售公房试点停止，取而代之的是补贴售房试点。1982 年，相关部门在总结成本价出售公房试点经验教训的基础上，停止成本价出售公房试点办法，试点补贴出售，在郑州、常州、四平、沙市四个城市实行新建住房出售"三三制"试点。"三三制"指的是新建公房按照成本价出售，由个人负担房价的 1/3，地方政府以及职工单位各补贴房价的 1/3。1984 年扩大"三三制"试点，截至 1985 年底全国试行补贴达到 160 个城市以及 300 个县。公房补贴出售取得了一定的成效，但是实施过程中也出现了随意压低公房价格导致公房贱价出售的现象。基于公房补贴出售试点实施过程中出现的各种乱象，1986 年 3 月国家城乡建设环境保护部出台了《关于城镇公房补贴出售试点问题的通知》，规定了公房原则上按照成交价出售。经过对过去几年"房改"试点经验教训的总结，1986 年成立了"住房制度改革领导小组"与"领导小组办公室"，并于 7 月 25 日召开会议确定下一阶段我国"房改"的重点在于逐步提高房租，并将"房改"的内容拓展到住房的供给、分配与消费等层面。从上述分析可以看出，1978～1986 年我国"房改"主要以试点的形式打破原有城镇住房公有制，尝试将住房作为商品出售，虽然效果并不显著，但是房地产市场已经处于"孕育"阶段，新的住房保障思想也开始萌芽。

二、保障性住房制度发端阶段（1987～1991 年）

在经过几年的成本价出售公房以及补贴出售公房的实践之后，由于长期房租处于较低水平，大部分城镇职工缺乏购买住宅的积极性，使得出售公房的试点受挫，故从 1987 年开始逐步进行提租补贴试点。1987～1991 年"房改"以及保障性住房制度的实践主要体现在两个方面：一是提租补贴；二是集资合作建房。

1987 年，国务院先后批准了烟台、蚌埠、唐山提租补贴的"房改"方案，

---

① 郭玉坤．中国城镇住房保障制度设计研究［M］．北京：中国农业出版社，2010：103．

即在大幅度提高房租的同时对职工进行房租补贴，房租补贴与提高的房租额大致持平。1988年2月，国务院同意住房制度改革小组印发《关于在全国城镇分期分批推行住房制度改革的实施方案》，该方案一方面提出进入改革范围的城市实行住房商品化，逐步将住房实物分配转变为货币分配，在提高租金的同时对城镇职工进行房租补贴，并通过提高租金的办法促进公房出售；另一方面该方案要求暂时未列入改革范围的城镇，先行实施集资建房、组织建房合作社等改革措施，率先践行集资合作建房的住房保障实践。这个方案标志着我国向住房商品化方向迈出了实质的一步，我国城镇住房体制改革全面铺开。

在实施方案发布之后，上海、佛山、广州、烟台、唐山等全国一些大中城市开展了提租补贴的试点工作，试点改革的内容主要有两项：一是提租补贴；二是补贴售房。"提租"指的是将租金提高到包含折旧、维修管理和保险费在内的成本租金，"补贴"指的是将原来国家投入到住宅维修基金以及住房折旧基金的补贴作为住房补贴发放到职工手里。此次进行的补贴售房主要参照之前实行的"三三制"原则，即国家、单位以及个人各负担房价的1/3。

1988年8月，国务院在总结本次"房改"试点的基础上印发《关于全国城镇分期分批推行住房制度改革实施方案》，该方案将全国"房改"分为两个步骤：一是实现全国公房按成本价收取房租，成本价包括房屋折旧费、维修费、管理费、建房投资款利息以及房产税等，租金按照成本租金计租，提高租金从而促进个人购买住房，促进住房商品化；二是将住房成本纳入工资，通过提高工资将房租由成本租金提高到商品化租金的水平上，从而进一步推动住房商品化。该实施方案发布之后，截至1990年，全国共有12个城市23个县镇进行了以提租补贴为主要内容的住房体制改革，取得了较为显著的成效。

以提租补贴为主要内容的住房体制改革试点是实行住房市场化的有益尝试，在一定程度上抑制了不合理的住房需求，扩大了住房建设资金的来源。在这一时期，住房市场化改革又向前迈出了实质性的一步，随着房租的上涨，租金补贴以及购房补贴成为保障职工住房的新形式。

三、保障性住房制度初步形成阶段（1992~1997年）

1992年党的十四大召开，我国确立了建立社会主义市场经济体制的改革目标，城镇住房体制开始按照商品化、市场化以及社会化的思路进行深入改革，从而将我国房地产市场以及住房保障制度推向了全新的发展阶段，在这一阶段，我国初步形成了由住房公积金、经济适用住房以及原有的低租金公有住房构成的保障性住房制度。

1994 年 7 月，国务院下发了《关于进一步深化城镇住房制度改革的决定》（国发〔1994〕43 号），提出了我国房地产体制改革的目标是，建立与社会主义市场经济体制相适应的新的城镇住房制度，实现住房商品化、社会化；加快住房建设，改善居住条件，满足城镇居民不断增长的住房需要。该决定提出了促进住房商品化与社会化的同时应当由国家、集体以及个人合理分担住房支出，建立面向中低收入群体的经济适用房以及面向高收入群体的商品房的供应体系，全面推行住房公积金制度。可以说，这个决定在我国保障性住房制度发展史上具有重要的意义。第一，该决定第一次明确提出建立与社会主义市场经济体制相适应的城镇住房制度，将城镇住房制度作为我国经济体制改革的重要组成部分；第二，在明确住房市场化改革方向的同时，明确提出应当通过经济适用房等手段保障低收入群体的住房需求；第三，在住房市场化改革的同时坚持完善各项配套措施，有利于保障城镇居民的住房需求。

为了落实国发〔1994〕43 号文件精神，1994 年 12 月，建设部等部门联合发布了《城镇经济适用住房建设管理办法》（建房〔1994〕761 号），该办法规定经济适用住房是"以中低收入家庭住房困难户为供应对象，并按国家住房建设标准（不含别墅、高级公寓、外销住宅）建设的普通住宅"，"经济适用住房建设要体现经济、适用、美观的原则，适用功能要满足居民的基本生活需要"。

为了配合城镇住房制度改革，本阶段还实施了安居工程计划。1995 年 2 月，国务院办公厅发出《关于转发国务院住房制度改革领导小组国家安居工程实施方案的通知》，开始正式实施安居工程计划。安居工程建设按照国家贷款 40%、地方城市配套 60% 比例资金的方式筹集资金，由所在地政府划拨土地并减免相关费用进行建设，建成以后按照成本价向城镇中低收入家庭出售，并优先出售给无房户、危房户以及住房困难户。

四、保障性住房制度确立与完善阶段（1998 年至今）

1998 年 6 月，国务院召开深化住房制度改革和加快住房建设工作会议，颁布了《关于进一步深化城镇住房制度改革加快住房建设的通知》（国发〔1998〕23 号），决定停止住房实物分配，实行住房分配货币化。这是我国住房体制改革的标志事件，之后我国加快了住房市场化的进程，房地产业被定位为国民经济的支柱产业，房价呈现不断上涨的趋势，城镇中低收入群体的住房问题日渐突出。随着对住房属性以及住房问题认识的逐步加深，我国对城镇保障性住房制度经历了"重视—忽视—重视"三个阶段。

（一）多层次保障性住房制度初步确立阶段（1998~2002 年）

1998 年国务院颁布《关于进一步深化城镇住房制度改革加快住房建设的通知》（国发〔1998〕23 号）决定停止住房实物分配，逐步实行住房分配货币化，提出应当"建立和完善以经济适用住房为主的住房供应体系"，"对不同收入家庭实行不同的住房供应政策。最低收入家庭租赁由政府或单位提供的廉租住房；中低收入家庭购买经济适用住房；其他收入高的家庭购买、租赁市场价商品住房"。从该文件来看，我国初步形成了多层次的保障性住房制度，即高收入群体依靠商品房解决住房问题，而中低收入群体则依靠经济适用住房以及廉租房解决住房问题。

1998 年 9 月，建设部等部委发布了《关于大力发展经济适用住房的若干意见》（建房〔1998〕154 号），提出大力发展经济适用住房，加快住房建设。1999 年 4 月，建设部发布《城镇廉租住房管理办法》（建设部令第 70 号），对廉租住房的房源、房租标准、建设和申请程序进行规定。2001 年 3 月，《国民经济和社会发展第十二个五年规划纲要》提出要"建立廉租住房供应保障体系"。2002 年 11 月，国家计委、建设部出台了《经济适用房价格管理办法》（计价格〔2002〕2503 号），规定了经济适用房必须以保本微利作为确定价格的原则。

随着这一系列制度的出台，我国基本上确立了包括经济适用房、廉租房在内的多层次保障性住房制度，这一套保障性住房制度对于缓解城镇中低收入家庭住房困难问题起到了重要作用。可以说，这一阶段的住房制度在大力推进住房市场化的同时较好地兼顾了住房保障这一社会公平目标。截至 2003 年底，全国经济适用房竣工面积达到 4.77 亿平方米，解决了城镇 600 多万户家庭的住房问题。[①]

（二）城镇保障性住房制度缓慢发展阶段（2003~2006 年）

2003 年以来，我国房地产价格开始出现迅速攀升，房地产产业的发展成

---

① 杨向前. 中国住房保障制度的演进与思考［J］. 中共石家庄市委党校学报，2013（2）：19-25.

为拉动国民经济增长的动力，并为地方政府经营城市土地财政提供工具。因此，2003~2006年我国城镇住房保障制度进入缓慢发展阶段，保障性住房建设相对萎缩，大多数城镇家庭被推向了商品房市场。

2003年8月，国务院发布《关于促进房地产市场持续健康发展的通知》（国发〔2003〕18号），将房地产行业定位为国民经济的支柱性产业，并要求各地要"完善住房供应政策，调整住房供应结构，逐步实现多数家庭购买或承租普通商品住房"。该文件确立了普通商品住房在我国住房供应体系中的主体地位，取代了国发〔1998〕23号文提出的"建立和完善以经济适用住房为主的多层次城镇住房供应体系"。普通商品住房取代经济适用住房成为城镇住房供应体系的主体，一方面成就了中国房地产市场的"黄金十年"，房地产业快速发展，城镇居民住房条件得到改善，另一方面导致城镇保障性住房制度发展缓慢，保障性住房占住房供应体系的比重不断下降，在保障城镇中低收入家庭基本住房权益的能力不断下降。

随着房价的不断上涨，2003年以后，国家也出台了一些促进保障性住房建设的政策，但是总体效果并不显著。2003年1月，建设部等部委发布了《城镇最低收入家庭廉租住房管理办法》（建设部令第120号），该办法规定了廉租住房的保障对象、保障方式、保障标准。2004年5月，建设部等部委发布了《经济适用住房管理办法》（建住房〔2004〕77号），明确了经济适用住房是由政府提供优惠政策，限定建设标准、供应对象和销售价格，具有保障性质的政策性商品住房。2005年7月，建设部、民政部出台《城镇最低收入家庭廉租住房申请、审核及退出管理办法》（建住房〔2005〕122号），明确规定了廉租房的申请条件、审核及退出机制。2006年5月，国务院办公厅发布了《关于调整住房供应结构稳定住房价格意见的通知》（国办发〔2006〕37号）提出要重点发展中小套型、中低价位的普通商品房，明确规定90平方米以下的住房必须达到开发总量的70%以上。

（三）保障性住房制度建立与完善阶段（2007~2012年）

《关于促进房地产市场持续健康发展的通知》发布之后，普通商品房成为城镇居民解决住房问题的主要渠道，房地产行业迎来了黄金发展时期，房价迅速攀升。不断上涨的房价以及发展缓慢的保障性住房建设使城镇中低收入家庭住房困难仍然严重，影响了中低收入家庭基本的住房需求，住房问题逐步演化成影响社会安定和谐的民生问题。基于此，2007年开始中央重新加大对保障性住房制度建设的支持力度，住房政策重新回归民生，促进保障性住房制度不断完善。

2007 年 8 月，国务院发布《关于解决城市低收入家庭住房困难的若干意见》（国发〔2007〕24 号），将住房问题视为重要的民生问题，将解决城市低收入家庭住房问题作为政府的重要责任，并将其纳入政府的政绩考核之中，提出加快建立健全以廉租住房制度为重点、多渠道解决城市低收入家庭住房困难的政策体系。该文件纠正了我国住房体制改革过度市场化的趋势，重新确立了我国城镇保障性住房制度的基本框架，是我国城镇保障性住房制度发展的里程碑事件。

《关于解决城市低收入家庭住房困难的若干意见》出台之后，城镇住房保障问题得到了空前的关注，国家相关部门出台了一系列配套政策。2007 年，财政部、建设部等部委相继出台了《廉租住房保障资金管理办法》（财综〔2007〕64 号）、《廉租住房保障办法》（建设部令第 162 号）、《经济适用住房管理办法》（建住房〔2007〕258 号）；2008 年，印发《经济适用住房开发贷款管理办法》（银发〔2008〕13 号）等政策，从明确廉租房、经济适用房的资金来源、优惠政策、申购条件等角度完善保障性住房制度。

2008 年金融危机以来，国家将加强保障性住房建设作为扩大内需和保持经济平稳发展的重要手段，开始实施大规模的住房安居工程，促进城镇保障性住房制度的进一步完善。2008 年 12 月，国务院办公厅发布了《关于促进房地产市场健康发展的若干意见》（国办发〔2008〕131 号），提出争取用 3 年时间基本解决 747 万户城市低收入住房困难家庭住房问题以及 240 万户棚户区搬迁维修工作。2009 年 5 月，住建部等部委发布《2009—2011 年廉租住房保障规划》（建保〔2009〕91 号），提出加大廉租住房建设力度，加快建立健全以廉租住房制度为重点的住房保障体系，并确定 2009~2011 年分别解决 260 万户、245 万户和 204 万户城市低收入家庭的住房问题。

经过金融危机期间大力推进廉租住房建设，城市低收入群体的住房困难已大大缓解，然而城市中低收入群体、新市民（外来务工人员）、新就业大学毕业生等群体住房困难问题仍然比较严重，从 2010 年起国家大力促进公共租赁住房建设。2010 年 6 月，住建部等部委联合发布《关于加快发展公共租赁住房的指导意见》（建保〔2010〕87 号），提出大力发展公共租赁住房，满足城市中低收入群体的住房需求，并将公共租赁住房建设纳入 2010~2012 年保障性住房建设规划和"十二五"住房保障规划。2010 年 7 月，财政部等部委联合发布《中央补助公共租赁住房专项资金管理办法》（财综〔2010〕50号），规定中央将安排专项资金用于补助政府组织实施的公共租赁住房建设项目，补助的形式包括投资补助、贷款贴息以及直接投资等。2012年5月，住建部发布《公共租赁住房管理办法》（住房和城乡建设部令第11号），对公共租赁住房的保障对象、申请程序等要素进行规定，促进公共租赁住房规范发展。

（四）保障性住房制度重构与回归民生的阶段（2013年至今）

党的十八大以来，以习近平同志为核心的党中央从全面建成小康社会与全面深化改革开放的发展实际出发，围绕经济社会发展的重大问题，提出一系列治国理政的新理念、新思想和新战略，最终形成习近平新时代中国特色社会主义思想。在习近平新时代中国特色社会主义思想的指导下，面对城镇居民住房领域存在的诸如房价上涨过快、"炒房"之风盛行、城镇中低收入家庭住房困难等"顽疾"，精准界定住房的属性及地位，对城镇保障性住房制度进行改革与重构。党的十八大、党的十九大、历年中央经济工作会议、中央政治局会议等多次对住房及住房保障问题做出重要决策，明确提出"住房问题关系民生福祉""房子是用来住的，不是用来炒的""加快建立多主体供给、多渠道保障、租购并举的住房制度，让全体人民住有所居"等旗帜鲜明、富有新时代特色的科学论断。

面对依然严峻的城镇住房保障局势，国家继续实施大规模的住房安居工程。2013年，住建部发布《关于做好2013年城镇保障性安居工程工作的通知》（建保〔2013〕52号），提出2013年全国城镇保障性安居工程建设任务是基本建成470万套、新开工630万套保障性住房，要求2013年底以前地市级城市要明确外来务工人员申请住房保障的条件、程序和轮候规则。2014年，住建部发布《关于做好2014年住房保障工作的通知》（建保〔2014〕57号），提出2014年全国城镇保障性安居工程计划新开工保障性住房700万套以上，基本建成480万套，决定将北京、上海、深圳、成都、淮安、黄石作为共有产权住房试点城市，探索发展共有产权住房。

为顺应我国经济社会发展形势的新变化，完善住房保障制度体系，提高保障性住房的运行效率，2013年12月，住建部、财政部、国家发改委联合发布《关于公共租赁住房和廉租住房并轨运行的通知》（建保〔2013〕178号）。该通知规定从2014年起将各地廉租住房统一纳入公共租赁住房管理，确立了公共租赁住房在我国住房保障体系的主体地位，为解决新就业无房职工和有稳定工作的外来务工人员住房保障问题提供了可行方案。

为缓解公共租赁住房建设资金困难，提高公共租赁住房供给效率，2015年4月21日，财政部等联合发布《关于运用政府和社会资本合作模式推进公共租赁住房投资建设和运营管理的通知》（财综〔2015〕15号）。该通知就运用政府和社会资本合作模式（PPP模式）推进公共租赁住房投资建设与运营相关事宜进行了详细规定，开启了将社会资本引入保障性住房建设与运营的新模式。

2015年开始，国家扩大住房保障的投资范围，将城镇棚户区改造作为推进住房保障工作的重要抓手，实施了大规模的城镇棚户区改造计划。2015年6月25日，国务院发布《关于进一步做好城镇棚户区和城乡危房改造及配套基础设施建设有关工作的意见》（国发〔2015〕37号），提出加快城镇棚户区改造和完善配套基础设施。据此，住建部、财政部、国土资源部于2016年7月11日发布《关于进一步做好棚户区改造工作有关问题的通知》（建保〔2016〕156号），提出要加速推进棚户区改造（以下简称棚改），完成2016年600万套棚户区住房改造任务。为有效推进棚改工作，住房和城乡建设部办公厅、国家发展改革委办公厅、财政部办公厅联合发布《棚户区改造工作激励措施实施办法（试行）》（建办保〔2016〕69号），对受表扬激励的地方给予保障性安居工程中央预算内投资方面的倾斜。

为解决公租房发展不平衡不充分的问题，更好发挥住房保障在解决群众住房问题中的"补位"作用，2019年5月7日住建部、国家发改委、财政部、自然资源部联合发布《关于进一步规范发展公租房的意见》（建保〔2019〕55号）。该意见提出公租房发展必须坚持以政府为主提供基本保障、分类合理确定准入门槛、坚持实物保障与租赁补贴并举三个基本原则，提出加大对新就业无房职工、城镇稳定就业外来务工人员的保障力度，为公租房的规范发展提供了政策依据。

党的十八大以来，党和国家大力发展保障性住房，扎实推进住房保障工作，城镇户籍的低收入家庭住房条件得到了很大的改善。但是新市民、青年人（特别是人口净流入的大城市）等群体住房困难仍然比较突出。为补齐保障性住房领域的短板，2021年6月24日，国务院办公厅发布《关于加快发展保障性租赁住房的意见》（国办发〔2021〕22号），提出扩大保障性租赁住房的供给，缓解住房租赁市场结构性供给不足。2021年8月31日，住建部部长王蒙徽在国新办举行"努力实现全体人民住有所居"新闻发布会上提出,"十四五"期间将以保障性租赁住房为发展重点,进一步完善住房保障体系,增加保障性住房的供给,努力实现全体人民住有所居。①

党的十八大以来,在习近平新时代中国特色社会主义思想的指导下,坚持以人民为中心,突出住房的民生属性,扩大保障性住房的供给。保障性住房建设取得了巨大成就,建成了全世界最大的住房保障体系,帮助2亿多名困难群众实现了安居。

第二节　中国城镇保障性住房制度现行构成

改革开放以来,我国城镇住房体制经历了国家实物福利分配住房向住房市场化转移,再由忽视保障性住房建设向加强保障性住房建设转移的发展过程。如图3-1所示,经过40多年的发展,目前我国形成了主要由廉租住房制度、公共租赁住房制度、经济适用住房制度、限价房制度、共有产权住房制度、保障性租赁住房制度组成的多层次城镇保障性住房制度,对于保障城镇中低收入家庭基本住房权益、维护社会稳定发挥了重要作用。

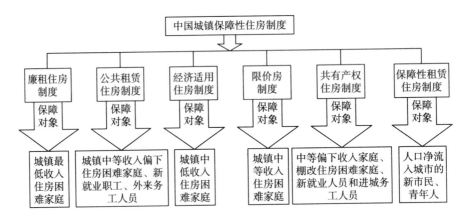

图3-1　中国城镇保障性住房制度构成

---

① "十四五"加快完善住房保障体系　努力实现全体人民住有所居〔EB/OL〕.〔2020-08-31〕.http://www.scio.gov.cn/xwfbh/xwbfbh/wqfbh/44687/46680/zy46684/Document/1711599/1711599.htm.

一、廉租住房制度

（一）廉租住房的界定

廉租住房又称廉租房，是指政府和单位以租金补贴或者实物配租的形式向城镇常住最低收入家庭提供的租金相对低廉的保障性住房。廉租住房制度是我国城镇保障性住房制度的重要组成部分，是城镇最低收入家庭解决住房困难的主要渠道。廉租房是针对城镇最低收入家庭的保障性住房，"只租不售"是其最重要的特征。

1998 年国务院发布《关于进一步深化城镇住房制度改革加快住房建设的通知》（国发〔1998〕23 号）时就已经提出"最低收入家庭租赁由政府或单位提供的廉租住房"，据此，1999 年建设部发布了《城镇廉租住房管理办法》（建设部令第 70 号）。2003 年 11 月，建设部等五部委发布了《城镇最低收入家庭廉租住房管理办法》（建设部第 120 号令），标志着我国廉租住房制度的全面启动。然而，由于房地产行业成为拉动经济增长的重要手段以及地方政府筹集财政收入的重要渠道，造成廉租住房投资不足，廉租建设缓慢。直到2007 年，国务院发布《关于解决城市低收入家庭住房困难的若干意见》（国发〔2007〕24 号），廉租住房建设被赋予重要的地位，特别是金融危机以来，政府将加大廉租住房建设力度作为保障性安居工程的重要内容，廉租住房获得了快速发展。2013 年 12 月，住建部、财政部、国家发改委三部门联合发布《关于公共租赁住房和廉租住房并轨运行的通知》（建保〔2013〕178 号），该通知规定从 2014 年起，将廉租房建设计划调整并入公共租赁住房年度计划。至此，廉租房成为公租房的一个组成部分。

（二）廉租住房制度的内容

廉租住房制度的内容包括保障对象、保障标准、保障方式、房屋来源、资金来源、退出方式、惩罚机制等内容。廉租住房制度的保障对象为城市低收入家庭；保障对象审核的标准有两个，即家庭收入标准和住房困难标准，这两个标准由城市人民政府根据统计部门统计的家庭人均可支配收入和人均住房水平的一定比例，并结合当地经济发展水平及住房价格水平确定，实行动态管理。廉租住房的保障标准由城市人民政府根据当地家庭住房条件及财政承受能力确定。廉租住房的保障方式包括货币补贴和实物配置两种方式，并以发放租赁补贴为主。廉租住房房源包括政府新建、收购、改建以及社会捐赠等形式，并鼓励房地产开发商开发小户型产品面向社会出资。廉租住房的资金来源包括地方政府纳入年度预算安排的住房保障资金、提取贷款风险准备金及管理费用之后的住房公积金增值收益、每年提取不得低于10%的土地出让净收益。廉租住房只能通过政府回收的方式退出，不能用于转租、转让、出售等用途。廉租住房制度还规定了相应的惩罚机制，主要通过罚款的形式防止不符合条件的家庭占用廉租房资源。

（三）廉租住房的特征

廉租住房是城镇保障性住房的重要组成部分，与其他保障性住房相比，具有以下特征：一是福利性质最为显著。廉租住房保障的是城镇最低收入家庭的基本住房权益，解决城镇居民中收入处于最底端群体的住房困难问题。这部分群体收入很低，住房给付能力很差，主要依靠政府的住房保障政策，社会福利性质最为明显。二是价格低廉。廉租住房采取出租的形式为城镇低收入群体提供住房保障，并且租金很低。三是保障形式多样，既可以采取实物配租的方式即由政府直接向低收入家庭提供廉租房，也可以采取租金补贴的方式即由政府向符合条件的低收入家庭发放租房补贴，由受补家庭在市场上自行租赁住房。四是廉租住房仅能满足低收入家庭的基本住房需求，廉租住房面积较小，相关配套措施较差，只能满足居住者的基本住房需求。五是廉租住房仅出让居住权，即符合条件的城镇低收入家庭只能申请廉租住房用于满足自己家庭的住房需求，不能将廉租住房转让、转租，承租者要退出廉租住房，只能将廉租房退回给政府。

二、公共租赁住房制度

（一）公共租赁住房的界定

公共租赁住房又称公租房，是指由政府或者公共机构所有，以低于市场的租金价格向符合条件的人员出租的保障性住房。公租房的保障对象主要是大中专毕业生、新就业职工、农民工等既不符合廉租房申请条件又无法依靠自身力量解决住房问题的"夹心层"，是我国保障性住房制度的创新和有利补充。

2007 年以来，我国加大了对廉租房、经济适用房等保障性住房的支持力度，大大缓解了城镇低收入家庭的住房困难问题。但是一些中等偏下收入的家庭、大中专毕业生、进城务工人员不符合廉租房的申请条件又无力依靠自身解决住房问题，从 2010 年起我国开始重视这部分"夹心层"的住房保障问题。2010 年，住建部等部委发布的《关于加快发展公共租赁住房的指导意见》，正式引入了"公共租赁住房"的概念，此后各级政府都高度重视公共租赁住房建设，在新增的保障性住房建设计划中，公共租赁住房占据了大部分。公共租赁住房将成为未来我国保障性住房制度的主要形式，有学者更是将公共租赁住房制度的推出称为我国的"二次房改"。2012 年 5 月，住建部发布《公共租赁住房管理办法》（住房和城乡建设部令第 11 号），对公共租赁住房的定义、房源、申请与审核、轮候与配租、使用与退出、法律责任等进行了详尽的规定，为公租房制度的顺利运行提供了制度方面的保驾护航。

（二）公共租赁住房制度的内容

公共租赁住房制度包括保障对象、保障标准、保障方式、房屋来源、资金来源、退出方式、惩罚机制等内容。公共租赁住房的保障对象包括城镇中等偏下收入住房困难家庭、新就业无房职工、在城镇稳定就业的新市民（外来务工人员）。公共租赁住房可以建成成套的住房，也可以以集体宿舍的形式提供，成套的住房单套面积控制在 60 平方米以下。公共租赁住房仅以出租的形式为符合条件的家庭提供住房保障，租金标准以略低于同地段住房市场租金水平的原则确定。公共租赁住房的房源可以通过多种形式筹集，具体包括新建、改建、收购、长期租赁等形式，投资主体既可以是政府也可以通过政府政策支持引进社会投资参与。公共租赁住房仅为保障对象提供过渡性的住房解决方案，租期较短，一般不超过 5 年。当保障对象不符合公共租赁住房申请条件时应将租用的公共租赁住房退还给政府。公共租赁住房制度还规定了严格的惩罚机制，对公共租赁住房的所有权人、运营单位、申请人、承租人的各种违法行为进行惩罚。

（三）公共租赁房制度的特征

城市公共租赁住房制度是完善我国城镇住房供应体系，满足城镇中等偏下收入群体住房问题的重要举措，是我国近年来在城镇保障房制度领域的创新，具有以下特征：首先，它满足的是城镇中低收入群体的住房需求，但与廉租房制度不同的是，公共租赁住房的保障对象是既不符合廉租房申请条件又无法通过经济适用房、商品房解决住房问题的中低收入群体，它所涵盖的群体也比较广泛，中低收入群体、新就业的大中专毕业生以及农民工等住房困难的群体都是其保障对象。其次，由于其保障对象的特殊性，比如大中专毕业生收入增长较快、农民工流动性较强等，它仅为保障对象提供过渡性的住房问题解决方案，除了承租人因为收入增长等原因不符合继续租赁的条件而必须退房以外，它还规定公共租赁住房的租期一般不超过 5 年。再次，与廉租房相比，公共租赁住房的租金水平较高，保障力度较弱，但是住房条件以及周边的配套措施相对较好。最后，与廉租住房一样，公共租赁住房只租不售，这是两者的公共特征，也是两者区别于经济适用房、限价房等保障性住房的最大特征。

三、经济适用住房制度

（一）经济适用住房的界定

经济适用住房又称经济适用房，是由政府提供优惠政策，组织房地产开发企业或集资建房单位按照合理建设标准，限定套型面积和销售价格，面向城镇中低收入住房困难家庭出售的具有保障性质的政策性商品住宅。经济适用住房制度旨在通过免收地价、税费减免等优惠措施来完善城镇住房供应体系、调整房地产投资结构，从而以较低的价格满足城镇中低收入群体的住房需求。

经济适用住房制度是我国最早的保障性住房制度之一，早在 1991 年国务院《关于继续积极稳妥地进行城镇住房制度改革的通知》（国发〔1991〕30号）中就已经提出"大力发展经济适用的商品住房"，由此进入我国经济适用住房制度的萌芽时期。1994 年，建设部出台了《城镇经济适用房建设管理办法》，正式提出了经济适用房"是以城镇中低收入家庭为对象，具有保障性质的住房"。1998 年，国务院颁布的《关于进一步深化城镇住房制度改革加快住房建设的通知》提出要建立以经济适用住房为主的多层次住房供应体系，有力地推动了我国经济适用住房建设。然而，地方政府消极对待经济适用住房建设、建设标准超标、分配过程中存在不公正等现象，造成了经济适用住房并不"经济"的局面，一度引发了经济适用住房的存废之争，使得经济适用住房建设长期徘徊不前。2007 年，国务院发布《关于解决城市低收入困难家庭住房困难的若干意见》（国发〔2007〕24号），对经济适用住房进行重新定位，才使经济适用住房建设重回正常发展的轨道。

（二）经济适用住房制度的内容

经济适用住房制度包括保障对象、优惠和支持政策、保障方式、建设管理、价格管理、退出机制、惩罚机制等内容。经济适用住房的保障对象为城镇中低收入住房困难家庭，保障对象根据家庭收入标准和住房困难标准进行认定，并且已经参加福利分房的家庭在退回所分房屋之前不得申购经济适用住房。政府出台了一系列优惠政策支持经济适用住房建设，具体包括以划拨方式供应土地并确保优先供应、免收城市基础设施配套费等各种行政事业性收费和政府性基金、项目的基础设施配套等费用由政府承担、开发单位可以申请开发贷款等。经济适用住房以出售的方式向保障对象提供住房保障。经济适用住房的建设按照政府组织协调、市场运作的原则，既可以选择优质的开发企业建设，也可以由经济适用住房管理实施机构直接组织建设。经济适用住房单套面积控制在 60 平方米左右，并且应当根据当地经济发展水平、群众住房情况、家庭人口结构等因素确定经济适用住房的建设规模和各种套型比例。经济适用住房的价格以保本微利的原则确定，依托开发商进行建设的经济适用住房项目利润不得超过 3%，而由政府直接开发建设的经济适用房项目只能按照成本价出售，不得有利润。经济适用住房购房者拥有有限的产权，购买 5 年以内不得上市交易，5 年以内购房者需要转让的由政府按照一定价格回购；经济适用住房购房者购房超过 5 年上市转让的应当按照转让时同地段普通商品住房与经济适用住房差价的一定比例向政府交纳土地收益等相关价款，具体的比例由当地政府确定，同时政府享有优先购回权；在经济适用住房购房者未取得完全产权之前不得将房子用于出租经营；购房者也可以通过向政府补缴土地收益等价款之后取得完全产权。经济适用住房制度规定了严格的监督管理制度，对经济适用住房主管部门、开发商、购房者等进行监督。

（三）经济适用住房制度的特征

经济适用住房制度是我国城镇住房保障制度的重要组成部分，其保障方式与保障力度比较特殊，既不同于主要依靠政府力量的廉租房与公租房，也不同于市场方式占主导的限价房。

首先，经济适用住房具有"经济性"。与同地段的普通商品住房价格相比，经济适用住房大约只有其市场价格的一半，比较适合城镇中低收入家庭的经济承受能力。其次，经济适用住房具有"适用性"。经济适用住房在房屋设计、单套面积以及建筑标准上能够满足绝大多数中低收入家庭的居住需求，但由于其保障性质，经济适用住房在套型、品位、周边配套设施方面不如普通商品住宅。最后，经济适用住房制度采取出售的形式作为保障方式。与廉租住房、公共租赁住房采取低于市场租金水平向城镇中低收入群体出租住房的方式不同，经济适用住房是以低于市场价格的水平向城镇中低收入群体出售住房，并且保留优先回购权。

四、限价房制度

（一）限价房的界定

限价房，又称限价商品房、"两限"商品房，是我国典型的政策性商品住房。宁波在 2004 年成为我国第一个推行限价房政策的城市。但是限价房的提出最早是 2006 年 5 月，建设部等九部委发布《关于调整住房供应结构稳定住房价格的意见》，该意见提出"土地供应应在限套型、限房价基础上，采取竞地价、竞房价的办法，以招标方式确定开发建设单位"。由此可以看出，限价房是在事先确定"限套型、限房价"指标的基础上，引入"竞地价、竞房价"的竞争机制，所以限价房又称为"两限两竞房"。2008 年 1 月，广州公布《广州市限价商品住宅销售管理办法（试行）》，指出限价商品住宅"是指政府公开出让商品住宅用地时，提出销售价格、住宅套型面积、销售对象等限制性要求，由开发建设单位通过公开竞争取得土地使用权，并严格执行限制性要求开发建设和销售的商品住宅"。2008 年 3 月，北京公布《北京市限价商品住房管理办法（试行）》，对限价房做出了明确的定义，指出"限价商品住房是指政府采取招标、拍卖、挂牌方式出让商品住房用地时，提出限制销售价格、限制住房套型面积、限制销售对象等要求，由开发企业通过公开竞争取得土地，并严格执行限制性要求开发建设和定向销售的普通商品住房"。

（二）限价房的性质

虽然对于限价房目前并没有权威的概念，但是上述各种表述清楚地界定了限价房的性质，限价房本质上仍然是商品住房，但是却有浓厚的政府干预的色彩，具有保障性住房的特征。

第一，限价房是商品住房。限价房由开发商按照政府设定的价格与套型面积等指标进行开发建设，并通过房地产市场销售。购房者虽然 5 年内不能用于出租与出让，但是可以办理房地产权属登记并在一定前提下允许上市交易，购房者拥有受限制的产权，因此限价房本质上仍然是商品住房。

第二，限价房具有保障性住房的特征。虽然政府对保障性住房的优惠政策很少，但限价房却是政府为保障中等收入群体住房权益而实施的一种制度。政府在出让土地之前，预先按照比市场价格低的水平设定了房价以及套型面积标准，并按此标准进行公开竞标。限价房的目的有两个：一是在于提前锁定房价，保持房价的平稳；二是增加中小户型产品的比重，从而保证适应中等收入群体的住房承受能力。

（三）限价房制度的内容

限价房制度包含保障对象、项目建设、退出机制、监督机制等内容。限价房的保障对象是城镇中等收入住房困难群体、征地拆迁过程中涉及的农民家庭以及当地政府规定的其他家庭，根据申请家庭的家庭收入、家庭资产、家庭住房情况确定保障对象。限价房项目建设按照政府指导、市场运作的方式进行，即由政府事先确定销售价格、套型面积等指标（其中套型面积不得超过 90 平方米），再公开招标建设单位，限价房用地应当以公开出让的方式进行。限价房与经济适用住房类似，购买者只能取得有限的产权，购买 5 年以内不得上市交易、不得用于转让和出租，5 年以内购房者需要转让的由政府按照一定价格回购；限价房购房者购房超过 5 年上市转让的应当按照转让时同地段普通商品住房与限价房差价的一定比例向政府交纳土地收益等相关价款，具体的比例由当地政府确定。各地的限价房制度制定了严格的监督机制，对执行过程中的各种违规行为进行惩罚。

五、共有产权住房制度

2014 年，国务院总理李克强在十二届全国人大二次会议上作《政府工作报告》，首次明确提出"增加中小套型商品房和共有产权住房供应"，住建部将北京、上海、深圳、成都、黄石、淮安 6 个城市列为全国共有产权试点城市[①]，在国家层面开启我国共有产权住房制度的实践历程。2021 年 4 月 30 日，

---

① 参见：《住房城乡建设部关于做好 2014 年住房保障工作的通知》。

中共中央政治局会议提出"要坚持房子是用来住的、不是用来炒的定位,增加保障性租赁住房和共有产权住房供给",进一步明晰共有产权住房在我国保障性住房体系中的地位。[①] 2021 年 7 月 2 日,国务院办公厅发布《关于加快发展保障性租赁住房的意见》(国办发〔2021〕22 号),明确提出"需加快完善以公租房、保障性租赁住房和共有产权住房为主体的住房保障体系",从而将共有产权住房明确为我国住房保障体系的主要组成部分之一。

(一)共有产权住房的界定

2017 年北京市住房和城乡建设委员会等多部门联合印发《北京市共有产权住房管理暂行办法》(京建法〔2017〕16 号),将共有产权住房定义为"政府提供政策支持,由建设单位开发建设,销售价格低于同地段、同品质商品住房价格水平,并限定使用和处分权利,实行政府与购房人按份共有产权的政策性商品住房"。

(二)共有产权住房的特征

共有产权住房是保障性住房体系中最接近商品住房的品种,有明显区别于其他保障性住房的典型特征。首先是具有浓厚的保障色彩,个人和政府共同出资并以低于市场价格的水平购买住房,该政策设立的初衷就是为了缓解个人购房的压力,实现"应保尽保"的目的。其次是具有鲜明的市场化特征,共有产权住房通过共同出资、共同享有产权份额、共享增值收益,政府重点在需求端为保障对象提供购房支持,呈现出较强的市场化行为特征。最后,共有产权住房建立了良好的保障性住房资源回收与循环使用机制。共有产权持有人只能向符合条件的个人或者共有产权持有人出售共有产权住房份额,确保共有产权住房资源在符合保障对象的群体中进行有序流转。既满足购房人的退出需求,也能够防止保障性住房资源流失。

(三)共有产权住房制度主要内容

共有产权住房制度主要包括保障对象、保障模式、产权划分、运行管理、上市收益分配等内容。共有产权住房的保障对象相对多元化,主要以中等偏下收入家庭为主,兼顾棚改住房困难家庭。值得注意的是,淮安市将新就业人员

---

① 中共中央政治局. 分析研究当前经济形势和经济工作 听取第三次全国国土调查主要情况汇报 审议《中国共产党组织工作条例》[N]. 光明日报,2021-05-01(001).

· 64 ·

和进程务工人员纳入保障对象，这是保障性住房制度根据经济社会发展新形势而进行的创新性实践，具有很重要的实践价值。

共有产房的保障模式较为多元化。从实践角度来看，主要有以下四种保障模式：一是政府以集中建设、分散配建等方式筹集房源，并向符合保障条件的家庭出售部分产权。二是政府与保障对象按比例出资购买定向目录内的普通商品房，形成共有产权住房。三是政府、企业、保障对象或者企业、保障对象共同出资购买普通商品住房，形成共有产权住房。四是公共租赁住房先租后售模式，保障对象承租政府公共租赁住房满 2 年后，申请购买承租公共租赁住房。产权划分方面，普遍要求保障对象出资比例在 60% 以上，政府出资比例在40% 以下，企业出资比例在 30% 以下，具体产权划分各地有细微的区别。

试行共有产权住房的地区都建立了较为完善的运行管理制度。共有产权住房运行管理制度包括申购管理、交易管理、物业管理、增购管理、权益管理等内容。共有产权住房运行管理制度对共有产权住房的申请、上市交易、物业服务费用与安全责任、增加购买产权份额、政府及企业拥有份额租金计算与收取、个人出售共有产权办法等进行了详细的规定。

六、保障性租赁住房制度

2020 年下半年以来，保障性租赁住房逐渐成为我国保障性住房建设领域的热点之一，多次在重要的会议上被重点强调。2020 年中央经济工作会议提出"要高度重视保障性租赁住房建设"；2021 年李克强总理代表国务院在《2021 年国务院政府工作报告》中提出"切实增加保障性租赁住房和共有产权住房供给"；2021 年 3 月，我国发布《中华人民共和国国民经济和社会发展第十四个五年规划和 2035 年远景目标纲要》，明确要求"以人口流入多、房价高的城市为重点，扩大保障性租赁住房供给，着力解决困难群体和新市民住房问题"；2021 年 6 月，国务院办公厅发布了《关于加快发展保障性租赁住房的意见》（国办发〔2021〕22 号），对保障性租赁住房的运行模式进行了详细规定。

（一）保障性租赁住房的界定

对国务院办公厅发布的《关于加快发展保障性租赁住房的意见》（国办发〔2021〕22 号）进行归纳总结，保障性租赁住房指的是由政府提供政策支持，充分发挥市场机制作用，允许多方参与建设，主要面向符合条件的新市民、青年人等住房困难群体，以小户型为主、租金较为低廉的保障性住房。

（二）保障性租赁住房的特征

首先，保障性租赁住房是保障性住房的一种，其政策定位以保障属性为主。其次，保障性租赁住房的保障对象以大城市的新市民和青年人为主，主要在全国40个大城市落地实施，在实施范围、保障对象方面同公租房以及共有产权房有较大区别。再次，在建设模式方面，保障性租赁住房与其他类型保障性住房有较大的差异。保障性租赁住房鼓励多主体投资、多渠道供给，坚持"谁投资，谁所有"，政府提供土地、财税、金融等方面的政策支持。其他类型保障性住房主要以政府为主体进行投资、开发建设与供给。最后，保障性租赁住房在用地方面进行了创新。保障性租赁住房所需土地主要利用集体经营性建设用地、企事业单位自有闲置土地、产业园区配套用地和存量闲置房屋建设，特别是允许集体经营性建设用地参与保障性租赁住房建设是我国建设用地管理方面的较大创举，有助于提高农村集体经营建设用地的使用效率。

（三）保障性租赁住房制度的主要内容

保障性租赁住房制度的内容主要包括基础制度和支持政策。

基础制度包括保障对象与建设标准、建设主体、房源、责任主体等。保障性租赁住房的保障对象主要是大城市符合条件的新市民和青年人。保障性租赁住房以建筑面积不超过70平方米的小户型为主，租金与同地段同品质市场租赁价格相比较低。鼓励多主体参与投资建设与运营，坚持"谁投资，谁所有"的原则，实现投资建设主体多元化。房源方面鼓励"多渠道供给"，既可以使用多种类型的建设用地新建保障性租赁住房，也鼓励盘活存量闲置房屋。在责任主体方面，城市人民政府对本区保障性租赁住房发展负有主体责任。

政府对保障性租赁住房的支持政策共有六个方面，分别是土地支持政策、简化审批流程、中央补助资金支持、降低税费支持、执行民用水电气价格、金融支持。土地支持政策方面，在人口净流入的大城市和省级人民政府确定的城市，允通过集体经营性建设用地、企事业单位依法取得使用权的土地、提高产业园区中工业项目配套建设行政办公及生活服务设施的用地面积占比等方式解决保障性租赁住房项目用地的问题，降低用地成本。简化审批流程方面，要求精简保障性租赁住房项目审批事项和环节，构建快速审批流程，提高项目审批效率。中央补助资金支持方面，中央通过现有资金渠道，对符合规定的保障性租赁住房项目进行补助。降低税费支持方面，综合利用各种税费手段，对保障性租赁住房项目进行税费支持，降低税费负担，如免收城市基础设施配套费。执行民用水电气价格方面，对取得保障性租赁住房认证的项目，执行民用水电气价格，降低保障对象的生活负担。金融支持方面，鼓励金融机构加大对保障性租赁住房的信贷支持力度，鼓励银行等金融机构发行金融债券，鼓励商业保险资金用于支持保障性租赁住房项目建设。

第三节　中国城镇保障性住房制度实施概况

经过多年的努力，我国确立了以廉租房、公共租赁住房、经济适用住房、限价房、共有产权房、保障性租赁住房为主要形式的多层次城镇保障性住房制度，对于完善我国城镇住房供应体系、保障城镇中低收入家庭住房权益起到了重要的作用。

一、中国城镇保障性住房制度实施总体情况

我国保障性住房建设在经历了 2003~2007 年逐年收缩之后，2008 年金融危机以后，特别是党的十八大以来，在国家的大力支持下，大规模实施保障性住房安居工程，获得了较快发展。全国大部分市县建立了完善的保障性住房制度，保障性住房投资总额增长迅速，国家财政保障性住房支出快速增加，保障性住房建设重新回到保障民生的轨道上来。截至 2020 年底，我国已经建成世界最大的住房保障体系，累计超过 2 亿人解决住房困难。① 2021 年 8 月 31 日，住房和城乡建设部部长王蒙徽在国新办举行"努力实现全体人民住有所居"新闻发布会上指出，我国建成了世界上最大的住房保障体系，累计建设各类保障性住房和棚改安置住房 8000 多万套，低保、低收入住房困难家庭基本实现

---

① 王佳飞，包晶晶. 中国建成世界最大保障住房体系：用 2300 万套房帮 5000 多万居民出棚进楼向住有所居大步迈进！［N/OL］. 每日经济新闻，［2021-06-29］. http://baijiahao.baidu.com/s? id=1703861153935663440&wfr=spider&for=pc.

"应保尽保",中等偏下收入家庭住房条件有效改善。①

首先,从我国市县保障性住房制度的建设情况来看,根据国家审计署发布的2012年城镇保障性安居工程跟踪审计的结果,截至2012年底,全国所有市县均建立了廉租住房制度,72.97%的市县建立了公共租赁住房制度,60.06%的市县建立了经济适用住房制度,23.75%的市县建立了限价商品住房制度,80.47%的市县实施了棚户区改造,地方多层次住房保障体系正在逐步完善,保障性住房制度的保障范围不断扩大,保障水平不断提高。

其次,我国保障性住房投资逐年递增,但是保障性住房投资占全国住宅投资总额的比重呈现出"U"形特征,但总体比例仍然较低。从表3-1可以看出,从保障性住房投资总额来看,2000年以来,我国保障性住房投资总额逐年递增,从2000年的542亿元增加到2017年的19230亿元;从保障性住房投资增速来看,2000~2008年增速较缓,2009年以后迅速增加后保持稳定。从保障性住房投资占我国住宅投资总额的比重来看,呈现出"U"形特征:2000~2008年占比逐年降低,从2000年的10.9%下滑至2008年的3.1%;2009~2017年以后迅速增加并维持在较为稳定的水平,从2008年的3.1%快速增加到2011年的19.6%,并在后续年份均维持在13%以上。

表3-1　2000~2017年我国住宅投资总额、保障性住房
投资总额及保障性住房投资占比

年份	全国住宅投资总额（亿元）	保障性住房投资总额（亿元）	保障性住房投资占比（%）
2000	4984	542	10.9
2001	6344	599	9.4
2002	7791	589	7.6
2003	10154	622	6.1
2004	13158	606	4.6
2005	15909	619	3.9
2006	19423	696	3.6
2007	25289	820	3.2
2008	31203	970	3.1
2009	36242	5180	14.3

---

① 住房和城乡建设事业发展取得历史性成就［EB/OL］.［2018-08-31］.http://www.scio.gov.cn/xwfbh/xwbfbh/wqfbh/44687/46680/zy46684/Document/1711598/1711598.htm.

续表

年份	全国住宅投资总额（亿元）	保障性住房投资总额（亿元）	保障性住房投资占比（％）
2010	48259	7000	14.5
2011	61797	12140	19.6
2012	71804	12900	17.9
2013	86013	11200	13.0
2014	95036	12900	13.6
2015	95979	15400	16.0
2016	102581	16144	15.7
2017	109799	19230	17.5

资料来源：全国住宅投资总额数据来自国家统计局；保障性住房投资总额（2000~2008年）来自 REICO 数据库；保障性住房投资总额（2009~2015年）转引自《中国城镇保障性住房建设政府投入价值测算——以2009~2015年安居工程为例》；保障性住房投资总额（2016~2017年）转引自《从政府投入看中国城镇住房保障的发展》。

再次，国家保障性住房支出逐年递增，特别是党的十八大以来，住房保障支出成为国家财政主要支出项目之一。根据历年《中国财政年鉴》披露的数据，2014~2019年全国保障性住房安居工程公共财政支出分别为3428亿元、3907亿元、4309亿元、3791亿元、3697亿元、2941亿元。随着住房保障支出的迅速增加，保障范围也迅速扩大，截至2005年底，全国仅有32.9万城镇最低收入家庭享受廉租住房保障，[①] 而2020年时全国城镇已经有2亿多中低收入住房困难群众依靠城镇保障性住房体系解决住房问题。[②] 可以预见的是，党中央、国务院会高度重视解决人民群众的住房困难问题，建立以公租房、保障性租赁住房、共有产权住房为主体的住房保障体系，加大保障性住房支出，增加保障性住房的供给，努力实现全体人民住有所居。

最后，从保障性住房建设结构来看，逐步转向以租赁方式为主，公共租赁住房、保障性租赁住房、共有产权住房将成为我国保障性住房的主体。1998年"房改"以来，经济适用住房一度成为我国保障性住房的主体。2007年以后，针对城镇最低收入家庭的廉租住房成为建设的重点，经过几年的大力发展，

---

① 张占斌，李万峰，费友海，王海燕.中国城镇保障性住房建设研究［M］.北京：国家行政学院出版社，2013：37.

② 王佳飞，包晶晶.中国建成世界最大保障房体系：用2300万套房帮5000多万居民出棚进楼 向住有所居大步迈进！［N/OL］.每日经济新闻，［20121-06-29］.http：//baijiahao.baidu.com/s？id=1703861153935663440&wfr=spider&for=pc.

城镇最低收入群体的住房困难得到大大缓解。党的十八大以来，针对城镇中低收入家庭、刚就业的大学生、在城镇拥有稳定工作的务工人员的住房问题广受关注，公共租赁住房、保障性租赁住房及共有产权住房逐渐成为建设的重点。

二、部分类型保障性住房制度的实施情况

目前，我国绝大部分城市已经建立了包括廉租住房、公共租赁住房、经济适用住房、限价房、共有产权房、保障性租赁住房在内的多层次保障性住房体系。各类型保障性住房发展程度各异，有必要对它们的具体实施情况进行分析。由于共有产权房、保障性租赁住房推行时间较短，本书主要对另外四种类型保障性住房实施情况进行分析总结。

（一）我国廉租住房制度实施情况

我国在 1999 年开始实施廉租住房制度，但是发展缓慢。建设部发布的《关于 2006 年城镇廉租住房制度建设情况的通报》（建住房〔2007〕41 号）数据显示，截至 2006 年底，全国累计用于廉租房保障的资金仅有 70.8 亿元，财政资金年均投入不足 10 亿元；全国累计仅有 54.7292 万户城镇低收入家庭享受廉租房保障，其中获得租金补贴的家庭 16.7 万户，获得实物配租的家庭 7.7 万户，获得租金核减的家庭 27.9 万户。

2007 年开始，政府加大了对廉租房建设的支持力度，仅 2007 年一年，政府投入廉租房建设的资金就达到 145 亿元，是过去 8 年累计投入的 1.3 倍。从表 3-2 可以看出，从 2007 年开始，国家开始大力支持廉租房建设，特别是 2010 年以后，国家对廉租房建设的支持力度空前加大。根据住建部、财政部、国家发改委联合印发的《关于公共租赁住房和廉租住房并轨运行的通知》（建保〔2013〕178 号）的规定，2014 年开始，廉租房与公共租赁住房并轨运行，因此 2014 年以后廉租房不再作为保障性住房制度的独立存在。

表 3-2　2007~2012 年我国廉租房建设财政支出　　　　单位：亿元

年份	2007	2008	2009	2010	2011	2012
廉租房建设支出（亿元）	145	354	187	690	840	597

资料来源：根据各种公开数据及财政部历年《全国公共财政支出决算表》整理而成。

经过几年的努力，廉租房建设取得了不少成绩，大大缓解了城镇最低收入

家庭的住房困难问题。但是总体来看，我国廉租房建设还处于起步阶段，来源渠道单一、管理机制存在缺陷、各地发展差异很大，这些问题日后必须加以重视。

首先，廉租房建设资金来源渠道单一，资金投入不足。根据廉租房相关管理调理的规定，廉租房建设的资金来源主要是财政预算资金、土地出让金净收益、住房公积金增值收益、社会捐赠资金等。从实际运行情况来看，当前廉租房建设主要依赖政府财政预算的投入，地方政府缺乏将土地出让金净收益投资于廉租房建设的动力，比如 2009 年用于廉租房建设的资金仅占全国土地出让支出总额的 1.5%，远远低于规定的 10%；公积金增值收益以及社会捐赠资金都相当有限，更多的是流于形式，不足以支持廉租房建设。从长远来看，金融机构、广大企业以及社会各界的力量没能很好地参与廉租房建设，单纯依靠政府财政资金投入必将造成政府负担沉重，无法实现资金可持续投入，造成建设资金短缺、供应量不足的结果。

其次，我国廉租房管理机制仍存漏洞，准入与退出机制有待进一步完善。廉租房保障对象是城镇最低收入住房困难家庭，但是最低收入的标准、居民收入的认定以及住房情况的审查都无法准确进行，导致准入机制存在漏洞。近几年，在廉租房实践过程中，存在少数通过非正常手段获取廉租房的现象，侵占最低收入群体的福利资源。另外，拆迁户、劳模家庭等被纳入廉租房的保障范围，这些群体是否属于廉租房的保障对象也应当有准确的认识。廉租房的退出机制同样有待完善，一旦承租者的收入水平超过地方政府划定的最低收入标准就应当退出廉租房的保障范围。但是如何掌握承租者的收入变动情况、如何让承租者退还廉租房、在承租者拒不退还的情况下采取何种措施等，这些问题直接影响到退出机制运行是否顺畅，但在实践中还未能形成成熟的模式。

再次，廉租房建设区域发展不平衡，政策执行出现较大偏差。总体来看，东部廉租房建设的情况好于中西部地区，东部地区享受廉租房保障的户数是西部地区的 4.17 倍；大城市的建设情况普遍好于中小城市，省会以及地级以上城市已经基本建立廉租房制度，而在一些欠发达的县城仍然未能启动廉租房制度。

最后，廉租房政策在执行过程中也出现了一些偏差。具体的表现如下：一是向部分不符合条件的对象提供廉租住房补贴及实物配租，造成新的不公；二是个别保障对象将政府发放的住房补贴挪用于其他生活消费，变成生活补贴；三是部分地方政府没有严格按照国家规定从土地出让净收益中提取 10% 的比例用于廉租房建设。

(二) 我国公共租赁住房制度实施情况

2009 年，常州率先推出公共租赁住房制度；2010 年，住建部等七部委联合发布《关于加快发展公共租赁住房的指导意见》首次提出"公共租赁住房"的概念。自此之后，我国公共租赁住房进入快速发展阶段，逐渐成为我国保障性住房的主要形式。特别是 2014 年公租房与廉租房实现并轨运行，2016 年公租房实现实物保障与租赁补贴并举之后，公租房制度进入规范化、成熟化的发展时期。

根据《人民日报》记者赵展慧的统计，截至 2020 年 6 月，全国共有 3800 万名左右困难群众享受公租房实物保障住进公租房，大约累计有 2200 万名困难群众领取了租赁补贴。[①]

公共租赁住房制度作为我国保障性住房体系的新成员，经过最近几年的发展取得了良好的成效，对于缓解城镇中低收入家庭、新就业职工、农民工的住房问题具有重要意义，已经成为我国保障性住房制度的重要组成部分，但在融资渠道、管理机制、配套设施等方面还有待进一步改进。

首先，公租房建设资源来源渠道仍然比较单一。目前我国公租房建设主要依靠政府财政资金投入，出资、建设以及后期的管理等工作都由政府相关部门承担，缺乏市场机制的调节。政府在公租房建设中发挥主导作用固然能够在短期内提供大量房源，缓解公租房资源短缺的状况。但是，从长远来看，毕竟政府财力有限，以财政资金作为主要的资金来源渠道必然造成政府负担过重、管理成本过高等问题，制约了公租房建设规模的扩大，不利于公租房建设的可持续发展。

其次，公租房的管理机制有待进一步完善。虽然国家及地方各级政府制定了完善的公租房管理办法，对公租房的准入标准、退出制度、房租管理等方面做了详尽的规定。但是毕竟公共租赁住房制度在我国刚刚起步，各方面的经验以及配套制度仍然比较薄弱，少数地方出现骗租、插队、退出不畅等现象，对公共租赁住房公平以及提高住房保障资源的运行效率造成了负面影响。

最后，公租房的基础配套设施有待完善。由于政府必须对公共租赁住房的土地、税费、基础设施等出台一系列优惠政策，地方政府往往将公租房建设项目选址在较为偏远的地段。这些地段往往是保障性住房的集聚区，基础配套设

---

① 赵展慧. 公租房，稳稳实现安居梦［N］. 人民日报，2020-10-30（017）.

施比较落后，社区不成熟，入住后生活不够便利，使公共租赁住房制度的保障社会公平的效果大打折扣，在实践中应当尽力避免。

（三）我国经济适用住房制度实施情况

我国经济适用住房制度虽然解决了城镇部分中低收入家庭的住房问题，但从经济适用住房的建设规模、建设质量、公平性等角度来看，经济适用住房制度的实施仍然有待改进。

首先，经济适用住房投资增长缓慢，占商品房供应量的比重不断下降。经济适用住房是我国较早的保障性住房实现形式，在 1998 年发布的《关于进一步深化城镇住房制度改革加快住房建设的通知》中，经济适用住房被定为我国城镇住房供应体系的主体，城镇 80% 左右的中低收入群体依靠经济适用住房解决住房问题。1998 年之后的几年里，经济适用住房获得快速发展，1998～2003 年，经济适用住房竣工面积达到 4.77 亿平方米，解决城镇 600 多万中低收入家庭的住房问题。2003 年，在国务院发布的《关于促进房地产市场持续健康发展的通知》中，将房地产业定位为国家支柱产业，大力支持普通商品住房的发展，经济适用住房被定位为"具有保障性质的政策性商品住房"，开始让位于商品房，从此之后，经济适用住房大幅度萎缩，2010 年经济适用住房占商品住宅的比重从 1999 年的 16.6% 降至 3.1%。

其次，经济适用住房存在"不经济""不适用"的现象。经济适用住房的初衷是为城镇中低收入群体提供满足其正常需求的户型结构和住宅质量，既要"经济"，又要"适用"，以小户型为主，一般在 60 平方米以下，总价款较低。然而在实施过程中，出现超过 100 平方米甚至达到 130～140 平方米的超豪华型经济适用房的个别现象，超出了中低收入群体的支付能力，造成保障性住房资源浪费与流失。与豪华型经济适用住房相比，一些经济适用房项目却"不适用"。由于经济适用住房的土地采取划拨的形式并且减免相关税费，为了减少土地成本，经济适用住房项目经常被安排在偏远的地段，周边的交通、医疗、教育、超市、银行、餐饮等基础设施相对落后，使住户的工作、生活十分不便。

最后，经济适用住房分配过程中出现不公平的现象，导致住房保障资源流失严重。经济适用住房的申购条件主要有两条：一是收入标准；二是住房困难标准。一方面，我国个人征信体系以及收入信息系统仍然不够完善，对家庭收入的核查仅仅停留在申购者提供的单位收入证明以及社区的相关证明，大量的隐形收入以及非工资收入无法核实；另一方面，我国居民住房信息系统还未实现全国联网，对申购家庭的住房情况不能准确掌握。由于无法准确掌握申购家庭的收入状况以及住房情况，出现了小部分高收入群体通过各种手段骗购经济适用住房的情况，出现了"炒房号"，开着奔驰、宝马入住经济适用房小区，以及部分经济适用房空置或者出租等乱象，造成大量住房保障资源流失。正因如此，许多学者呼吁取消经济适用住房制度。

（四）我国限价房制度实施情况

2006年，国务院办公厅转发建设部等九部门《关于调整住房供应结构稳定住房价格的意见》（即"国六条"），提出发展"限套型、限房价"的限价房。"国六条"发布以后，北京、广州、厦门、上海、天津、南京、宁波、武汉、青岛、西安等地陆续出台限价房相关政策，制定了限价房发展规划，对限价房的定位、销售管理办法以及定价办法等做了具体规定，引起了社会广泛关注。

限价房虽然对于稳定房价、促进房地产市场供需平衡、满足城镇部分中等收入家庭的住房需求具有重要促进作用，但是在具体实施过程中也碰到不少问题，阻碍了限价房政策的推广与完善。

首先，限价房在多数二、三线城市受到"冷遇"。虽然限价房只是采取限定价格、限定户型的方式，不影响土地的招拍挂，也不需要政府提供更多的优惠政策，但是部分地方政府担忧限价房政策的实施对当地的房价产生一定的消极影响，从而影响当地的土地财政。再加上限价房与廉租房、公租房等保障性住房不同，政策的执行缺乏刚性约束，在二、三线城市受到"冷遇"。根据各地公开的公开信息来看，许多二线城市比如石家庄、长春、南宁等并没有启动限价房政策，部分三线城市的住房建设计划中甚至没有限价房的计划。

其次，限价房的保障对象难以界定。限价房的保障对象是城镇中等收入住房困难家庭。按照原先的设想，判断是否具备购买限价房资格的主要看两条标准：一是收入标准；二是住房困难标准。由于我国个人收入统计系统的不完善与住房信息系统未能实现全国联网，获取个人收入以及住房情况比较困难，所以在审核申购资格时面临信息不对称的问题，造成部分限价房资源落入高收入家庭之手。另外，部分城市将限价房作为引进各类精英人才的配套措施，引进的精英人才有一部分确实符合限价房的申购条件，但是也有部分引进的人才收入较高，这部分人才是否符合限价房的申购条件仍值得进一步商榷。

再次，限价房容易出现质量问题。限价房事先设定项目的销售价格、户型，并采取市场化的土地出让手段。一方面限定了价格上限，另一方面又通过竞争抬高了开发商的成本，在对进行房价控制的同时也限定了开发商的利润空间。开发商为了争取更大的利润，很容易千方百计节约工程支出，采取偷工减料、以次充好的方式降低成本，造成限价房的质量问题。广州的"保利西子湾"项目深陷质量"维权门"，为限价房的质量问题敲响了警钟。

最后，限价房政策实施硬约束与激励措施不足。限价房政策是中央为了稳定房地产市场、维护社会安定和谐而采取的房地产调控政策。限价房政策无疑具有重大的社会正效应，但是对于地方政府以及城建单位来说缺乏有力的激励措施，反而会影响土地出让收益。地方政府及建设单位的硬约束与激励措施不足的情况下，限价房政策在二、三线城市遭受"冷遇"也就不足为奇了。

第四节　地方城镇保障性住房制度创新实践

经过多年的努力，我国逐渐形成了包含廉租房、公共租赁住房、经济适用住房、限价房在内的多层次城镇保障性住房制度。在实践过程中，一些地方将国家政策与本地区经济社会发展实际相结合，提出并实施了住房保障的创新模式，更为有效地满足当地城镇中低收入家庭的住房需求，也丰富了城镇保障性住房制度的内涵。

一、淮安模式：共有产权住房保障模式

2007 年 3 月，江苏淮安出台了"民生帮扶"九大工程"实施意见（淮安市安居工程实施意见）"，创造性地试行共有产权住房保障模式，有效地弥补了经济适用住房的各种缺陷，引起了全国的广泛关注。淮安试行的共有产权住房模式获得了领导、专家的认可，作为我国保障性住房制度的重要创新举措入选全国干部培训教材《民生保障与公共服务案例选编》，同时作为重要的保障房建设模式写入我国《住房保障法（征求意见稿）》。

（一）淮安模式的主要内容

淮安试行的共有产权住房保障模式是指符合条件的购房者与政府共同出

资，并按照各自出资比例共同拥有产权的保障模式。个人与政府的出资比例有两种：一种是 7：3，即个人出资 70%，政府出资 30%，相应地个人占产权 70%，政府占产权 30%；另一种是 5：5，即个人和政府分别出资 50%，相应地各占 50% 产权。

共有产权住房的主要保障对象是拆迁安置户以及符合条件的城镇中低收入住房困难家庭。非拆迁户申购共有产权住房必须满足以下条件：一是拥有市区两年以上城市户口；二是家庭年收入必须在政府划定的中低收入标准以下；三是不拥有规定区域内房产或者家庭人均住房面积低于政府规定的住房困难标准。总体来说，共有产权住房的保障对象是不符合廉租房申请条件但又无力承担普通商品住房价格的"夹心层"家庭。

共有产权住房土地采取出让的形式，按照市场化的手段进行，改变了以往经济适用住房土地划拨造成的土地市场双轨制的现象。政府产权部分的出资来源渠道明确，属于拆迁安置户共有产权住房的政府出资部分纳入土地整理上市成本，并从土地出让金中提取；属于公共事业拆迁共有产权住房的政府出资部分纳入项目预算；非拆迁户共有产权住房的政府出资部分由政府支出预算安排。

共有产权住房采取集中建设与分散建设相结合的建设方式，并以分散建设为主。分散建设将项目安排在商品住宅开发项目中，将建设一定比例的共有产权住房作为土地"招拍挂"的条件，建成后由政府统一回购。集中建设采取限房价、竞地价的方式出让，并在附近引入劳动密集型企业，提供就业支持。

淮安规定了灵活的共有产权住房退出机制。一般有三种退出渠道：一是分期将政府部分产权收购形成完全产权；二是将房产出售，按照产权比例与政府分割收益；三是当购房者由于收入增加而不符合共有产权住房条件时，对政府部分产权缴纳一定的租金，无须将房产退还政府。

（二）淮安模式的特征

首先，共有产权住房产权清晰，退出方式便于操作。共有产权住房从土地出让到商品销售，都采取了更为市场化的运行方式，个人与政府按照出资比例确定产权比例，产权清晰明了，退出时按比例分割收益或者按照市场价进行清偿，实践操作便利，也不容易造成住房保障资源流失。而经济适用住房采取划拨方式出让土地，购房者拥有有限产权，对于双方产权的比例模糊不清，退出后收益无法分割，容易造成对购房者权益的侵害与国家住房保障资源的流失。

其次，共有产权住房的住房补贴方式实现"人头补贴"与"明补"的结合。经济适用住房通过划拨土地给承建单位，并以各种优惠政策作为配套达到低房价的作用，实际上是通过对建设单位的"砖头补贴"与"暗补"来提升中低收入群体的住房消费能力。而共有产权住房采取市场化手段建设，通过配套政府产权部分的资金提升中低收入群体的住房消费能力，等于为中低收入群体直接提供无息贷款，实现了"人头补贴"与"明补"的结合。

再次，共有产权住房能够实现保障资金良性循环，增强住房保障的可持续性。共有产权房模式中，政府投入的资金形成政府相应比例的产权，无论购房者是选择分期购买政府所占的产权还是选择出售共有产权房，政府都能顺利地按比例收回政府投资，并且退出渠道简便易行，这些退出的财政资金可以作为住房保障资金继续投入共有产权住房，实现保障资金的良性循环。

最后，共有产权住房有利于减少住房保障资源分配不公的现象。由于我国个人收入信息系统有待进一步完善以及房地产信息系统未能实现全国联网，出现少数不符合条件的家庭侵占保障性住房资源的现象。这些现象在很大程度上妨碍了政府对保障性住房的管控。而共有产权住房则通过市场定价以及明确政府所占产权比例及相应权益，大大压缩了倒卖保障性住房的牟利空间，减少保障性住房资源分配不公的现象。

二、重庆模式：公租房建设的典型案例

重庆市 2010 年开始在住房领域进行供给侧结构性改革，打造以公租房为核心的住房保障体系，成为我国公租房建设的践行者和典型案例。2010 年 6 月，重庆发布《重庆市公共租赁住房管理暂行办法》（渝府发〔2010〕61 号），开启了公租房建设的实践探索。重庆政府在 2010~2012 年建设 4000 万平方米公共租赁住房，为 200 万人提供住房保障。重庆公共租赁住房建设实践丰富了我国保障性住房制度的内容，对于完善我国保障性住房制度大有裨益。

（一）重庆公租房制度保障面宽泛，覆盖人群广

重庆公租房不以户籍作为准入必要条件是重庆公租房制度的特征之一。根据规定，重庆公租房的申请条件如下：一是在重庆具有稳定工作以及收入来源，单身人士月收入不超过 2000 元，家庭收入不超过 3000 元；二是在重庆无住房或者家庭人均住房建筑面积在 13 平方米以下；三是大中专院校及职业学

校毕业后就业和进城务工及外地来渝工作的无住房人员。由此可见，户籍不作为申请公租房的限制条件，使各类在渝生活与工作人员都能在重庆安居乐业。

（二）开创"1+3"融资模式，建设资金保障得力

住房保障资金来源是保障性住房制度实施与推广的障碍之一。重庆公租房建设创造性地开创了"1+3"的融资模式，为公租房建设提供了稳定的资金保障。

"1"指的是政府拨款300亿元。"3"指的是通过三种渠道来偿还借款本息：一是通过收取公租房租金偿还利息；二是公租房建设项目配比10%商品房项目，通过出售商品房筹集公租房建设资金；三是租售并举，即承租人在租满5年之后可以公租房综合造价申请购买居住的公租房。"1"不仅代表政府财政直接投入公租房建设，还代表着政府对公租房的一系列优惠政策，包括以划拨方式供应土地、免征各项税费等，直接降低了公租房建设的成本。而"3"则保证了通过银行贷款、基金融资等方式筹集的资金能够按期还本付息。

（三）国有企业主导公租房投资建设

重庆公租房建设采取政府投资、国有企业承建的方式，即由重庆八大国有投资集团主导公租房建设，保证项目高效率推进。重庆目前的公租房建设项目由重庆地产集团及重庆城投公司承担，重庆地产集团负责提供土地，而重庆城投公司则负责筹集建设资金，重庆公共租赁住房管理局则成为公租房的管理机构。这些国有企业在重庆市政府的统一领导与统一规划下各司其职，保证公租房建设顺利推进。

（四）公租房建设布局合理，配套设施完善

重庆公租房建设对规划布局、小区环境、户型以及周边基础设施配套等都精心考虑，努力实现高标准规划、高标准建设、高水平管理的目标。重庆公租房按照"均衡布局、交通方便、配套完善、环境宜居"的原则进行规划，主要分布在内环高速和外环高速之间，周边有各类产业集群以及轨道交通、快速公交线路通过，交通比较便利。同时，周边配有学校、商场、医院等基础配套设施，方便住户生活。

（五）完善退出机制，强化退出管理

重庆公租房制度制定了完善的退出机制，根据《重庆市公共租赁住房管

理暂行办法》，规定了三种退出形式：第一种是租赁合同期满的情况，即租赁合同期满，承租者应当退还公租房，如果承租者需要续租，应当在合同期满 3 个月前提出申请，重新签订租赁合同。第二种是租赁合同未满期但承租者已不符合公租房申请条件或违反公租房管理规定的情况，承租者必须退还公租房，这些情况包括收入超过政府规定的标准、通过购买等方式获得其他住房、无正当理由空置 6 个月以上，以及出借、转租、拖欠租金累计 6 个月以上等。第三种情况是租赁期满 5 年，承租者可以申请购买居住的公租房，价格以综合造价为基础，但是购买的公租房不能用于出租、转让、赠予等用途，如果购房者确实需要转让，由政府回购，回购价格为原销售价格加上银行存款活期利息。

三、上海模式：廉租房实物配租模式

随着城市化的快速发展，大量人口向城市集聚，城市特别是大城市住房供需矛盾突出，通过政府财政投入大量建设保障性住房是缓解城镇中低收入家庭住房困难的最有效的方式。但是通过政府财政投入建设保障性住房往往面临现实的各种难题，最突出的难题有两个：一是财政压力较大，难以持续；二是集中建设，难以满足保障对象的个性化需求。经过多年的探索，上海实行廉租房实物配租新模式，丰富了我国廉租房保障制度的内容。

（一）上海廉租房实物配租新模式的主要内容与运行模式

上海廉租房实行实物配租与租金配租相结合的方式，并在实物配租上进行创新探索，实行实物配租新模式。具体来说，由上海市住房保障机构提供廉租房房源，并交由第三方独立机构运营与管理；在政府的指导下，第三方独立机构代表政府作为出租人履行各项职权。廉租房的租金按照市场价格的 80% 收取，保障家庭按其家庭月收入的 5% 缴纳租金，不足部分由政府补贴，并由政府直接支付给第三方独立机构。在配租规定上采取了更为灵活的政策，采取增租与套租两种方式，满足低收入群体不同的住房需求。增租指的是享受实物配租的家庭仍然保留原有住房并自住使用，同时租用住房保障机构提供的实物配租住房；套租指的是享受实物配租的家庭必须将原有住房交由住房保障机构，并由住房保障机构代理出租，之后才能享受住房保障机构提供的实物配租。

（二）上海廉租房实物配租新模式的特征

首先，实现了市场定价，上海廉租房实物配租的新模式改变了以往低租金的形式，采取按照市场价格收取租金，规避了以往廉租房由于低租金造成的维护难、管理难的缺点。其次，保障方式由"暗补"转变为"明补"，即由补贴廉租房建设本身转变为补贴低收入群体，既有利于形成保障与廉租房养护之间的良性循环，也有利于住房保障资源的退出。再次，采取差异化承担房租的方式，上海廉租房实物配租新模式改变了以往廉租房统一定价的方式，采取按照家庭月收入的5%作为家庭承担租金的标准，充分考虑了低收入家庭人口、收入等的差异性。最后，采取增租与套租相结合的配租方式，充分考虑了不同家庭之间人口、代际结构以及家庭住房情况的差异性，更能满足低收入群体不同的居住需求。

第四章

中国城镇保障性住房制度
评价与绩效考察

党的十八大以来，我国逐步加大对保障性住房建设的支持力度，各项管理制度逐步完善，初步建成了以公租房、保障性租赁住房和共有产权住房为主体的城镇住房保障体系，努力实现全体人民住有所居的目标。但是我国城镇保障性住房制度保障范围是否合理、保障程度是否符合实际、保障房资源分配是否公平、保障性住房制度运行效率如何等问题有待深入研究。要想对这些问题作出科学、合理的解释就必须对我国保障性住房制度进行综合评价：一方面，对我国保障性住房制度进行定量研究，构建科学合理的评价指标体系，选择合适的评价方法，通过保障性住房制度评价模型对我国保障性住房制度进行综合评价，得出综合评价指数；另一方面，在实证研究的基础上对我国保障性住房制度进行定性分析，提高定性分析结论的科学性。构建我国保障性住房评价指标体系目的在于对我国保障性住房制度进行量化测评与定量描述，并对我国保障性住房制度进行定性评价，为完善我国保障性住房制度提供科学依据。

第一节　中国城镇保障性住房制度评价与
绩效考察的意义与思路

一、城镇保障性住房制度评价与绩效考察的意义

虽然我国城镇保障性住房制度已经初步建立，特别是近年来政府加大了对保障性住房建设的投入，城镇保障性住房建设取得了较快发展。但是我国城镇

保障性住房制度整体实施效果如何、保障房覆盖范围以及保障力度是否适合、保障房资源分配是否公平、保障房建设效率水平如何等问题还缺乏科学合理的定量评价。对上述这些问题进行定量研究对于正确认识我国城镇保障性住房制度实施绩效、发现存在的问题、提出合理化建议具有重要意义。

第一，有利于正确认识我国城镇保障性住房制度整体实施绩效，对城镇保障性住房制度作出科学合理的评价。我国住宅政策随着我国社会主义市场经济体制改革的推进不断进行调整，形成了目前高收入家庭依靠市场解决住房问题，中低收入家庭依靠限价房、经济适用房、公租房、廉租房等保障性住房解决住房问题的多层次住宅政策体系。但目前对于我国城镇保障性住房制度的认识还存在较大分歧，这些分歧大多源自个人感性认识以及对其的定性分析。如果能通过建立合理的评价指标体系对我国城镇保障性住房制度进行定量研究，则不仅能正确评价我国城镇保障性住房制度的绩效，还能达成共识，促进城镇保障性住房制度发展。

第二，对我国城镇保障性住房制度的适度性、公平性以及建设效率等关键因素进行定量研究，能够合理揭示我国城镇保障性住房制度的优缺点，对于改进我国城镇保障性住房制度具有重要的指导意义。近年来，特别是 2008 年全球金融危机以后，我国加大了保障性住房建设，取得了不少成绩。但是住房保障的范围以及保障标准是否合理、保障房资源分配是否公平以及保障房制度执行的效率等仍然未能得到科学、合理的解答，城镇保障性住房制度的不足与缺陷也无法准确揭示。通过对我国城镇保障性住房制度运行绩效进行定量研究，能更好地展现我国保障性住房建设的优势以及不足，对于下一步完善我国城镇保障性住房制度具有重要的指导意义。

第三，有利于促进城镇保障性住房制度理论研究的发展。近年来，经济学研究领域出现过度数学化的倾向，但是不可否认的是，更多地利用数学工具对经济问题进行定量研究是经济学发展的趋势之一，对于深化对相关经济问题的认识也是有帮助的。然而，在城镇保障性住房制度研究领域，目前仍鲜有研究采取数学工具对城镇保障性住房制度进行定量研究。尝试通过构建城镇保障性住房制度评价模型对城镇保障性住房制度进行定量分析对于促进城镇保障性住房制度研究理论的发展具有一定意义。

二、城镇保障性住房制度评价的思路

如图 4-1 所示，本章将从定量研究与定性分析两个层次对我国城镇保障性住房制度进行评价。第一，进行定量研究，通过对制度评价理论以及城镇保障性住房制度相关理论的理解，选择城镇保障性住房制度评价的一级指标，并对一级指标进行细化，分为若干二级指标，构建城镇保障性住房制度指标体系；根据城镇保障性住房制度评价的特殊性以及数据的可得性选择适合的评价方法，构建城镇保障性住房制度评价模型，并进行指标得分测算。第二，进行定性分析，结合定量研究，对我国城镇保障性住房制度进行定性分析，揭示定量研究成果的现实意义。

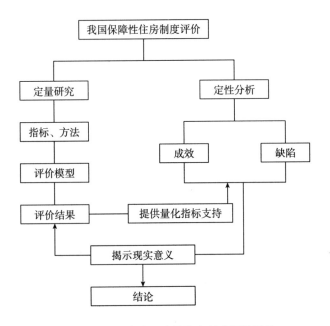

图4-1 我国城镇保障性住房制度评价思路

（一）定量研究

我国城镇保障性住房制度定量研究将设置适度性、公平性以及效率性三个一级指标，并在这三个一级指标下面分别设置若干个二级指标，从而构建城镇保障性住房制度的评价指标体系。在建立城镇保障性住房制度评价指标之后，选择合适的评价方法，构建城镇保障性住房制度评价模型。最后，导入相关数据，得出我国城镇保障性住房制度的综合得分、一级指标得分等数据，完成定量研究。

（二）定性分析

从成效以及缺陷两个角度对我国城镇保障性住房制度进行定性分析，并用定量研究取得的数据进行佐证，同时赋予定量研究取得的数据现实意义。

第二节　中国城镇保障性住房制度评价与绩效考察：定量研究视角

一、城镇保障性住房制度评价指标体系的构建

城镇保障性住房制度评价目的在于对我国城镇保障性住房制度进行总体评价，目的在于衡量和评价我国城镇保障性住房制度适用性、公平性以及实施效率，是总结成绩与揭示存在问题的重要量化手段。因此，城镇保障性住房制度评价指标体系的构建应当按照制度评价工作的要求，根据科学合理、层次清晰、实用可行的总体原则并按照一定的类别构建城镇保障性住房制度评价指标体系。

（一）指标体系构建原则

城镇保障性住房制度评价是对城镇保障性住房制度本身优劣的客观反映，评价指标体系的构建一方面要遵守指标体系构建的一般原则，另一方面还应根据城镇保障性住房制度评价的特殊性。

1. 坚持科学性与客观性的原则

评价指标要能够充分反映城镇保障性住房制度特征与要求，符合保障性住房建设的现实与规律。同时，评价指标要以城镇保障性住房制度的相关理论为基础，充分吸收制度评价模型的思想内涵，能够客观反映各要素在城镇保障性住房制度中的影响力。入选评价指标体系的各项指标必须具有明确的含义与范围，相关概念与指标名称以国际通用为准，入选的指标能够为大多数人所理解与接受。

2. 坚持整体性与系统性的原则

城镇保障性住房制度是一项复杂的系统工程，包括融资、建设、分配、管

理、退出等各个环节，制度内部关系错综复杂，而且各个要素之间还会互相影响，每个环节都与城镇保障性住房制度评分高低有着重要关系。城镇保障性住房制度评价指标体系应当坚持整体性与系统性的原则，将与保障性制度评价相关的各个环节的指标有机地结合起来进行综合性评价。综合性评价的优势就在于通过一整套完整的评价指标充分地反映影响城镇保障性住房制度评价的各个要素，能够更为科学、全面地描述城镇保障性住房制度运行的绩效与存在的问题。这一套评价指标体系既要能够形成对城镇保障性住房制度的整体评价，也要能够充分反映城镇保障性住房制度适度性、公平性、效率性这些子系统的评价。

3. 坚持社会保障评价中的人文关怀与普遍性原则

城镇保障性住房制度评价一方面不能忽视效率性指标的构建，对保障性住房建设效率进行评价；另一方面要始终坚持人文关怀与社会保障对象普遍性的原则。城镇保障性住房制度作为社会保障制度的重要组成部分，其评价应当坚持社会保障思想中的人文关怀与保障对象普遍性的原则，注重评价其社会公平目标的实现程度。具体来说，城镇保障性住房制度评价指标中应当包含全面的关于对保障范围、保障标准、保障性住房资源分配公平性评价的指标，注重对是否实现应保尽保、是否满足中低收入基本住房权益、保障性住房资源分配是否公平等方面的评价。

4. 坚持逻辑性与层次性的原则

在入选指标组合与排列方面应当坚持逻辑性与层次性的原则，避免将评价指标简单罗列的现象，而是要体现出合理的逻辑结构与层级的关系。选取的指标一方面应当按照一定的逻辑从适度性、公平性以及效率性等角度全面地对我国城镇保障性住房制度的优劣进行评价；另一方面还应力求各个层级的指标保持相对独立性，尽量避免指标之间的重叠性以及互相之间的因果关系。由于城镇保障性住房制度评价的复杂性，难以直截了当地对各个方面进行评价，必须按照层次性的原则将制度评价的内容分为多个层次，将指标体系分为多个子系统，运用逐层分解的方法将城镇保障性住房制度评价体系构造成逻辑性强、层次性明晰、不同层级指标之间的相互关系简单明了的系统性层次结构。

5. 坚持导向性与前瞻性的原则

城镇保障性住房制度建设是一个长期、动态的过程，各项制度不是一成不变的，而是处在不断变动之中，因此城镇保障性住房制度评价的各项指标应当具有导向性与前瞻性。在选择评价指标时应当选择具有一定前瞻性的指标，即这些指标不仅能反映当前城镇保障性住房制度的优劣，也能够反映其未来的发展趋势。不仅如此，这些指标还应当具有导向性，即通过这些指标的评价能够发现城镇保障性住房制度的优缺点，引导未来发展方向，现在做得好的应当在未来继续坚持，而现在做得不够的，则应在未来予以改进。

（二）指标体系

本书将根据城镇保障性住房制度相关思想、基本理论、内涵、特征、功能等，依照指标体系构建原则，采用逐层分解、自上而下的方法构建包含一个综合得分、两个指标层次的城镇保障性住房制度评价指标体系。

首先，根据城镇保障性住房制度评价的目的建立一个综合得分，即城镇保障性住房制度综合得分，该得分用于衡量城镇保障性住房制度的优劣程度，得分分为0~1、1~2、2~3、3~4、4~5五个量化等级，分别对应不合格、合格、中等、良好、优秀五个评判等级。评价计算得分越高表明评判等级越高，也就表明城镇保障性住房制度越优；反之则相反。

其次，根据城镇保障性住房制度评价的内涵与组成，建立三个一级指标体系，即城镇保障性住房制度的适度性、公平性以及效率性，这三个指标分别反映了城镇保障性住房制度适度性得分、公平性得分以及效率性得分。这三个指标得分分为0~1、1~2、2~3、3~4、4~5五个量化等级，分别对应不合格、合格、中等、良好、优秀五个评判等级。评价计算得分越高表明评判等级越高，分别表明城镇保障性住房制度适度性越高、公平性越好、效率性越高；反之则相反。

最后，根据城镇保障性住房制度评价一级指标的影响要素，在每个二级指标底下构建若干个二级指标，这些二级指标从不同角度影响一级指标得分，并反映了一级指标得分高低的原因。城镇保障性住房制度评价包括七个二级指标，具体来说，城镇保障性住房制度适度性包括保障对象、保障程度两个指标；城镇保障性住房制度公平性包括实质公平与程序公平两个指标；城镇保障性住房制度效率性包括供应效率、审批效率、管理效率三个指标。[①] 具体指标体系如图4-2所示。

---

① 邓中美. 社会保障性住房制度评价指标体系研究［J］. 重庆科技学院学报（社会科学版），2009（8）：96-97.

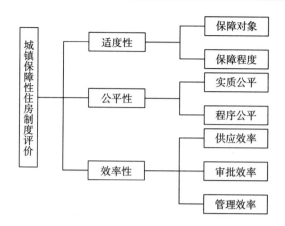

图4-2 保障性住房制度评价指标体系

（三）指标体系具体内涵

根据住房保障制度评价的特殊性与制度评价的普遍性，对保障性住房制度进行评价主要涉及适度性、公平性以及效率性三个问题，具体内涵如下：

1. 保障性住房制度的适度性

政府必须在保障低收入家庭住房权益方面承担相应职责已经成为社会各界的共识，并且世界各国家（地区）也采取了相应的保障性住房政策，以促进社会稳定发展。但是政府在保障性住房方面的支出并不是越高越好，存在最优适度性问题。政府在保障性住房方面的支出受到该国（地区）经济社会发展水平特别是政府财政收入水平的制约。保障性住房建设适度问题主要体现在两个方面：一是保障范围适度性的高低；二是保障标准适度性的高低。

（1）保障范围适度性（保障对象）。保障范围指的是保障性住房制度的保障对象，即保障性住房制度的覆盖率。保障范围适度性高低取决于房价收入比与政府公共财政能力。房价收入比指的是住房价格与城市居民家庭年收入的比例，房价收入比越高，说明居民住房支付能力越弱，需要政府提供住房保障的家庭越多；反之则相反。目前国际公认的合理房价收入比是3~6倍，从理论上来说，房价收入比高于此标准的家庭都应当纳入保障性住房保障对象。政府公共财政能力在很大程度上决定了提供城市住房保障的能力。政府公共财政能力越强，能为城市家庭提供保障性住房的范围就越广；反之则相反。

（2）保障标准适度性（保障程度）。保障标准指的是政府为城镇低收入家庭提供的实物配租标准或者租金补贴标准。保障标准适度性取决于两个方面：

一是社会文明发展程度；二是政府公共财政的能力。社会文明发展程度包含社会对弱者的关怀程度、城市居民人均住房状况：社会对弱者的关怀程度越高、城市居民人均住房标准越高，保障标准相应地也越高；反之则相反。

2. 保障性住房制度的公平性

建立保障性住房制度的初衷就是为了实现住房领域的公平、维护中低收入家庭住宅权益，因此公平是保障性住房制度的应有之义，是否真正实现公平在很大程度上影响了保障性住房制度评分的高低，也直接关系到保障性住房制度的优劣。保障性住房制度的公平性包含两层含义：一是保障性住房资源必须真正分配到符合条件的保障对象手中，有效地将不符合条件的家庭排除在保障范围之外；二是保障性住房资源在符合条件的保障对象中分配程序要公平，应当对所有符合条件的保障对象实行同样的政策。具体来说，可以用以下两个指标衡量：

（1）实质性公平。实质性公平一方面要求做到应保尽保、不应保的坚决不保，即应当尽量满足符合条件的低收入家庭的住房保障需求，一经申请就应当按照规定享有住房保障；另一方面对符合条件的保障对象执行统一的政策，公平对待，不应当有任何歧视性的规定。

（2）程序公平。程序公平指的是保障性住房制度要有阳光规范的运作程序，信息发布、申请、受理、审核、批准、管理、退出整个过程要有一整套公开、公平、公正的程序，让每个符合条件的低收入家庭都能够公平地享受保障性住房政策。相关的条件、程序、流程、轮候制度等设置要规范，要有一整套公平的操作流程。

3. 保障性住房制度的效率性

保障性住房制度通过保障性住房建设融资制度、土地供应制度等制度安排集聚一定的社会资源，向符合条件的低收入家庭提供住房保障。保障性住房政策的制定、保障性住房建设、保障性住房分配与管理都要耗费一定的社会资源与成本，比如资金、土地、人力等。因此，保障性住房制度运行的效率性也变得很重要，成为评判保障性住房制度优劣的重要因素之一。具体来说，保障性住房制度效率评价包括三方面的内容：一是保障性住房建设供应效率；二是保障性住房申请程审批效率；三是保障性住房管理效率。

（1）供应效率。保障性住房建设不仅需要政府投入大量的财政资源、人力资源，还需要政府提供包括税费减免在内的各项优惠政策，如果使用效率低下，必定造成公共资源的大量浪费。运行良好的保障性住房制度能以最低的成本取得最大的效益，实现保障性住房建设资金的良性循环。

（2）审批效率。保障性住房申请审批程序指的是城镇中低收入家庭提出申请、进入轮候、相关部门分配保障房资源、办理相关手续等，这一整个过程都需要经过相关部门的审批。审批流程是否顺畅直接关系到保障性住房申请审批程序运行效率的高低，也关系到运行管理成本费用的高低。

（3）管理效率。保障性住房管理指的是保障性住房建成后的后续管理工作，包括物业管理以及退出管理。物业管理包括对保障性住房项目房屋建筑、设备、绿化、交通等进行维护、修缮与整治。退出管理指的是对不符合保障性申请条件的家庭进行清退处理。保障性住房管理效率的高低关系到保障性住房资金使用效率的高低，对保障性住房制度效率的高低有重要的影响。

（四）指标权重确定

指标权重衡量的是各指标在评价体系中对评价对象影响力的大小，对每个指标赋予相应的权重是构建完备的评价指标体系的必要条件，权重不同，评价结果就会截然不同。因此，采取合适合理的方法确定各个指标的权重对于保证评价结果的客观性具有重要作用。在保障性住房制度评价中，各个因素之间的因果关系存在差异，即同一层次的各个指标对上一级指标影响力各不相同，为了反映各个指标对上一级指标评价的影响度，必须对同级指标设定不同的权重。

1. 指标权重确定的方法比较

由于指标权重设定对评价结果具有至关重要的影响，必须详细比较各种指标权重确定办法的优劣，从中选择最优的指标权重确定办法。根据指标权重确定的原始数据来源以及计算过程的差异，指标权重确定方法可以分为三类：主观法、客观法、主客观结合法（也称组合赋权法）。

（1）主观法。主观法指的是由相关领域的专家根据经验以及自己的研究成果通过特定方式对各项指标赋予相应权重的方法，比较典型的主观法是专家调查法（即德尔菲法）以及层次分析法（即 AHP 法）。

专家调查法指的是邀请相关领域的众多专家直接给定评价对象的各个指标的权重，并以平均法对众多专家给出的数据进行处理，再将处理的结果反馈给众多专家，并根据专家的反馈意见进行修正。专家调查法的优点在于集思广益，得出的权重往往能够平衡各方面的意见，获得较高的认可；缺点在于选择的专家必须对该领域较为熟悉，同时容易受到专家本身价值倾向的影响，在一些情况下专家分歧较大，难以达成共识，指标权重确定过程艰难。

层次分析法将评价对象分解为若干个互不相同的因素，将各类因素按照隶属关系的不同归类为不同的层级，形成多层次的评价指标体系，再确定同级指标的权重。具体来说，层次分析法包括以下几个步骤：①对指标进行分类，确定指标层级；②邀请行业内专家对同级指标相对重要性进行衡量并以1~9级来表示重要性的高低，建立同级指标之间两两比较的判定矩阵；③计算比较判定矩阵的特征值及特征向量，并计算两两指标之间的相对权重；④对计算出来的同层级的指标权重进行一致性检验。层次分析法在专家调查法的基础上通过数据模型对专家打分进行模型化处理，通过一致性检验弱化了主观因素的影响，使指标权重更为客观。但是层次分析法也存在较大缺陷：一是计算结果建立在专家打分基础上，不能完全消除主观性；二是层次分析法结果有效建立在判断矩阵为一致矩阵的基础上，但是实践操作中，当阶数超过3时，判断矩阵往往是非一致矩阵，限制了层次分析法的应用；三是两两指标之间的相对重要性以1~9级来衡量，级数太多，容易造成偏差。

（2）客观法。客观法指的是根据各指标本身的特性，通过建立特定的测算模型与测算公式，计算出各指标的权重。典型的客观法包括本征向量法、最小二乘法、简单关联函数法、最大熵技术法、均方差法、主成分分析法等。客观法避免了研究者主观性的影响，评价结果具有较强的数学理论依据。但是客观法过于依赖指标本身的数据，容易受到数据变动的影响，一旦数据变动，指标权重也要跟着变动，不一定能够准确反映指标真实的贡献度。

（3）主客观结合法。主客观结合法是将主观法与客观法相结合的方法，也称为组合赋权法。根据不同的原理，主客观结合法主要有三种：一是基于离差平方和的综合集成赋权法，该方法的目的在于促使各评价对象评价值尽可能分散；二是基于博弈论的组合赋权法，该方法的目的在于将各个指标的可能权重与基本权重的偏差极小化；三是基于单位化约束条件的组合赋权法，该方法的目的在于使各评价对象综合评价值最大化。

2. 指标权重确定方法选择

从上述指标权重方法来看，各种方法都有其优缺点和适用范围，不能简单地说某一种方法优于另一种方法。选择合适的指标权重确定方法关键在于研究对象的特殊性以及对研究对象的认识程度，必须将不同方法与研究对象的特殊性结合起来，才能选择最有效的指标权重确定方法。考虑到学术界对保障性住房制度研究已经取得了不少共识，相关指标不易进行量化处理以及数据不易收集等情况，本书将优先采取专家调查法赋予各个指标相应的权重。由于保障性住房制度评价具有两个层级的指标，将采用逐层独立赋予权重法，即每一层级的指标权重均保持独立，同一层级权重之和为1，经过分级分别赋予权重然后合成，最终完成整个评价指标体系的赋权工作。采取逐层独立赋予权重法的优势在于一级指标下属的二级指标数量不必相等，一级指标下属的二级指标仅以合成的方式参与一级指标的合成，一级指标与二级指标分开独立赋予权重。

为了尽量提高指标权重的客观性与可接受性，本书尽可能地增加参与调查的专家人数，同时考虑到保障性住房制度评价的特殊性，向50位保障性住房问题专家、房管部门工作人员、已享受保障性住房的中低收入家庭、符合条件但未享受保障性住房的家庭（其中保障性住房问题专家占比50%，房管部门工作人员占比30%，其他调查对象占比20%）发出《中国保障性住房制度评价指标体系权重的专家意见调查表》，所有参与调查的专家、人员均独立完成，收回有效调查表45份，回收率达90%。

对回收的专家意见调查表数据进行整理、汇总，采取简单平均法的方式对各个专家赋予的权重进行处理，得出各级指标的权重，并形成保障性住房制度评价指标体系权重。具体权重如表4-1所示。

表4-1　保障性住房制度评价指标体系及权重

	一级指标	权重	二级指标	权重
中国保障性住房制度评价	适度性	0.32	保障对象	0.73
			保障程度	0.27
	公平性	0.42	实质公平	0.64
			程序公平	0.36
	效率性	0.26	供应效率	0.44
			审批效率	0.27
			管理效率	0.29

二、城镇保障性住房制度评价方法的选择

（一）城镇保障性住房制度评价方法选择的依据

在建立城镇保障性住房制度评价指标体系及赋予相应权重之后，要选择合适的评价模型。合适的城镇保障性住房制度评价模型应当满足以下条件：一是

该评价模型能够比较准确、客观地描述城镇保障性住房制度的优劣与实施绩效；二是通过该模型的评价能够揭示出城镇保障性住房制度的优点与缺陷，为完善城镇保障性住房制度提供参考意见与决策依据；三是该模型的前提假设条件与城镇保障性住房制度的状况要基本契合，并且要能够取得该模型进行测算的相关数据。

考虑到保障性住房制度评价许多指标是比较模糊的，没有统计数据来源，也无法对其进行清晰的定义。例如保障性住房制度评价适度性下属的二级指标保障对象适度性与保障程度适度性，我们可以从相关部门的统计数据中得到保障性住房覆盖率、保障性住房建设标准等相关数据，但是是否适度却难以进行清晰界定，只能通过"不合格、合格、中等、良好、优秀"五个等级来进行衡量。因此，考虑到保障性住房制度评价指标体系的特殊性以及数据来源的可得性，本书采取模糊综合评价模型对我国城镇保障性住房制度进行综合评价。

虽然目前学术界还很少有人通过构建模糊综合评价模型对保障性住房制度进行评价，但是模糊综合评价方法在其他许多领域的评价应用较多，成果颇丰，效果良好，为本书研究提供了良好的借鉴。邓中美（2009）通过构建二级综合模糊评价模型对某市的社会保障性住房制度体系进行评价，为综合模糊评价方法在保障性住房制度评价方面的应用做了初步探索。谭春辉（2010）认为高校哲学社会科学创新能力评价具有模糊性，构建了基于专家咨询的多层次模糊综合评价模型对其进行评价。陈磊和刘秀华（2011）利用模糊综合评价法对河南省平顶山市土地集约利用潜力进行评价，并分析出促进与限制土地集约利用潜力提升的各种因素。

（二）模糊综合评价方法

模糊综合评价方法是模糊数学中广为应用的一种方法，借助模糊数学的一些概念对一些实际问题提供评价的方法。模糊评价方法以模糊数学为基础，结合模糊关系合成原理，从多个因素对评价对象隶属等级状况进行综合性评价，对于指标体系边界不清、不易量化的评价对象具有很好的适用性。模糊综合评价方法的基本步骤如下：首先确定评价对象的影响因素集（即评价指标体系）与评价等级集；其次通过一定的方法确定指标体系的各个指标权重及各自的隶属度向量，建立模糊评价矩阵；最后将模糊评价矩阵与指标体系的权重向量进行模糊运算并进行归一化处理，便可以得到模糊综合评价的结果。具体步骤如下：

1. 确定评价对象的影响因素集（即评价指标体系）与评价等级集

假设评价指标有 m 个，则相应建立 U＝{u_1, u_2, …, u_m} 作为评价对象的 m 种评价指标（m 为评价指标的个数）；建立 V＝{v_1, v_2, …, v_n} 作为评价对象的 n 种评价等级（n 为评价对象评价等级的个数）。

2. 构建模糊评价矩阵与权重分配集

模糊评价矩阵的构建首先要构建单因素 u_i（i＝1, 2, …, m）的单因素评判集，单因素 u_j 对评价等级 v_j（j＝1, 2, …, n）的隶属度为 r_{ij}，$r_{ij}＝n_{ij}/N$（其中 i＝1, 2, …, m；j＝1, 2, …, n；n_{ij} 代表单因素 u_j 被 n 个专家评为评价等级 v_j；N 代表参与评价的专家人数），r_{ij} 代表该评价指标被评为某等级的人数占全部评判人数中的比重，便可以得到单因素 u_j 的评判集 r_i（r_{i1}, r_{i2}, …, r_{in}）。

将 m 个单因素评判集集合起来便可以得到总的模糊评价矩阵 R，R 代表每个因素与各个评价等级之间的模糊关系，建立如下模糊评价矩阵：

$$R＝(r_{ij})_{m×n}＝\begin{pmatrix} r_{11} & \cdots & r_{1n} \\ \vdots & \ddots & \vdots \\ r_{m1} & \cdots & r_{mn} \end{pmatrix}$$

其中，r_{ij} 代表单因素 u_j 对评价等级 v_j 的隶属度，它的含义是 u_j 被评为 v_j 的概率分布情况，将其归一化处理使之满足 $\sum r_{ij}＝1$。

由于各个评价指标在评价对象中作用和地位是不相同的，因此，在得到模糊评价矩阵之后，还必须建立权重分配集。各个指标的权重根据前文所述可以采取主观赋权法、客观赋权法以及主客观综合赋权法确定。在确定各个指标的权重之后，建立模糊子集 A，为权重分配集，A＝{a_1, a_2, …, a_m}，代表评价对象的 m 个指标各自的权重，其中 $a_i > 0$，$\sum_{i=1}^{m} a_i＝1$。

3. 进行模糊运算并得到最终评价结果

从模糊评价矩阵 R 我们可以看出评价对象各个评价指标对评价模糊子集 V 的隶属程度。将评价指标的权重向量模糊子集 A 与模糊评价矩阵 R 相乘便得到评价对象的综合模糊评价的结果，评价结果用 S 表示，具体如下：

S＝A×R

$$＝(a_1, a_2, \cdots, a_m)×\begin{bmatrix} r_{11} & \cdots & r_{1n} \\ \vdots & \ddots & \vdots \\ r_{m1} & \cdots & r_{mn} \end{bmatrix}$$

$= (s_1, s_2, \cdots, s_n)$

其中，s_n 表示与评价对象对应评价等级 v_n，表示评价对象所对应的评价等级，根据最大隶属的原则，挑选最大的 s_n，其所对应的评价等级 v_n 即为评价对象的评价等级，比如 $s_1 > s_n$（$n \neq 1$），则 s_1 所对应的 v_1 为评价对象的评价等级。

通过最大隶属法对 S 进行处理获得了最终评判结果，但是只是提取了 s_n 中的最大者，并没有充分利用 S 带来的信息。为了充分利用 S 的信息以及使评判结果更加符合实际，可以将与评价等级相对应的评价参数与评价结果 S 综合考虑。将与评价等级相对应的评价参数定义为列向量 C，则 C = $(c_1, c_2, \cdots, c_n)^T$，将等级评判结果定义为 p，则 p=S×C。p 是一个数字，它综合反映了模糊评价结果 S 与评级等级参数 C 的信息，以数字的形式对评价对象进行直接评分，在实际运用中它是一个能够提供有用信息的综合参数。

三、中国城镇保障性住房制度二级模糊综合评价模型构建及测算

根据模糊综合评价法的基本原理以及中国城镇保障性住房制度评价的指标体系，构建中国城镇保障性住房制度二级模糊综合评价模型，采取专家调查法确定评价指标体系的权重以及对各个指标进行评级，在此基础上进行模糊运算并对中国保障性住房制度综合评分进行测算，具体步骤如下：

（一）建立中国保障性住房制度评价指标体系集与评价等级集

第一，建立一级评价指标集、一级指标评价等级集与一级指标权重集，分别为：U = ｜适度性（u_1），公平性（u_2），效率性（u_3）｜，V = ｜不合格（v_1），合格（v_2），中等（v_3），良好（v_4），优秀（v_5）｜，并通过专家调查法确定一级指标的权重集为 A = ｜0.32（a_1），0.42（a_2），0.26（a_3）｜。

第二，建立二级评价指标集、二级指标评价等级集与二级评价指标权重集。二级指标集 u_1 = ｜保障对象，保障程度｜，u_1 的权重集 A_1 = ｜0.73，0.27｜；u_2 = ｜实质公平，程序公平｜，u_2 的权重集 A_2 = ｜0.64，0.36｜；u_3 = ｜供应效率，审批效率，管理效率｜，u_3 的权重集 A_3 = ｜0.44，0.27，0.29｜；二级指标评价等级集 V = ｜不合格（v_1），合格（v_2），中等（v_3），良好（v_4），优秀（v_5）｜。

（二）建立中国保障性住房制度评价模糊评价矩阵

通过专家调查法对各个二级指标进行评级，并计算得到二级指标评级的隶属度，并以二级指标隶属度为行，组成二级指标模糊评价矩阵：

$$R_1 = \begin{pmatrix} 0.1 & 0.3 & 0.4 & 0.2 & 0 \\ 0.1 & 0.2 & 0.3 & 0.3 & 0.1 \end{pmatrix}$$

$$R_2 = \begin{pmatrix} 0.3 & 0.3 & 0.2 & 0.2 & 0 \\ 0.1 & 0.3 & 0.3 & 0.2 & 0.1 \end{pmatrix}$$

$$R_3 = \begin{pmatrix} 0 & 0.2 & 0.3 & 0.4 & 0.1 \\ 0.2 & 0.3 & 0.3 & 0.1 & 0.1 \\ 0.1 & 0.3 & 0.4 & 0.1 & 0.1 \end{pmatrix}$$

其中，R_1、R_2、R_3 分别代表适度性（u_1）、公平性（u_2）、效率性（u_3）的模糊评价矩阵。

（三）进行综合模糊运算，得出评价结果

将中国保障性住房制度评价二级评价指标的权重向量模糊子集 A_i 与模糊评价矩阵 R_i 相乘便得到中国保障性住房制度评价一级指标的综合模糊评价的结果，评价结果用 S_i 表示，结果如下：

$$S_1 = A_1 \times R_1 = (0.73,\ 0.27) \times \begin{pmatrix} 0.1 & 0.3 & 0.4 & 0.2 & 0 \\ 0.1 & 0.2 & 0.3 & 0.3 & 0.1 \end{pmatrix}$$

$$= (0.1,\ 0.273,\ 0.373,\ 0.227,\ 0.027)$$

$$S_2 = A_2 \times R_2 = (0.64,\ 0.36) \times \begin{pmatrix} 0.3 & 0.3 & 0.2 & 0.2 & 0 \\ 0.1 & 0.3 & 0.3 & 0.2 & 0.1 \end{pmatrix}$$

$$= (0.228,\ 0.3,\ 0.236,\ 0.2,\ 0.036)$$

$$S_3 = A_3 \times R_3 = (0.44,\ 0.27,\ 0.29) \times \begin{pmatrix} 0 & 0.2 & 0.3 & 0.4 & 0.1 \\ 0.2 & 0.3 & 0.3 & 0.1 & 0.1 \\ 0.1 & 0.3 & 0.4 & 0.1 & 0.1 \end{pmatrix}$$

$$= (0.083,\ 0.256,\ 0.329,\ 0.232,\ 0.1)$$

其中，S_1、S_2、S_3 分别代表中国保障性住房制度一级指标适度性、公平性以及效率性的模糊综合评价结果，将 S_1、S_2、S_3 分别作为行向量便可得到中国保障性住房制度综合模糊评价矩阵 R。

$$R = (s_1, s_2, s_3)^T = \begin{pmatrix} 0.1 & 0.273 & 0.373 & 0.227 & 0.027 \\ 0.228 & 0.3 & 0.236 & 0.2 & 0.036 \\ 0.083 & 0.256 & 0.329 & 0.232 & 0.1 \end{pmatrix}$$

将中国保障性住房制度评价一级评价指标的权重向量模糊子集 A 与模糊评价矩阵 R 相乘便得到中国保障性住房制度评价的综合模糊评价的结果，评价结果用 S 表示，结果如下：

$$S = A \times R = (0.32, 0.42, 0.26) \times \begin{pmatrix} 0.1 & 0.273 & 0.373 & 0.227 & 0.027 \\ 0.228 & 0.3 & 0.236 & 0.2 & 0.036 \\ 0.083 & 0.256 & 0.329 & 0.232 & 0.1 \end{pmatrix}$$
$$= (0.1493, 0.2799, 0.3040, 0.2170, 0.0498)$$

经过上述模糊运算，得到了中国保障性住房制度整体综合模糊评价结果 S，适度性、公平性、效率性综合模糊评价结果 s_1、s_2、s_3，根据最大隶属原则，分别挑选最大的 s_i，并将与其相对应的评价等级 v_i 作为评价结果，得出中国保障性住房制度整体评价等级为中等，适度性评级为中等，公平性评级为合格，效率性评级为中等。

为了充分利用 S 的信息并使其更好地描述评价结果所属的评价等级，可以对 S 进行单值化处理，即对各个评价等级赋予相应的分值，将评价等级 V = ｛不合格，合格，中等，良好，优秀｝的各个评价等级分别赋予分值 B = ｛1，2，3，4，5｝。将得到的各个综合模糊评价结果与分值相乘，便可得到一个加权平均的点值 p，p 是一个数字，反映了评价对象的得分高低。将 p 与事先确定好的等级对应关系相比较，便可得出最终评价结果，具体如下：

$p = S \times B^T = (0.1493, 0.2799, 0.3040, 0.2170, 0.0498) \times (1, 2, 3, 4, 5)^T = 2.738$

$p_1 = s_1 \times B^T = (0.1, 0.273, 0.373, 0.227, 0.027) \times (1, 2, 3, 4, 5)^T = 2.808$

$p_2 = s_2 \times B^T = (0.228, 0.3, 0.236, 0.2, 0.036) \times (1, 2, 3, 4, 5)^T = 2.516$

$p_3 = s_3 \times B^T = (0.083, 0.256, 0.329, 0.232, 0.1) \times (1, 2, 3, 4, 5)^T = 3.010$

其中，p、p_1、p_2、p_3 分别代表中国保障性住房制度整体得分、适度性得分、公平性得分以及效率性得分。将它们的得分分别与表 4-2 相比较，我们可以得出以下结论：中国保障性住房制度总体评价为中等，适度性评价为中等，公平性评价为中等，效率性评价为良好。

表 4-2　p 的计算结果与评价等级的对应关系

p 的取值范围	0~1	1~2	2~3	3~4	4~5
对应的等级	不合格	合格	中等	良好	优秀

第三节　中国城镇保障性住房制度评价与
绩效分析：定性研究视角

从上节对中国城镇保障性住房制度评价的定量研究可以看出，1998年"房改"以来逐步建立的以公租房、保障性租赁住房和共有产权住房为主体的保障性住房制度从总体上看评分仅为2.738分，评级为中等，虽然取得了不少成绩，但是在保障范围、公平分配以及建设效率等方面还有不少问题，需要进一步提升。

一、中国城镇保障性住房制度实施取得的成效

经过近20年的实践，我国初步确立了以公租房、保障性租赁住房和共有产权住房为主体的保障性住房制度，建立起比较完备的保障性住房体系，为解决城镇中低收入家庭住房问题做出了重要贡献。整体上看，成效主要表现为保障性住房体系初步建立、保障覆盖面不断扩大、大力建设保障性住房成为社会共识。

（一）初步建立多层次保障性住房体系

虽然我国并没有针对保障性住房的专门法律，保障性住房制度的相关内容散落在各个部门的规章制度以及发布的各项政策、办法之中。但是这些由政策、办法以及规章制度组成的保障性住房政策体系为我国保障性住房制度提供了政策基础与现实可能性，正是在这些政策体系的基础上我国初步建立了多层次保障性住房体系。我国多层次保障性住房体系由廉租房、公租房、经济适用房以及限价房组成。多层次保障性住房体系的建立为我国保障性住房建设进一步发展奠定了良好的基础。

（二）保障性住房建设投入不断增加，覆盖面不断扩大

我国保障性住房建设在2003年以后跌入低谷，各类保障性住房投资占房地产投资的比重不断下降，供给量占新增住宅供应量的比重不断降低，覆盖面

不断缩小。自 2007 年开始，中央重新确立了大力发展保障性住房的决心，大力推进保障性住房建设。"十一五"期间，我国总共开工建设各类保障性住房约 1630 万套，建成约 1100 万套，入住约 1000 万户，保障性住房建设取得了实质性的进展。截至 2010 年底，全国共有约 2200 万户城镇家庭享受政府提供的实物住房保障，约 400 万户城镇家庭享受住房租金补贴。① "十二五"期间，我国保障性住房建设力度明显加大，建成各类保障性住房约 3600 万套，仅 2011 年与 2012 年全国就已经建成各类保障性住房 1000 万套，极大缓解了城镇最低收入家庭的住房困难问题。经过"十二五"与"十三五"时期的大力建设，到 2021 年，我国已经建成了世界上最大的住房保障体系，累计建设各类保障性住房和棚改安置住房 8000 多万套，帮助 2 亿多名困难群众改善住房条件。②

（三）保障性住房的"民生属性"成为社会共识

从古至今，住房问题都是影响社会安定和谐的重大隐患之一，"安得广厦千万间，大庇天下寒士俱欢颜"便是古代知识分子对住房问题充满无奈的反映。近年来，中央将城市中低收入家庭住房问题作为关系民生的重要问题大力推进，第一次实现了住房问题"民生属性"的升华。不仅如此，全社会也达成了对住房问题的共识，认为住房问题是重大的民生问题，关系到人民的切身利益，政府必须承担相应的责任，大力推进保障性住房建设。

二、中国城镇保障性住房制度实施存在的问题

如前文所述，虽然 2007 年国务院发布《关于解决城市低收入家庭住房困难的若干意见》之后，我国城镇保障性住房建设取得了不少的成绩，但是在保障范围、资源分配、建设效率以及法制建设方面也存在不少问题，需要进一步改进。

（一）保障性住房覆盖面有待进一步扩大

城镇保障性住房的保障对象是城镇中低收入住房困难的家庭，有条件的情

---

① 任兴洲. 我国住房保障体系的建立及其基本评价 [N]. 中国经济时报，2013-06-19（A05）.
② 住房和城乡建设事业发展取得历史性成就 [EB/OL]. [2021-08-31]. http://www.scio.gov.cn/xwfbh/xwbfbh/wqfbh/44687/46680/zy46684/Document/1711598/1711598.htm.

况下保障性住房覆盖面应当涵盖全部符合条件的家庭，但是目前我国城镇保障性住房覆盖面还比较低，保障性住房制度适度性的评分仅为2.808分，评级为中等。我国城镇保障性覆盖面窄主要表现在保障性住房总量不足、"夹心层"住房问题突出。

1. 保障性住房供应总量不足，供需矛盾突出

目前我国对城镇中低收入家庭实施的是多层次保障性住房体系，对最低收入家庭提供廉租房，对中低收入家庭提供经济适用房，对中等收入家庭提供限价房，一些地方还对外来务工人员及新就业大学生等群体提供公租房。2007年以来，中央大力推进廉租房建设，提出"三年解决1000万户最低收入家庭住房问题"的目标，大大缓解了最低收入家庭的住房问题。但是在大多数城市，公租房、保障性租赁住房、共有产权房等保障性住房建设仍然不足，供需矛盾十分突出。根据相关统计，目前我国城镇保障性住房覆盖率不足10%。①根据发达国家（地区）的经验，保障性住房应当覆盖30%左右的人群才能满足中低收入家庭的保障需求，例如美国住房保障政策惠及40%的家庭，而新加坡更是为高达80%的公民提供公共组屋。我国城镇保障性住房覆盖率不足10%，既与发达国家（地区）保障性住房覆盖率相差太大，也与我国"十二五"规划确定的全国保障性住房覆盖面达到20%左右的目标有很大的差距。

2. "夹心层"住房问题突出

我国城镇保障性住房覆盖率低的另一重要表现就是城镇"夹心层"问题十分突出。所谓的"夹心层"指的是无力购买商品房，却又没有资格享受保障性住房的中低收入住房困难群体，主要包括住房困难的中等收入家庭、新就业的职工、新市民（外来务工人员）。虽然我国已经建立了多层次的保障性住房制度，但是在实施过程中由于保障性住房供应量有限，经常出现需要政府提供住房保障的家庭既不符合廉租房的申请条件，也不具备经济适用房的申购资格，同时还不具备支付商品房的能力。另外，在一些比较发达的城市，有大量的新市民（外来务工人员），他们由于不具备流入地的户口，被长期排除在当地城镇保障性住房制度之外，这部分新市民（外来务工人员）为城市建设与经济发展做出了贡献，但是他们中的大部分人收入处于中低水平，住房条件比较差，理应成为城镇住房保障的对象。还有新就业的职工，特别是外地新毕业的大学生，收入不稳定，住房条件较差，近年来网络流行语"蚁族"描述的

---

① 罗应光，向春玲，等. 住有所居：中国保障性住房建设的理论与实践［M］. 北京：中共中央党校出版社，2011.

即是这类人员的住房状况。目前一些地方正在实践的公租房对于"夹心层"家庭住房问题的解决具有重要作用，但是供需矛盾十分突出，今后应当大力推进。

（二）保障性住房资源分配存在不公平现象

保障性住房资源分配领域存在大量不公平现象是我国保障性住房制度饱受诟病的问题之一。从中国保障性住房制度评价的定量研究来看，公平性得分仅为2.516，评级为中等，与良好以及优秀的公平分配还有不小的差距，以后需要大力改进。保障性住房资源分配不公平主要表现在两个方面：一是制度顶层设计不公平；二是执行环节出现不公平，骗保现象时有发生。

1. 保障性住房制度顶层设计不公平

保障性住房制度顶层设计不公平主要体现在对保障范围的规定上。我国目前大部分城市保障性住房的保障范围大多数为具有当地户籍的居民，将新市民（外来务工人员）排除在外。而事实是，随着城市化以及工业化的迅速推进，城市有大量的新市民（外来务工人员），部分新市民已经在当地成家立业、结婚生子、工作稳定，他们长期居住在城市并为城市建设做出了贡献。忽视外来工的住房问题是不合理的，是城市社会不公与不安定的因素之一。

2. 保障资格审核难度大，存在骗保现象

我国城镇保障性住房准入门槛虽然各有不同，但是均包括户籍、家庭收入、家庭资产以及住房情况等条件。房管部门在对申请者进行资格审核的过程中，户籍比较容易审核，但是家庭收入、家庭资产与住房情况审核难度比较大，存在骗保的现象。家庭收入除了职工的工资收入之外，还存在部分隐性收入，且隐性收入难以查证。家庭资产与住房情况由于房地产信息还未能实现全国联网，准确把握申请对象的家庭资产与住房情况难度很大。为了减少这种信息的不对称，采取了社区与居委会审核的措施，但往往也难以真实和全面地反映申请者收入、资产与住房等情况。由于审核难度大，近年来各地保障性住房实践中常出现骗租、骗购的现象，经济适用房领域尤为突出，也正是由于保障性住房资源容易流失，许多学者主张取消经济适用房政策。

（三）保障性住房建设效率有待进一步提升

保障性住房建设效率评价的得分为3.010，评价等级为良好，是中国保障性住房制度评价三个一级指标中得分最高的指标，这主要得益于2007年以后中央大力推进廉租房建设，完成效率较高。但是整体来看，我国保障性住房建设落实缓慢，效率有待进一步提升，主要表现在保障性住房建设资金投入不足与土地落实缓慢两个方面。

1. 保障性住房筹资制度效率有待提升

我国保障性住房筹资方式主要有以下几种：一是中央政府与地方政府财政支出；二是吸引社会资金参与建设、经营；三是通过银行等金融机构融资；四是土地出让金与住房公积金增值收益。经济适用房、限价房主要通过第二种方式筹集资金，廉租房与公租房主要通过第一种方式筹集资金。根据2009年全国人大常委会发布的《关于保障性住房建设项目实施情况的调研报告》，廉租房与公租房建设资金预算来源中，中央投入占比29.4%，地方投入占比70.6%，但实施的结果是中央支出完成预算的95.5%，而地方支出完成预算的23.6%，许多地方资金配套不到位，影响了保障性住房建设的进度。从上述分析可以看出，我国廉租房与公租房建设资金呈现出中央支出薄弱、地方配套资金缺乏的特征，70%以上的建设资金需要由地方政府支出，但是由于激励与约束机制不健全，容易忽视保障性住房建设。

2. 保障性住房土地供应制度效率有待提高

我国实行土地公有制，城市的土地属于国家所有，并实行土地有偿使用制度，土地出让主要采取"招拍挂"的方式。与我国城镇住房供应体制相适应的是，商品房用地采取"招拍挂"，保障性住房用地主要采取无偿划拨的方式。造成的结果便是：一方面，房地产用地采取"招拍挂"的形式推高地价，"地王"现象频发，土地出让金成为地方政府财政收入的重要来源，一些地方政府放任开发商大量建设中高档住宅。另一方面，保障性住房建设主要采取无偿划拨土地的方式供地，需要地方政府配套基础设施。在没有相关激励与约束机制的情况下，地方政府保障性住房土地供应动力不足，造成保障性住房土地供给短缺，影响保障性住房建设效率。

（四）保障性住房法制建设有待完善

现代市场经济是法制经济，应当通过法律来约束、规范市场参与者的各种行为，住房法律体系不健全是我国住房问题上出现各种乱象的重要原因之一。我国保障性住房制度相关规定散见于不同的法规以及各个部门的规章制度之中，未能形成统一的保障性住房法律。在实践操作中，出现不同部门的规章制度互相冲突的现象，导致保障性住房建设法律约束力很弱，加剧了房地产市场与住房保障的冲突。同时也因为缺乏保障性住房法律的约束，地方政府将工作重心放在经济发展与各类工程建设，忽视保障性住房建设，导致一些地方保障性住房建设进展缓慢。在未来保障性住房制度建设中，完善保障性住房法律体系是重要的一个环节，它将对政府形成"硬约束"，促进保障性住房建设的规范化发展。

第五章

发达国家（地区）保障性住房制度考察与经验借鉴

住房问题是全世界共同面临的重要民生问题，是关系各国国计民生与社会稳定的重大经济与社会问题。城镇中低收入家庭的住房问题是城镇住房问题的重点与难点，也是政府住房政策的重点领域之一。世界各国在城镇居民住房保障方面都做了大量有益的探索，并且由于各国国情的不同，各国保障性住房制度在保障方式、融资手段、保障水平、法律规范等方面都存在显著的差异性。对各国的保障性住房政策实践进行研究、归纳，探寻保障性住房制度的规律，对于完善我国保障性住房制度具有重要的借鉴作用。

第一节　发达国家（地区）保障性住房制度

发达国家（地区）在快速的工业化与城镇化的发展阶段，普遍经历了由于人口大量集中而造成的住房困难与短缺，并由此引发了大量的社会问题。发达国家（地区）在缓解城镇中低收入家庭住房困难的过程中逐步建立了比较完善的住房保障制度，在保障中低收入群体的基本住房权益中发挥了重要的作用，它们在解决城镇中低收入家庭住房问题过程中形成的经验与教训对于我国保障性住房制度的完善具有重要的借鉴作用。

一、美国保障性住房制度

（一）美国保障性住房制度的形成历程

从 19 世纪末开始，美国先后推出了各类城镇保障性住房政策，其中包括公共住房建设计划、补贴住房建设计划以及房租补贴计划三种主要的住房保障形式，这三种主要的住房保障形式随着美国经济发展以及政府财政能力的变化而变化。

1. 20 世纪初至 20 世纪 60 年代：以公共住房建设为主

随着城市化以及工业化的快速发展，大量人口涌入城市，城市住房问题开始凸显。一些大城市例如纽约开始出台一系列住房法规来干预城市住房问题，公共住房建设成为政府干预城市住房问题的重要举措。1908 年，美国总统西奥多·罗斯福提出"通过贷款的形式帮助这些不幸的人建造合适居住的住房，这样的政府援助对其生活质量的提高帮助极大"，第一次提出通过政府建房来缓解城镇住房困难的思路。在第一次世界大战期间，美国联邦政府开始了建造公共住房的实践，但属于战时应急性质，建造规模较小，保障范围以及影响力都很小。

随着美国城市化进程的逐步加快，更多的人涌入城市，许多城市都出现了严重的住房短缺现象。1929 年美国爆发的经济大危机使城镇中低收入家庭的住房问题更为严重，出现了城镇住房危机。为了缓解日益严峻的城镇住房短缺问题，同时为了刺激经济复苏，美国联邦政府开始全面介入城镇住房问题。罗斯福政府成立公共工程局，负责实施公共住房建设计划。1937 年美国出台《1937 年美国住宅法》，该法案将公共住房建设作为解决城镇中低收入家庭住房问题的重要措施，确立了"联邦出资—地方实施"（联邦出资 90%，地方政府出资 10%）的公共住房建设模式，并成立了美国公共住房署专门负责城镇中低收入的住房问题。《1937 年美国住宅法》的出台标志着以美国公共住房建设为主的城镇保障性住房制度的形成，是联邦政府直接管理住房问题的重要转折点，该法案规定了公共住房保障对象是城镇最低收入 1/3 的家庭，也代表联邦政府将城镇住房政策重点转向低收入家庭住房保障上。

第二次世界大战爆发之后，出于战时的需要，公共住房建设发展缓慢，第二次世界大战结束之后，由于大量军人复员，城镇住房短缺问题再度出现。在此背景下，1949 年美国颁布了《住宅法》，公共住房建设计划再度启动。1949
年《住宅法》以全新的视角看待城镇住房保障问题，提出"为每一个美国家
庭提供体面而舒适的居住环境"是美国政府住房政策的重要目标，强调了政
府在保障居民住房权益的责任与义务。1949 年《住宅法》提出在未来 6 年之
内建造 81 套公共住房的目标，租金应当至少比市场价低 20%。该公共住房建
设计划大大缓解了城镇住房短缺的状况，并且随着美国经济持续发展以及居民
收入的提高，"房荒"问题得到大大缓解。

2. 20 世纪 60~70 年代：以补贴住房建设为主

美国 20 世纪 50 年代进行的公共住房建设在一定程度上缓解了美国"房
荒"的问题，但是随着城市财政危机的产生以及城市郊区化的扩张，城市住
房建设以及维修等公共支出大幅缩减，美国许多城市中心地区逐渐衰败，沦为
低收入群体的集中地。由于中低收入群体住房条件再度恶化，出现了大量的贫
民窟，许多城市爆发了城市危机。为了减轻政府的财政负担，改善城镇中低收
入家庭的住房条件，1961 年美国颁布了《国民住宅法》，通过各种优惠政策鼓
励私营企业以及社会资本从事针对低收入家庭的住房建设以及住房修缮业务，
即实行针对房地产开发商的"砖头补贴"政策。约翰逊政府延续了肯尼迪政
府的"砖头补贴"政策，并提出以"人头补贴"，即向低收入家庭提供房租补
贴，作为"砖头补贴"政策的补充。为了应对愈演愈烈的城市危机，1968 年
美国出台了《住房和城市发展法》，该法案加大了对低收入群体住房政策的倾
斜力度，提出通过三项措施来缓解低收入群体的住房困难：一是未来 10 年内
建造 2600 万套住宅，其中直接针对低收入群体的公共住房有 600 万套；二是
继续为低收入家庭提供房租补贴；三是补贴住房建设，通过金融、税收等手段
鼓励私营企业参与公共住房建设。

3. 20 世纪 70 年代至今：以房租补贴为主

20 世纪 70 年代以后，美国经济进入滞胀时期，财政收入减少，政府财政
负担加重，再加上住房短缺问题已经有所缓解，美国联邦政府逐渐将公共住房
建设、维护等职权下放给地方政府，逐渐减少实物配租的住房保障形式，更多
地采取对中低收入家庭进行房租补贴的方式对其进行保障。

1974 年美国颁布《住房和社区发展法》，该法案正式终止了联邦政府的公
共住房建设计划，并对建房补贴计划进行调整，将住房保障方式由"砖头补
贴"为主转向以"人头补贴"为主。该法案主要包括了两个方面的内容：一
是制定社区发展的一揽子基金计划，取消政府直接投资公共住房，减少政府对

住房生产建设环节的直接干预；二是出台"租金证明计划"，提出任何家庭住房消费的支出不应超过家庭总收入的 25%。1974 年颁布的《住房和社区发展法》是美国住房保障制度的重要转折点，从此之后，美国保障性住房政策实现了从对住房供应领域的援助转移到消费者补贴，最大程度上减少了政府对生产以及分配领域的分配，增加了低收入群体自主选择住房的机会。

进入 20 世纪 80 年代之后，美国继续采取以房租补贴为主的方式提高城镇低收入家庭的住房支付能力。根据 1974 年《住房和社区发展法》的计划，在继续实施"租金证明计划"的同时，里根政府出台"租金优惠券计划"，为低收入家庭提供各种房租补助金，并扩大低收入家庭自主选择住房的范围。1988 年，为了缓解更为尖锐的印第安土著居民住房问题，出台了《印第安住房法》，加大对印第安人以及阿拉斯加土著居民住房援助的力度。1990 年，通过《国民可支付住房法》，该法案主要包括两个方面的内容：一是运用担保、信用证明等方式帮助低收入家庭找到适合的住房；二是实施住宅自有化政策，将部分公房出售，强化"人头补贴"政策。克林顿政府将"租金证明计划"与"租金优惠券计划"合并整合成"住房选择优惠券计划"，该计划要求享受该计划的家庭至少拿出家庭收入的 30% 用于住房消费支出。2003 年，美国推出《美国梦首期付款法案》，为低收入家庭购房提供一定数额的首期款资助。

（二）美国保障性住房制度的特征

美国是典型的市场经济国家，但是在住房领域政府采取了积极干预的措施，在缓解城镇中低收入家庭住房困难方面取得了良好的效果，从美国保障性住房政策的变迁中可以总结出以下几个特征：

首先，通过立法保障低收入家庭的基本住房权益。针对低收入家庭住房困难的问题，美国颁布了各类住房法案来保障他们的基本住房权益，比较典型的比如《住宅法》《国民住宅法》《住房和城市发展法》《国民可支付住宅法》等。经过长期的实践，美国已经形成完善的保障性住房立法体系，这些法律体系包括规定政府在保障低收入家庭方面的责任、为低收入家庭提供房租补贴、政府在消除贫民窟方面的义务等，使保障性住房建设有法可依，保证保障性住房政策的有效性，是美国低收入家庭获得住房保障的重要保证。

其次，充分发挥政府在保障低收入家庭基本住房权益的作用。美国是一个高度发达的市场经济国家，经济体运行主要依靠市场机制的调节作用，政府很少采取措施直接对经济运行进行干预。然而在低收入家庭住房问题领域，政府采取了积极的干预政策，通过金融、税收、财政转移支付、政府直接兴建公共住房等手段保障低收入家庭的基本住房权益。可以说，在帮助低收入家庭解决住房困难的问题上，美国各级政府发挥了重要作用。

再次，住房保障的方式随着经济形势以及房地产市场供需状况进行调整优化。美国采取的住房保障方式有政府直接兴建公共住房、补贴建设公共住房以及发放住房补贴等，从美国保障性住房政策实践来看，这三种方式有利有弊，有不同的适应环境。在工业化以及城市化快速发展阶段，在住房十分短缺的情况下，依靠政府直接兴建大量公共住房以及补贴建设公共住房，能够在短期内迅速增加大量房源，缓解住房紧张的情况，但是政府财政压力很大，难以持续发展。而在城市化后期，在房源充分的情况下采取发放住房补贴的方式有利于减轻政府财政压力，以及更有利于满足低收入家庭个性化的住房需求。

最后，制定优惠政策鼓励低收入家庭拥有住房。美国在发放住房补贴的同时，也鼓励低收入家庭购买自己的住房。为了拉动经济发展，刺激房地产业的发展，美国出台了针对低收入家庭的购房首付款资助、购房贷款利息抵扣个人所得税、提供财政贴息贷款以及提供信用担保等政策，鼓励低收入家庭购买以及拥有住房。

二、德国保障性住房制度

德国是最早提出社会保障的国家，在推行市场经济的过程中也很注重社会福利制度的构建。住房保障作为社会保障的重要内容之一，德国将其视为提高社会福利水平的重要手段，提出了许多保障居民住房权益的政策措施。

（一）德国保障性住房制度的构成

19世纪开始，德国快速的工业化与城市化使大量农村的劳动力进入城市，人口的大量聚集使城市住房问题开始凸显。部分企业主开始建造住房为工人提供宿舍，部分城市居民也开始投资住房用于出租。为了减轻城市居民购房压力，1847年德国一些城市模仿英国住房信贷合作社制度，成立住房合作社，实施住房储蓄制度，开始了保障性住房制度的实践。进入20世纪之后，德国加大了对中低收入家庭住房的保障力度，主要采取补贴建房的方式间接参与，并在1925年前后在柏林、汉堡等地开展公共住房建设实践。"二战"之后，由于战争的破坏，德国住房极度紧缺，德国当局一方面直接依靠政府投资建设大量公共住房，另一方面出台许多优惠政策鼓励私人建房，缓解了战争造成的"房荒"问题。经过一个多世纪的实践，德国已经形成包括公房建设、房租补贴、金融支持等一系列完善的保障性住房制度体系。

1. 公共住房建设

德国公共住房建设主要在"二战"之后，由于战争的破坏，德国住房供给严重不足，从 1950 年起，德国多次通过立法大力推进公共住房建设，并由政府以低租金向居民分配。德国法律规定对于因为经济收入低，或某一民族、某一宗教信仰或孩子太多等原因造成找不到房子的家庭，政府有责任向其提供公共住房。公共住房建成以后，政府以成本租金出租给低收入家庭，租金一般为市场租金的 50% 左右。"二战"后德国公共住房建设解决了许多低收入家庭的住房问题，据统计，1950 年，德国有一半的人口居住在政府提供的公共住房，1949~1979 年德国总共建成公共住房 780 万套，占同期新建住宅总数的 49%。① 同时，德国相关住宅法律法规对申请公共住房的条件、公共住房的建设标准、租金水平以及公共住房退出机制进行严格规定，对于承租公共住房但已经不符合申请公共住房标准的租户则按照市场水平收取租金。

2. 房租补贴制度

为了促进住宅投资以及加快公共住房成本回收，20 世纪 60 年代之后德国政府逐步取消了房租管制制度。房租管制制度取消之后，市场租金涨幅很大，给中低收入家庭造成了很大的负担，住房困难问题日益恶化。1970 年，德国颁布新的住宅补贴法，在全国范围内实行房租补贴，规定德国公民凡是家庭收入不足以支撑租赁适合住房的，有权享受房租补贴。房租补贴的数额根据家庭的收入、人口以及住房消费支出等因素综合考虑确定。根据 1970 年新住宅补贴法的规定，住房租金超过家庭收入 25% 的部分由政府补贴支付，德国联邦政府以及地方政府各负担一半。另外，为了帮助低收入家庭租到合适的住房，德国专门成立了"租房者协会""社会福利协会""土地和房屋拥有人协会"，为低收入家庭提供多元化的住房保障服务。由于完善的房租补贴制度以及充足的住房资源，德国拥有产权住房的家庭比例不高，大概有 52% 的家庭依靠租房解决住房问题。

3. 补贴建房、购房制度

"二战"后，为了鼓励私人以及社会资金参与公共住房建设，刺激地产投

---

① 罗应光，向春玲，等. 住有所居：中国保障性住房建设的理论与实践 [M]. 北京：中共中央党校出版社，2011：75.

资，减轻政府财政负担，德国制定了一系列补贴建房以及购房的制度。一是鼓励社会资金参与保障性住房建设。对于企业参与保障性住房建设，由政府征地并出资给企业，政府向企业提供金额为建筑费用50%的财政贴息贷款，期限为25年。二是鼓励私人建设住宅，增加市场供应量。政府向私人建设住宅提供的优惠政策包括将建设费用按一定比例抵扣应纳税所得额、建房贷款产生的利息抵扣应纳税所得额、免征土地税费等。三是鼓励私人购买住宅，对按市场价格购买住宅的家庭提供补贴以及购房贷款。

4. 住房储蓄制度

住房储蓄制度在德国具有较长的发展历史，1924年德国出现了第一家住房储蓄银行，并在1931年出台专门法律将住房储蓄制度纳入国家监管之下。特别是"二战"结束以后，德国的住房储蓄制度获得了快速发展，目前已经形成完善的制度。德国住房储蓄制度包括以下几个方面的内容：一是储户必须先储蓄，然后才能获得贷款的资格。由储户与银行签订合同，达到一定的储蓄额时获得贷款的资格。二是实行专款专用。德国《住房储蓄法》对住房储蓄的用途与经营原则进行严格规定，不得用于风险交易，以提高住房储蓄的安全性。三是运行独立，实行低息政策。住房储蓄独立于德国资本市场，其利率变动不受通货膨胀以及市场资金供需状况的影响，并维持相对稳定的低息。四是政府制定优惠政策鼓励居民参加住宅储蓄，包括按照储蓄额度给予一定比例的储蓄奖励以及购房时提供一定比例的贷款补助。

（二）德国保障性住房制度的特征

同样是市场经济国家，但与美国、英国相比，德国更加强调政府在社会保障以及社会福利方面的责任。因此在住宅政策特别是住房保障方面，德国政府的角色更加重要与突出。

第一，政府对房地产业进行合理的规划与严格的管理，保持房地产市场稳定。德国政府根据本国经济发展、人口特征等制定了合理的住房发展规划，综合运用法律、税收、金融、土地等手段加强对房地产市场的管理，构建以住房租赁市场为主体的多层次住宅供应体系。根据人口增长速度以及居民收入情况，稳步增加住房数量，并且对高档、中档以及低档住宅的构成做出合理化安排。通过政府对房地产业实施的科学规划、严格管理以及利用各种手段打击"炒房"行为，德国在过去几十年里保持了房地产市场的供需平衡，房价以及房租基本保持稳定，涨幅合理，使居民收入的增长速度达到超过房价以及房租的增长速度。

第二，政府在保障性住房建设方面发挥重要作用，将为中低收入群体提供保障性住房作为政府的重要职责。"二战"结束之后，为了缓解极其紧张的住房供应状况，德国政府一方面直接参与公共住房建设，即运用各级政府住房建设基金直接兴建公共住房；另一方面，制定各种优惠政策鼓励个人、私营房地产公司、住房合作社等社会主体参与公共住房建设，优惠政策包括提供免息或者低息贷款、税收优惠政策等。德国政府对于公共住房的支持使战后德国公共住宅极度紧张的状况得到有效缓解，对于保障低收入家庭的住房权益发挥了重要作用。

第三，构建以公共住房为主体的保障性住房体系，将住房保障与市场机制适度结合，实现保障性住房建设的可持续发展。德国将公共住房建设作为保障性住房体系的主要方向，并通过政府直接兴建公共住房以及鼓励社会资金参与公共住房的方式实现住房保障与市场机制的适度结合。特别是在鼓励社会资金参与公共住房建设方面，德国要求每个房地产开发项目必须配套一定比例的保障性住房，并给予金融以及税收方面的支持。这种保障性住房建设模式优势明显：一是可以调动社会资金参与公共住房建设的积极性，减轻政府的财政压力；二是将低收入家庭合理分布在各个小区，避免贫民窟等社会问题；三是借助市场优质房地产商的力量，提高保障性住房建设以及管理的效率；四是形成保障性住房建设资金的良性循环，实现保障性住房建设的可持续发展。

第四，十分注重保障性住房建设的立法工作。在居民的住房保障方面，德国通过立法将居住权确认为公民权利的重要组成部分。通过立法明确规定了德国联邦政府以及地方政府在居民住房保障方面的职责。"二战"之后，德国制定了完善的保障性住房法律法规，包括《住宅建设法》《工人置业促进法》《住房补贴法》《租房法》《住房储蓄法》等，这些法律成为保障低收入家庭住房权益的重要保证。

第五，切实保护住宅承租人的合法权益。德国自有住房率很低，在很大程度上是由于租房客的权益得到很好的保护。德国通过《租房法》等法律法规对住房租赁中出租人与承租人的权利与义务进行详尽的规定，对合同的签订、解约以及合同的期限等要素提出指导性意见，并在法律中强化对承租者权益的保护。例如，一旦签订租房合约即视为无限期合约，出租者不得随意解除租房合同，必须在法定条件下或者提出合理的理由，例如承租人没有按期缴纳房租等，才能解除住房租赁合同。

三、英国保障性住房制度

英国是老牌的资本主义国家，是世界上最早开启工业化与城市化进程的国家，也是较早实践保障性住房制度的国家之一。总体来说，英国实行分类供应的住房政策，即高收入家庭依靠市场解决住房问题、中等收入家庭采取政府支持与个人支付相结合的办法解决住房问题、低收入家庭通过租房补贴与提供廉租屋的方式解决住房问题。20世纪以来，英国保障性住房制度经过两次大变革，分别是1919年的《住房法》以及撒切尔夫人提出实施的可支付住房制度，形成了较为完善的保障性住房制度。

（一）英国保障性住房制度的演变

从英国住房政策的历史来看，可以分为以下几个阶段：一是1919年以前，英国采取放任自由的住房政策，居民通过自建、购买或者租房解决住房问题；二是1919～1979年英国政府介入住房领域，通过兴建廉租房解决低收入家庭的住房问题，并实行房租管制；三是1680～2003年，大力推广住房私有化，加快公房出售，提高自有住房比例；四是2004年以后，对保障性住房制度进行创新，实施共有产权房计划。

1. 1919年以前的英国住房政策

1919年以前，出于对自由放任经济模式的崇拜，英国将住房视为普通消费品，认为通过市场能够达到资源配置效率最大化。因此，英国对住宅问题采取自由放任的政策，居民主要依靠市场解决住房问题。根据英国相关统计资料，1914年，英国城市人口中有90%的人依靠租房解决住房问题，各类房屋出租人通过高房租牟取暴利。[①]

2. 1919～1979年的英国住房政策

放任自由的住宅政策使城市中低收入家庭的住房困难日益严峻，房租高涨，住房条件极差，城市中低收入家庭怨声载道，引发了各类城市问题。面对由于住房困难引起的各种社会动荡，英国开始重新定位住宅这一特殊商品，1919年英国颁布《住宅法》，明确中央与地方政府在保障居民住宅权益方面的职责，成为英国保障性住房制度形成的重要标志。1919年英国《住房法》提

---

① 张振勇，郭松海．国内外住房保障理论与政策述评及对我国的启示［J］．山东经济，2010（1）：44-51.

出建立政府调控与市场调节相结合的住房制度，明确政府应当通过修建公共住房以及房屋租赁市场来满足居民的住房需求。1919年的《住房法》颁布之后，英国政府承担起保障居民住房权益的责任，通过兴建大量公共住房与收购私人住房以较低水平的租金出租给中低收入家庭。根据相关资料统计，1975年英国有35%的居民租用政府提供的公共住房，政府提供的公共住房数量占全国住宅总量的1/3。①

3. 1980~2003年的英国住房保障性住房政策

由于大量兴建公共住房导致英国政府财政支出日益增加，财政负担不断加重，再加上自由主义思潮的复兴，新上台的撒切尔夫人对英国公共住房制度进行改革，实施可支付住房制度，即出售公房、提高住房私有率。1980年撒切尔夫人开始以出售的方式对原有公共住房制度进行改革，根据1980年《住房法》的规定，租用公屋满两年者享有优先、优惠购买该住宅的权利。此外，通过颁布《住宅与建筑法》（1984）、《住房法》（1985）、《住宅与建筑法》（1986）等法律法规进行大刀阔斧的住房制度改革。这些法律颁布之后，英国政府开始大规模将政府持有的公共住房出售给私人与私人商业机构，并通过各种配套措施协助居民解决住房问题。仅1985年一年，就有180万套政府公共住房出售给私人。②

4. 2004年以后英国保障性住房政策的创新

从2004年开始，英国对保障性住房政策进行调整创新，2004年颁布了《住房法》，实施共有产权购房计划，强调政府应当以可接受的价格让每个家庭享有体面的住房，帮助低收入家庭实现"体面住房"的理想。从2006年开始，英国正式实施"分享式产权购房计划"，即共有产权房购房计划，帮助特定人群实现购房梦想。

（二）英国保障性住房制度的构成

经过100多年的实践，英国形成了较为完善的保障性住房政策体系，成为中低收入家庭解决住房问题的主要手段，是英国社会稳定的重要保证。目前，英国保障性住房体系主要包括三类：一是廉租房；二是折价房；三是共有产权房。

① 陈杰，曾馨弘. 英国住房保障政策的体系、进展与反思 [J]. 国外房地产，2011（4）：53-54.
② 张占斌，李万峰，费友海，王海燕. 中国城镇保障性住房建设研究 [M]. 北京：国家行政学院出版社，2013：117.

1. 廉租房

廉租房是英国保障性住房体系的重要组成部分，在撒切尔夫人实行公共住房私有化的政策之后，仍然有 2/3 的公共住房既无法通过向承租者出售，也难以依靠政府财政资金实现公共住房的维修、管理。为了提高保障性住房制度运作效率，英国制定相关政策鼓励将隶属于地方政府的住房管理机构改制成为公私合营的机构甚至完全私有化，并由这些改制之后的机构购买政府的公共住房，负责维修、管理以及租金的收取。据英国相关部门的统计，目前仍然有 500 万家庭居住在由政府和私人机构持有的公共住房中，这部分住房占据英国全国住房的 1/5。

2. 折价房

折价房的房源是政府拥有的公共住房，1980 年撒切尔夫人对公共住房政策进行了一系列改革，其中最重要的措施就是将政府手中的公共住房以一定的折扣率出售给承租者，鼓励公共住房私有化。1980 年的《住房法》对公共住房私有化进行规范，确立了公共住房私有化的两个原则：一是原有租户享有优先购买权；二是原有租户享有优惠购买权。优先优惠购买权即租户租用公共住房满两年之后享有优先购买公共住房的权利，优惠的力度为公共住房价格的 30%～70%，主要根据租用年限确定优惠折扣率。

3. 共有产权房

为了帮助低收入家庭实现"居者有其屋"的梦想，英国于 2005 年正式推出"居者有其屋"计划，即根据低收入家庭的消费能力，由低收入家庭和政府分别购买房产的部分产权，然后再由低收入家庭逐步将政府部分的产权回购，实现完全产权。共有产权房计划推行初期，低收入家庭可以选择购买房产的 25%、50% 或者 75% 产权，后来低收入家庭可以在 25%～75% 自由选择。在购房者将政府产权部分完全回购之前，购房者需要对政府部分的产权支付一定数额的租金。购买共有产权房的低收入家庭对共有产权房拥有完整的权利，即可将共有产权房用于自住、出租甚至出售，但政府要求按政府拥有的产权比例享有相应的收益权。

（三）英国保障性住房制度的特征

英国是世界上较早实践保障性住房制度的国家之一，保障性住房制度也随着经济形势的变化以及政权的更迭发生很大变化，最终形成较为完善的保障性住房体系。从英国保障性住房体系的演变过程来看，有以下典型特征：

1. 公共财政资金是英国保障性住房体系的主要资金来源

从英国保障性住房建设的历史演进来看，英国政府公共财政资金的投入一直是保障性住房建设的主要资金来源。在英国保障性住房建设初期，英国政府投入大量财政资金修建大量公共住房，仅 1914~1939 年，英国政府就建设完成 130 万套公共住房。而在 1979 年之后，虽然英国减少了公共住房建设支出，但是政府加大了对低收入家庭住房租金补贴的力度，年均增幅稳定在 6% 左右。英国政府财政资金支持成为低收入家庭解决住房问题的主要手段。

2. 多渠道解决低收入家庭的住房问题

在英国，低收入家庭解决住房问题有以下渠道：一是租用政府提供的公共住房；二是租用私房；三是通过为低收入家庭购房提供的各种优惠政策购买房产；四是借助政府为贫困家庭提供的额外住房福利。租用政府提供的公共住房最直接的福利就是低租金水平，由政府评估并提出"公平"房租水平，根据承租人的收入水平对房租打一定的折扣。一般来说，租住政府公共住房的租金占家庭收入的比重不足 10%。对于租用私房的低收入家庭，政府采取房租补贴的形式减轻低收入家庭的住房负担，政府根据低收入家庭的收入水平以及当地"公平"房租的水平确定住房补贴的金额，直接支付给房东。对于购买房产的低收入家庭，政府通过税收减免、税收返还、提供贷款等方式给予大力支持。对于特别贫困的家庭，英国政府除了提供"标准住房福利"以外，还提供住房修缮费、保险费等额外的住房福利。

3. 住房保障方式随着经济形势的变化以及政权的更替而变化

英国的住房保障方式受经济形势变化以及政权更替的影响很大。1979 年以前，在住房资源较为稀缺的情况下，英国政府主要采取实物配租的形式为中低收入家庭提供住房保障。而 1979 年撒切尔夫人上台之后，奉行新自由主义，对公共租赁住房制度进行大刀阔斧的改革，大力推进公房私有化，公共住房体系由政府主导型转变为市场主导型。

四、新加坡保障性住房制度

新加坡是世界著名的花园城市国家，也是世界上住房问题解决得最为成功的国家。新加坡作为市场经济国家，在住房分配领域却采取了政府主导建设与分配的模式，大力发展公共组屋，将新加坡建设成市民安居乐业的理想场所，新加坡由此被联合国评为最适合人类居住的国家之一。通过近半个世纪的努力，新加坡由"房荒"相当严重的国家变成94%家庭拥有自有产权住房的国家，实现了"居者有其屋"的目标。

（一）新加坡保障性住房制度的历史演进

1959年，新加坡自治政府成立，住房极度短缺以及失业严重是新加坡自治政府面临的最大挑战，80%的人口住房困难，40%的人居住在条件极差的贫民窟和棚户区。为了改变住房短缺以及城市脏乱差的境况，新加坡自治政府将住房问题作为优先解决的重大问题，并开始了保障性住房制度的实践。根据新加坡保障性住房政策的实践，可以将其分为三个阶段：20世纪60年代公共住房建设促进时期；20世纪70年代公共住房建设改善时期；20世纪70年代末以来公共住房全面发展阶段。

1. 20世纪60年代公共住房建设促进时期

为了缓解"房荒"问题，促进住房建设，新加坡颁布《住房发展法》，并于1960年成立建屋发展局（Housing & Development Board，HDB），作为公共住房建设和管理机构。这一时期，建屋发展局根据《住房发展法》的授权建造低成本住房，为中低收入家庭提供租金低廉的组屋。为了满足居民购房需求以及减少房屋出租带来的巨大工作量，1964年新加坡推出"居者有其屋"计划，鼓励中低收入家庭购买政府提供的组屋，实现组屋由只租不售向租售结合转变。经过努力，新加坡在20世纪60年代共提供了11.8万个用于出租的组屋和4.3万个用于出售的组屋，共有35%的人住进了政府提供的组屋。①

2. 20世纪70年代公共住房建设改善时期

经过20世纪60年代的大力建设，新加坡"房荒"问题得到大大缓解，新加坡公共住房建设进入改善时期。20世纪60年代建造的组屋大多是一房式以及二房式，条件简陋，配套设施较为简单；20世纪70年代建造的组屋逐渐向三房式以及四房式更新，居住条件大为改观，并更加注重周边配套措施的建设。20世纪70年代，新加坡继续推进组屋出售，组屋私有化程度不断提高。在这一阶段，新加坡组屋建设取得了较好的成绩，建屋发展局共推出10.5万个用于出租的组屋以及26.5万个用于出售的组屋，共有67%的人住进了政府提供的组屋。

① 李俊夫，李炜，李志刚，薛德升. 新加坡保障性住房政策研究及借鉴［J］. 国际城市规划，2012（4）：36-42.

3. 20 世纪 70 年代末以来公共住房全面发展阶段

经过 20 世纪 70 年代的大力建设，新加坡解决了居民的基本住房需求，70 年代末以来新加坡将住房政策的重心放在提升住房质量以及生活环境上。例如，出台"组屋更新计划"，对房龄较久的组屋进行重新改造；制定"邻里重建计划"，构建新型邻居关系，促进居民互相交流与人际关系往来，增强居民社区归属感。总体来说，20 世纪 70 年代末以来，公共住房政策成为新加坡政府实施各项社会工程的工具与载体，例如：通过住房补贴鼓励居民就近在父母所在地购房置业，推行亚洲大家庭的观念；通过推行种族居住比例计划，促进各种族和谐；通过实行普惠制的保障性住房政策，减少居民贫富差距，成为调节收入分配的手段。

（二）新加坡保障性住房制度构成

新加坡实行普惠制的保障性住房制度，即政府为大部分居民提供以廉租、廉价为特征的组屋，80% 以上的人口享受政府提供的保障性住房，而部分高收入阶层则依靠市场解决住房问题。总体来说，新加坡保障性住房制度主要包括两个方面的内容：一是政府提供以廉租、廉价为特征的组屋；二是实行中央公积金制度。

1. 公共组屋制度

公共组屋制度是新加坡保障性住房制度的主体组成部分。如表 5-1 所示，公共组屋制度的保障对象主要是家庭月收入 8000 新加坡元以下的家庭，可以采取租赁的方式也可以采取出售的方式。对于家庭月收入在 1500 新加坡元以下的家庭主要采取租赁的方式提供住房保障，并享受低廉租金的待遇，租金约为市场租金的一半，政府还提供额外的租房补贴，租金一般占家庭收入的 4%~15%；家庭月收入为 2000~8000 新加坡元的家庭主要采取出售组屋的方式提供住房保障，家庭月收入在 2000 新加坡元以下家庭的可以申购二房式组屋，家庭月收入在 3000 新加坡元以下的家庭可以申购三房式组屋，家庭月收入在 8000 新加坡元以下的家庭可以申购四房式组屋。用于出售的组屋，建屋发展局根据户型的不同给予不同折扣的优惠，根据 90% 的家庭能够支付得起三房式组屋、70% 的家庭能够支付得起四房式组屋的标准对出售的组屋进行定价。

表5-1　新加坡组屋政策体系

收入阶层	家庭收入（新加坡元/月）	可租赁、购买组屋类型
低收入阶层	800 以下	租赁一房式、二房式
	800~1500	租赁一房式、二房式、三房式
中等收入阶层	2000 以下	购买二房式
	3000 以下	购买三房式
	8000 以下	购买四房式或更大组屋、商品住宅
	12000 以下（多代同堂家庭适用）	购买四房式或更大组屋、商品住宅

资料来源：张占斌，李万峰，费友海，王海燕.中国城镇保障性住房建设研究［M］.北京：国家行政学院出版社，2013：125.

2. 中央公积金制度

1955 年新加坡建立中央公积金制度，制定《中央公积金法》，设立中央公积金局，对公积金的收取、使用进行统一管理。中央公积金实行强制储蓄，由雇主和雇员按照法定比例进行缴纳，用于员工住房、养老、医疗等支出。由于实行强制性缴纳，公积金具有资金来源稳定性强、存款期限长、政策灵活等特征。从中央公积金的用途来看，目前 80% 用于员工购买住房与支付保险费，12% 用作医疗费用，8% 作为养老费用。中央公积金用于购买住房既有利于通过强制储蓄解决员工的购房首付款，又通过低息贷款减轻员工购房的负担，既不会对员工日常生活产生影响，又提高了低收入阶层的住房购买能力，极大地刺激了居民的购房热情。可以说，新加坡的中央公积金制度是保障性住房制度历史上的一种创新，通过强制储蓄的办法，为保障性住房建设筹集资金，有效地解决了保障性住房建设的融资问题，并通过低息贷款极大地减轻了员工的住房负担。

（三）新加坡保障性住房制度的特征

1. 政府完全主导保障性住房制度的实施

新加坡保障性住房制度最重要的特征是政府主导保障性制度的实施，保障性住房法律的制定、专门管理机构的设置、相关配套措施的完善以及保障性住房筹资、投资、建设、管理、分配的过程都由政府主导。从保障性住房建设筹资来看，新加坡建立了中央公积金制度，强制要求企业及居民按照工资一定比例缴纳公积金，并将筹集到的公积金的 80% 以政府债券的形式转移给中央政府，再由中央政府划拨用于保障性住房建设以及发放住房补贴。在保障性住投资、建设、管理以及分配方面，新加坡成立建屋发展局，全权负责保障性住房建设的相关事宜，主导保障性住房规划、投资、建设、管理以及分配的全过程。

2. 针对不同时期、不同家庭制定不同的保障性住房政策

从新加坡保障性住房政策的历史来看，在不同的历史时期，新加坡都能够针对住宅供应的具体情况制定相应的保障性住房政策。在住房供应极其紧缺的20世纪60年代，新加坡保障性住房政策的主要目标在于促进住房建设，增加住房供应，保障方式主要采取出租的形式；在住房紧缺稍微缓解的20世纪70年代，新加坡保障性住房政策就更为重视保障性住房质量以及居住条件的提升，保障方式逐步向出售转变；20世纪80年代以后，新加坡住房供应比较充足，组屋建设则更注重实现社会和谐、稳定的目标。从新加坡保障性住房的保障对象来看，新加坡政府根据家庭收入以及家庭人口制定了不同的保障性住房政策，例如，家庭月收入在1500新加坡元以下的家庭主要采取出租组屋的保障方式，家庭月收入在1500～8000新加坡元的家庭主要采取出售组屋的保障方式。

3. 实行普惠制的住房保障政策是新加坡保障性住房制度的另一重大特征

从世界各国保障性住房制度实践来看，一般的保障对象是中低收入家庭，而新加坡保障性住房制度则实行普惠制，即保障性住房制度的保障对象是全国80%以上的人口。例如，在组屋出租租金定价方面，新加坡保证90%的家庭能够付得起三房式组屋的租金；在组屋出售定价方面，新加坡保证70%的家庭能够付得起四房式组屋的售价。同时，通过建造大量组屋，保证拥有充足的保障性住房供应，到2011年，新加坡约有82%的人口居住在政府提供的组屋中。

4. 采取出售组屋作为新加坡主要的住房保障方式

与其他国家主要采取出租的形式为中低收入家庭提供住房保障不同的是，新加坡住房保障的主要方式是出售。为了满足人民"居者有其屋"的愿望，新加坡主要采取出售组屋的方式为居民提供住房保障，根据统计，2010年居住在政府提供的组屋中，94.8%的人口拥有组屋的所有权，而仅有5.2%的人口采取租赁组屋的方式。

五、日本保障性住房制度

日本是典型的人多地少的国家，住房供需长期处于比较紧张的状态，特别

是"二战"之后的几十年时间里，住房供应严重短缺。虽然日本保障性住房制度起步较晚，但是发展速度很快，补贴公共住房建设的方式大大缓解了"二战"后严重的"房荒"问题，并形成了一套较为稳定、有效的保障性住房制度。

（一）日本保障性住房制度的构成

由于人多地少，再加上住房供应长期处于紧张的状态，日本各界普遍认为合理解决居民的住房问题对于维护社会稳定、促进经济发展具有重要意义，政府应当在保证每个家庭获得合理住房方面给予更多的资助与支持。日本住宅政策采取"保低放高"的原则，即政府对中低收入家庭提供廉租房或者各种优惠政策以保证中低收入家庭的基本住房权利，高收入家庭的住房问题则完全由市场解决。根据这种思路，日本建立了包括补贴公共住房建设、提供低息贷款等优惠政策、临时性应急住房保障等在内的保障性住房制度，为维护社会稳定、保障中低收入家庭的住房权益提供了有效保证。

1. 补贴公共住房建设

日本保障性住房制度以公共住房为主，包括公团住宅与公营住宅。公团住宅与公营住宅都属于政府补贴建设的公共住房，原则上以成本价和成本租金向中低收入家庭出售、出租。

公团住宅由隶属于中央政府的住宅都市整备公团负责建设，住宅都市整备公团由日本政府全额出资，其中中央政府出资75%、地方政府出资25%，是特殊的非营利性的特殊法人。其建设资金主要来自政府贴息贷款，主要保障对象为中心城市中低收入家庭。

公营住宅由隶属于地方政府的住宅供给公社负责建设。根据日本《公营住宅法》的规定，中央政府应与地方政府通力合作，为居住困难的低收入家庭提供租金低廉的公共住房。在实践操作中，供应住宅一般由地方政府作为投资主体，由地方住宅供给公社负责具体建设与运营，建设需要的土地由地方政府提供，同时中央政府提供一部分的建设费用补贴。

为了保证公团住宅以及公营住宅的建设资金来源，日本1950年成立住宅金融公库，它是由政府全额出资的政策性金融机构，主要负责为公共住宅建设提供融资服务。因此，公团住宅、公营住宅与住宅金融公库可以成为日本公共住房建设的三大支柱。住宅金融公库的资金主要来自政府财政借款，主要为公共住房建设提供长期低息贷款，利率一般比市场利率低1~2个百分点。

日本公共住房建设在"二战"后几十年里取得了较快发展，公共住房在日本住房供给中占有比较大的比重。根据相关资料统计，日本在"二战"结束后的半个世纪里大约建造了5115万套住宅，其中，公共住房2338万套，占比达到45.7%。

2. 对公共住房建设、居民购房提供金融、税收等优惠政策

日本除通过住宅金融公库对公共住房建设提供低息贷款支持外，还通过财政补贴资助公共住房建设，即用"砖头补贴"的方式降低房租与房价，为中低收入家庭提供住房保障外。此外，还采取"人头补贴"的方式直接对中低收入家庭提供住房资助。"人头补贴"的政策包括：一是为中低收入家庭发放补贴，用于减轻中低收入家庭租房以及购房支出负担。二是为低收入家庭提供低息按揭贷款。具体来说，低收入家庭购买符合国家标准范围的住房，均可向住宅金融公库申请低息贷款，实行固定利率，利率大约为市场利率的1/3，这部分利差由财政部门进行贴息。低息贷款对日本中低收入家庭购买房产、解决住房问题产生了较大作用，据统计，日本通过低息贷款的方式解决了自有住房1/3家庭的住房问题。① 三是对自建及购置房产的家庭实行税收减免政策。根据《住宅取得促进税制》的规定，申请低息贷款自建及购买房产的家庭，可在5年内每年用贷款余额的1%抵扣应缴纳的所得税，并对不动产所得税、房屋登记许可税等进行减免。

3. 临时性应急住宅保障

临时性应急住宅保障是日本为应对突发的住宅紧缺状况而建立的住房保障制度。"二战"后，受到战争的影响，日本局部地区大量住宅被战争摧毁，住宅紧缺状况空前。为了应对突如其来的住房紧缺状况，1945年日本出台了《患灾都市应急简易住宅建设纲要》，由政府直接建设提供大量公共住房。日本第二次严重的"房荒"出现在1997年的神户大地震，为了应对地震灾害带来的"房荒"，日本要求由地方政府负责临时性应急住宅的建设。"二战"后的"房荒"以及神户地震造成的"房荒"虽然性质不同，但是促使日本形成了政府直接提供公共住房的临时性应急住宅保障制度，成为日本保障性住房制度的一大特色。政府提供的临时应急住宅一般户型较小，占住宅供应的比重不会很高，供应期限较短，仅仅是一种过渡性的制度安排。例如，"二战"后日本政府提供的临时性住宅一般单套面积在30~40平方米，供应量占住宅供应量的15%左右；神户地震后提供的应急住宅占被毁坏住房总数的30%左右，

---

① 汪华，姜桂义. 国外住房保障的基本模式及其借鉴意义［J］. 南方论坛，2008（5）：28-30.

供应期限为两年。

（二）日本保障性住房制度的特征

日本作为后起的发达国家，保障性住房制度起步比较晚，但是发展很快，居民享受的住房保障水平不亚于其他发达国家，较好地处理了各个社会阶层的住房需求。总体来说，日本保障性住房制度具有以下特点：

1. 制定完善的保障性住房法律体系

日本关于保障性住房的法律有40多部，这些法律体系为政府实施保障性住房建设提供了硬约束，为中低收入家庭保障自己的基本住房权益提供了法律支持。"二战"结束后，在"房荒"严重的情况下，日本开始着手保障性住房法律的立法工作，先后颁布了《住房金融公库法》（1950年）、《公营住宅法》（1951年）、《住宅融资保险法》（1955年）、《日本住宅公团法》（1955年）等法律，对日本中央政府及地方政府在保障性住房建设方面的责任进行法律上的确认。之后，日本又陆续颁布了相关的保障性住房法律法规，规范了政府的保障性住房政策，促进保障性住房建设的顺利开展。

2. 独特的公共住宅融资模式

日本成立国有的住宅金融公库，负责向公共住房建设、低收入家庭购建房提供融资服务，形成了独特的住宅金融公库融资模式。住宅金融公库向公共住房建设单位以及中低收入家庭提供长期低息的融资服务，改变了其他国家通过私有金融机构进行融资的模式，对于促进公共住房建设、减轻中低收入家庭住房支付负担以及稳定金融市场的利率水平起到了巨大作用。

3. 通过不断更新住房发展计划，引导保障性住房建设目标

日本每五年都会重新制订住房发展计划，引导住房发展方向和实现保障性住房建设目标。住房发展计划按照居民收入进行分层，对不同收入阶层的居民设定不同的住房发展目标，分为基本保障性目标以及引导性目标。基本保障性目标针对的是中低收入家庭住房的发展，为同地区最低住房保障目标；引导性目标指政府鼓励及支持住房产业发展的目标。通过不断更新住房发展计划，日本明确了住房发展的方向以及最低的住房条件，对于不断提高居民的住房条件、保障中低收入家庭的住房权益具有重要意义。

4. 完善保障性住房建设的各项优惠政策

为了加快公共住房的开发建设，日本形成了一整套完整的保障性住房建设机制，通过成立隶属于政府的公共住房开发建设机构以及融资机构来专门负责

保障性住房的开发建设和融资，以政府贴息的形式促进公共住房建设。不仅如此，日本还出台了一系列政策用于鼓励私人建房以及私人购房行为，对于增加住宅供应量以及解决"夹心层"的住房问题具有重要作用。

第二节 发达国家（地区）保障性住房制度的总结与启示

从发达国家（地区）的保障性住房建设的历史进程及构成来看，尽管政策目标、保障模式、保障水平等方面各有不同，有的国家（地区）强调获得基本住房是公民的权利，政府应当直接为中低收入家庭提供住房；有的国家（地区）强调应当通过市场主导、政府支持的方式满足不同收入阶层的住房需求；有的国家（地区）认为应当满足居民自有住房的愿望；有的国家（地区）根据经济形式的变化不断调整保障性住房政策。总之，虽然各个国家（地区）的保障性住房制度具有较大的差异性，保障模式也各有不同，但是我们仍然能够总结出保障性住房的基本模式及共同的经验教训，为我国保障性住房建设提供借鉴。

一、发达国家（地区）保障性住房制度的模式总结

保障性住房制度实质是政府通过特定的方式对住宅市场进行干预，以期更好地解决中低收入家庭的住房问题，维护社会稳定，是一个国家（地区）社会政策的重要组成部分。各个国家（地区）社会发展水平、经济实力、住房供需情况以及各种政治力量对比等都有一定的差异性，决定了其住房政策的差异性与多样性。总体来看，我们可以将发达国家（地区）的保障性住房制度模式归纳为以下三种主要类型：一是发放住房补贴模式；二是政府直接兴建公共住房模式；三是政府补贴建房模式。综观各个国家（地区）的保障性住房制度实践，一国并非一成不变地选择一种保障性住房制度模式，而是会根据形势的变化选择一种或者几种模式，并在不同的发展阶段有所侧重。

（一）发放住房补贴模式

发放住房补贴指的是由政府向中低收入家庭发放房租补贴，也称"人头

补贴"模式，实质是政府直接向中低收入家庭提供的住房保障，美国是实行住房补贴模式的最典型国家。实行发放住房补贴模式的国家一般根据法定住房标准（一般以家庭人口数确定）的租金与家庭可支付租金的差额确定发放住房补贴的金额，由家庭自行到市场租赁房屋。发放住房补贴模式的最大特征是直接对中低收入家庭发放现金补贴并由受助家庭自行寻找房源。这种模式有以下优点：一是避免了住宅市场的双轨制，最大限度地降低政府对房地产市场的干预，保证房地产市场运行的效率；二是提高保障性住房资源的使用效率，最大限度地减少非法侵占保障性住房资源的行为；三是降低政府的保障性住房建设开支，缓解政府财政压力；四是有利于提高存量房的使用效率，避免住房资源浪费；五是有利于提升住宅质量，促进住宅更新换代。20世纪70年代之后，发放住房补贴模式得到日益广泛的应用，正成为保障性住房制度模式未来发展的重要趋势之一。当然，住房补贴模式实现良好运行的前提条件是这个国家（地区）的住房供应充足，供需总体平衡，甚至是供大于求，否则必然造成房租大幅上涨、中低收入家庭住房条件日益恶化等后果。

（二）政府直接兴建公共住房模式

政府直接兴建公共住房指的是由政府直接出资建设公共住房，并以优惠的租金水平出租给中低收入家庭，即实物配租模式。"二战"之后，受战争破坏严重的各个国家（地区）普遍面临住房紧缺、国民居住条件十分恶劣等情况，因此，许多国家（地区）在"二战"之后一段时间内采取由政府直接兴建公共住房的模式，比较典型的是新加坡及英国。政府直接兴建公共住房的模式具有明显的优点，即能够在短时间内聚集大量资源用于住房建设，有利于缓解住房极度紧缺的状况。但是政府直接兴建公共住房的模式缺点也很明显：一是政府财政投入很大，造成政府负担较重；二是低租金必然带来"租不养房"的问题，造成住房质量低劣；三是政府直接投资兴建公共住房容易对私人投资建房形成挤出效应，抑制私人建房的积极性。可见，政府直接兴建公共住房模式发挥最佳效果要有以下前提条件：一是住房极度紧缺，急需建设大量住宅；二是政府要有雄厚的财政实力。从政府直接投资兴建公共住房模式的实践来看，在住房短缺的年代，政府十分注重公共住房建设的数量，但是在住房短缺得到缓解的情况下，政府会将注意力逐步转移到提升住房建设质量上，并将公共住房建设控制在一定比例。

（三）政府补贴建房模式

政府补贴建房模式指的是政府通过土地价款优惠、财政补贴、贷款优惠等措施组织相关机构或者企业从事保障性住房建设，并以优惠的租金出租或者优惠的价格出售给中低收入家庭的保障方式，实施政府补贴建房模式比较典型的国家是德国与日本。例如德国"二战"后为了缓解住房供应的严重不足，政府通过免息或者低息贷款、减免税费等向个人、非营利住宅公司、自治团体提供资助，建设大量的公共福利住房，使德国住房短缺问题得到缓解。可见，在国内缺乏储蓄资金、缺乏资本市场的情况下，政府通过补贴私人或者私营机构建设公共住房，有利于调动社会各方面的资源，从而在短期内缓解住房紧缺的状况。政府补贴建房模式也存在一些弊端：一是对参与公共住房建设的机构进行补贴形成了房地产市场的双轨制，扰乱了市场秩序；二是由于信息不对称，政府监管难度高，对公共住房供应商的补贴可能被挪作他用，造成住房保障资源的流失。

二、发达国家（地区）保障性住房制度的基本经验

经过长期的实践，欧洲、美国、日本等发达国家（地区）建立了较为完善的保障性住房制度，对于保障中低收入家庭的住房权益、维护社会稳定、实现房地产市场的健康发展发挥了重要作用。虽然各个国家（地区）的保障性住房政策以及保障模式各有不同，但是有许多做法却是共同的，是其保障性住房制度充分发挥作用的重要条件，值得我们借鉴与学习。

（一）政府在保障居民住房权益中承担重要职责

比较世界各国的住房政策，我们可以发现一个共同点，住宅都被作为准公共物品，政府在保障中低收入家庭住房权益中都发挥着重要作用。无论是新加坡和英国的政府直接建设公共住房的模式、德国和日本的补贴住房建设模式，还是美国的住房补贴模式，共同点都是政府积极干预住宅市场，充分发挥政府在保障居民住房权益中的作用，区别在于政府干预住宅市场的方式以及力度。可见，要妥善解决中低收入家庭的住房问题，不能仅依赖市场，还要充分发挥政府这只"看得见的手"的作用。

（二）健全保障性住房法律体系，增强保障性住房建设的法律约束

保障性住房建设需要政府投入土地、资金，以及制定配套措施等，缺乏法律上的强制性，政府缺乏足够的积极性实施保障性住房制度。从发达国家（地区）保障性住房实践的经验来看，无论采取何种保障方式，它们都制定了完备的保障性住房法律体系。以日本为例，日本关于保障性住房制度的法律多达40多部，包括《住房金融公库法》《公营住宅法》《日本住宅公团法》《住宅融资保险法》等，对保障性住房建设的各个流程做了详尽的规定，正是由于拥有了完备的法律体系，日本保障性住房制度才得以顺利实施，公民住房权益才得到有效保障。

（三）顺应经济形势的变化，调整保障性住房制度

无论采取哪种保障性住房模式都必须与当时的经济社会发展状况相适应，当经济社会发展状况发生变化的时候也应当适时调整保障性住房政策。从发达国家（地区）的经验来看，在经济发展水平较低、住房供应紧缺的条件下，更多的是采取政府直接兴建或者政府补贴建设公共住宅的模式，更注重量的建设；而当进入经济发展水平提升、住房供应紧张状况缓解的时期，各个国家（地区）都会调整原有的保障性住房制度，更多地采取购房补贴或者租房补贴的保障方式，并且保障性住房政策更加注重居住条件的提升以及促进社会和谐。因此，应当从各个国家（地区）具体情况出发制定符合本国（地区）实际的保障性住房制度，并随着经济形式的变化进行调整。

（四）建立多元化的融资渠道，为保障性住房建设提供稳定的资金来源

无论采取何种保障性住房模式，都需要以稳定的资金来源作为基础，资金来源不能仅包括政府的财政投入，还应通过各种渠道为保障性住房建设输入新鲜血液，保证建设资金的稳定来源。从发达国家（地区）的保障性住房融资实践来看，它们除了由政府投入财政资金，还十分注重采取多种融资方式，充分发挥私营企业以及非营利企业的积极作用，建立多渠道的保障性住房融资渠道。例如，美国政府通过授予私营企业征地权以及实施税收优惠等办法，极大地激发了私营企业参与公共住房建设的热情，将私营企业的资金顺利引入保障性住房建设领域。再例如德国，通过财政贴息、税费减免等办法，成功发挥了市场主体参与公共住房建设的积极性。

（五）建立多层次的保障性住房体系，满足不同收入阶层的保障性住房需求

中低收入阶层内部也存在较大差异，这些差异包括家庭收入、家庭人口、居住条件等，这些差异决定了中低收入家庭对保障性住房需求的差异性，因此应当建立多层次的保障性住房体系，满足不同收入阶层多样化的保障性住房需求。例如美国，在通过发放住房补贴并强调充分发挥市场机制解决中低收入家庭住房问题的同时，也通过一定数量的公共住房为最低收入家庭提供实物配租。事实上，从发达国家（地区）的保障性住房建设实践来看，它们都很注重不同收入阶层之间的住房需求，一般都主张最高收入阶层依靠市场提供的高档住宅解决住房问题、中等收入阶层依靠国家以优惠价格提供的可售公共住房解决住房问题、低收入阶层通过发放住房补贴或者廉租房解决住房问题。

三、发达国家（地区）保障性住房制度的主要启示

马克思在《资本论（第一卷）》第一版序言中指出，"一个国家应该而且可以向其他国家学习"，发达国家（地区）保障性住房制度的实践经验对我国来说是一笔不可或缺的财富。认真总结、归纳发达国家（地区）保障性住房制度建设的经验及相关教训，"能缩短和减轻分娩的痛苦"，即可以让我们在保障性住房建设进程中少走弯路，形成保障性住房建设的后发优势。

第一，必须充分发挥政府在保障性住房建设中的主导作用，强化政府在保障中低收入家庭住房权益中的职责。从发达国家（地区）住宅产业发展的经验来看，住房是一种具有准公共产品属性的特殊商品，固然要充分发挥市场机制在住宅产业发展中的作用，但是如果仅仅依赖市场机制，必然形成将广大中低收入家庭排斥在房地产市场供给范围之外的局面。可见，通过市场机制本身无法解决中低收入家庭的住房问题，必须充分发挥政府这只"看得见的手"在保障性住房制度实施中发挥主导作用，才能较好地解决中低收入家庭的住房问题。从发达国家（地区）的实践经验来看，无论采取哪种保障性住房模式，都强调政府在保障性住房建设中的职责与主导作用，即政府必须兼顾住房供应的公平与效率。反观我国，自从 2003 年将房地产业确立为我国支柱产业之后，政府一度忽视了保障性住房建设，面对日益攀升的房价，中低收入家庭只能"望房兴叹"，造成了严重的后果。金融危机以来，作为拉动内需的政策之一，

中央政府加大对保障性住房建设的力度，取得了不少的成绩，但是部分地方政府仍然未能全面认识保障性住房建设巨大的社会效益，必须在今后进一步强化政府在保障性住房建设中的责任意识。

第二，保障性住房建设必须坚持"立法先行"，完善保障性住房建设相关的法律体系。从发达国家（地区）保障性住房建设的实践来看，在住房紧缺的时期，都首先通过立法确认公民的基本住房权益，出台一系列支持保障性住房建设的法律法规，从立法的角度为保障性住房建设提供法律依据与硬约束。从我国保障性住房建设的立法情况来看，还有许多方面仍然有待加强。突出的表现是缺乏关于保障性住房制度的专项法律，保障性住房建设主要根据政府出台的各种政策、文件，由此导致房地产业对政府政策具有高度敏感性，并且由于缺乏法律约束容易导致保障性住房政策执行过程中出现执行效率低下的问题。因此，在我国今后保障性住房建设中，应当坚持"立法先行"的原则，对保障性住房的保障对象、保障标准、保障方式、资金来源、政府职责等方面内容进行严格规定，并加大对违反保障性住房法行为的处罚力度，维护保障性住房法的法律权威。

第三，必须认识到保障性住房建设是一个长期的过程，需要根据客观形势的变化适时调整保障性住房制度的内容与重点。从发达国家（地区）的保障性住房建设实践来看，保障性住房需求伴随着工业化与城市化的发展或者战争的破坏而产生，并根据经济社会的发展而不断变化。同时，从发达国家（地区）保障性住房建设历程来看，都经历了一个漫长的集中建设阶段，在居民基本住房需求得到满足之后，还会产生层次更高的保障性住房需求。发达国家（地区）在面对不断变化的经济社会发展形式以及居民保障性住房需求时，也都不断调整保障性住房制度。对于我国来说，由于城市化以及工业化快速发展，保障性住房需求不断积累，并且可以预见的是，未来相当长一段时间内保障性住房需求还会不断增加。面对这种情况，我们首先要明确保障性住房建设是一个长期的过程，要做好打"持久战"的准备，加强保障性住房建设以后会成为一种常态化的工作。近几年，国家大力支持保障性住房建设为中低收入家庭带来了福音，但是也要防止一哄而上造成保障过度或者保障性住房建设脱离中低收入家庭实际需求的情况，应当循序渐进、稳扎稳打地推进保障性住房建设。

第四，应当注重构建多层次保障性住房体系，满足不同收入阶层的保障性住房需求。经过多年的努力，我国保障性住房建设取得了不少成绩，初步形成了多层次保障性住房体系。近年来，有不少人针对经济适用房制度实施过程中存在的问题质疑经济适用房及可售型保障性住房存在的必要性与合理性。从发达国家（地区）保障性住房建设的实践来看，确实有些国家（地区）以租赁型保障性住房为主，但是也有不少国家（地区）鼓励中低收入家庭购买可售型保障性住房。以新加坡、英国为例，在住房很紧缺的发展时期，主要以提供租赁型保障性住房为主，度过住房紧缺时期后，则都制定了优惠政策鼓励中低收入家庭购买可售型保障房，实现"居者有其屋"的目标。再回头来看我国的保障性住房体系，经济适用房等可售型保障性住房广受质疑的原因在于分配不公——保障性住房资源落入非保障对象之手，可售型保障性住房的"出路"应当在于明确保障对象、健全家庭收入审查制度、完善退出机制等，而并非简单取消可售型保障性住房。从我国经济社会发展的实际情况来看，应当构建以公共租赁住房、廉租房为主的保障性住房体系，并辅以经济适用房、限价房等可售型保障性住房，满足各个层次中低收入家庭的保障性住房需求。

第五，完善保障性住房建设的配套措施，为保障性住房建设提供支撑。发达国家（地区）保障性住房建设的实践经验表明，无论采取何种保障性住房制度模式，都必须要有完善的配套措施作为支撑。例如提供多样化的财政支持、多样化的融资渠道，政府管理机制创新，完善家庭收入审查机制等。只有完善的配套措施的支撑，保障性住房建设才能取得预期的效果。从我国发展的实际情况来看，随着多层次保障性住房制度的逐步建立，各项配套措施也逐渐完善，特别是多渠道的筹资方式、住房金融制度等也逐步建立起来。但是总体来看，我国保障性住房制度的配套措施还有待进一步加强与完善，比如家庭收入审核机制、政策性住房金融制度、相关的法律法规等还处于比较薄弱的状态，正成为我国保障性住房建设的制约性因素。

第六章

中国城镇保障性住房制度
改革总体构想与目标模式

在商品房价格持续攀升的背景下，满足城镇中低收入住房困难家庭的住房需求，必须建立与我国经济发展水平相适应的中国特色的保障性住房制度，理顺住房领域中政府职责与市场机制的作用，才能促进房地产市场健康发展，实现全体人民住有所居的目标。2013 年 10 月 29 日，习近平同志在中央政治局就加快推进住房保障体系和供应体系建设进行第十次集体学习时指出："加快推进住房保障和供应体系建设，要处理好政府提供公共服务和市场化的关系、住房发展的经济功能和社会功能的关系、需要和可能的关系、住房保障和防止福利陷阱的关系。"只有正确把握我国城镇保障性住房面临的新形势，正确分析城镇保障性住房制度改革的影响因素，才能提出正确的城镇保障性住房制度改革的目标、原则以及建设模式，才能正确处理习近平同志提出的四项关系，从而完善我国城镇保障性住房制度。

第一节 中国城镇保障性住房面临的
新形势与新要求

2007 年国务院颁布《关于解决城市低收入家庭住房困难的若干意见》（国发〔2007〕24 号）之后，中央重新确立了大力发展保障性住房的思路，我国多层次保障性住房体系得以初步建立，并在 2009～2012 年得到迅速发展与完善，为保障城镇中低收入家庭基本住房权益做出了重要贡献。党的十八大以来，在习近平新时代中国特色社会主义思想的指导下，坚持以人民为中心，坚持"房住不炒",扎实推进住房保障工作,有效改善了城镇住房困难群众的居住条件。同时,我国仍处于快速发展时期,经济、社会、人口以及居民的住房情况时刻都在发生变化,新市民、青年人等群体住房困难问题仍然比较突出,这些变化使我国保障性住房建设面临一系列新问题,也对我国保障性住房建设提出一些新的要求。

一、新型城镇化快速发展,需要从质和量两个方面完善住房保障制度

改革开放以来,我国进入了城镇化的快速发展时期,经过三十几年的发展,城镇化率达到50%左右。但是过去的城镇化是低水平的城镇化,城镇化的成果主要是城镇数目的增多以及城镇人口的大量增加,随之而来的是大量的社会与经济问题。基于此,党的十八大明确提出了新型城镇化的发展方向,坚持以人为本,提升城镇化的质量和水平。可以预见的是在未来十年中我国将处于新型城镇化的快速发展时期,将对保障性住房建设提出更高的要求,需要从质和量两个方面完善我国保障性住房制度。

第一,必须加大对保障性住房建设的投入,增加保障性住房供应量。根据国家统计局2021年2月28日发布的《中华人民共和国2020年国民经济和社会发展统计公报》,我国2020年末常住人口城镇化率超过60%①,据此推断,2020年城镇常住人口达到8.46亿。新型城镇化必须坚持以人为本,重点关注新增城镇人口权益市民化的问题。在强调住房民生属性以及公共服务均等化的背景下,作为关系新增城镇人口切身利益的住房问题应当成为关注的重点领域之一。新增城镇人口中有很大一部分群体属于中低收入住房困难阶层,在高房价的背景下,这部分人群很难依靠自身力量解决住房问题,住房保障需求较大。因此,在大力推进新型城镇化的进程中,必须加大对保障性住房建设的投入,增加保障性住房供应量。

第二,提升保障性住房项目的质量与基础配套设施。住房是可以长期使用的耐耗品,一般使用年限达到30～50年,甚至更长的时间。随着社会经济发展水平的提升,人们对住房质量及品位要求不断提升。在大力推进新型城镇化的背景下,城市文化、公共服务水平的提升成为关注的重点,目标在于使城镇成为具有较高品质的适宜人居的场所。因此,应当高瞻远瞩,提升保障性住房

---

① 数据来源:《中华人民共和国2020年国民经济和社会发展统计公报》。

项目的质量、品位，以及完善基础配套设施，避免低端保障性住房的大量建设。

二、流动人口的规模与构成发生变化，要更加重视流动人口的住房保障问题

受区域发展不平衡等因素的影响，大量农村地区、欠发达地区的人口向城市、发达地区聚集，形成了庞大的外来务工人群。这部分群体长期被排除在迁入地社会福利体系之外，成为影响当地安定的隐患之一。目前，流动人口的规模与构成较以往发生了较大的变化，对我国保障性住房制度提出了新的要求。

第一，流动人口数量大，已成为迁入地人口构成的重要组成部分。流动人口已成为我国庞大的人群，根据全国第七次人口普查的数据，2020 年全国流动人口达 3.76 亿，占全国总人口的 26%。与 2010 年的全国第六次人口普查相比，全国流动人口增加 1.54 亿人，增长 69.73%。[①] 随着城市化进程的不断推进，全国流动人口数量还会逐年递增。可见，流动人口已成为迁入地的重要组成部分，不应将他们排除在保障性住房体系之外。

第二，流动人口稳定性增强，对保障性住房诉求渐强。与早期流动人口个人流动与高流动性不同，现在流动人口经常是整个家庭流动，在迁入地居住时间也大大延长，稳定性逐渐增强，许多人已在迁入地居住十几年，成家立业并逐渐融入迁入地。随着稳定性的逐步增强，流动人口对享受与当地居民均等的公共服务的诉求逐步强烈，特别是对教育、医疗、住房等关系切身利益的诉求更是日渐增强。

第三，新生代流动人口逐渐成为流动人口的重要组成部分，应将他们纳入当地保障性住房体系。新生代流动人口包括外来大学生、新市民（外来务工人员）的子女等，新生代流动人口年龄普遍在 20~40 岁之间，比起老一代流动人口来说素质更高、能力更强，在当地经济社会发展中起到重要作用。新生代流动人口很多都是出生在、成长在迁入地，已经完全融入当地的生活，除了户籍以外，他们与当地人差异很小。将新生代流动人口排除在当地的社会保障体系之外，既不公平也不利于维护社会稳定。

---

① 数据来源：《第七次全国人口普查公报（第七号）——城乡人口和流动人口情况》。

三、住房的价格与存量发生变化，对住房保障需求与保障方式产生影响

一般情况下，城镇居民解决住房问题的渠道主要是市场与保障两种，并且市场与保障两种方式互相作用互相影响。房地产市场价格与存量的变化将会对住房保障的需求与保障方式的选择产生很大的影响。

第一，房地产市场价格在未来一段时间将保持稳定的状态，这使城镇保障性住房需求旺盛。2003 年将房地产定为我国国民经济的支柱产业之后，房地产市场迎来了发展的黄金期，同时房价也开始不断攀升。虽然 2008 年金融危机期间房价有所回落，但是 2010 年及 2015 年之后房价又开始过快上涨。面对日益上涨的房价，政府采取了一系列的宏观调控，但是房价仍处于高位。我国房价在相当长的一段时期内将保持稳定并在高位运行，这将影响城镇中低收入家庭依靠市场解决住房问题的能力，从而产生大量且迫切的保障性住房需求。

第二，房地产市场供求状况的变化将对我国保障性住房政策的调整产生重要影响。从发达国家（地区）的保障性住房建设实践来看，房地产市场供求状况对当地保障性住房政策产生了重要影响，并且保障性住房政策随着房地产市场供求状况的变化不断调整。1998 年"房改"以后，我国房地产市场逐步启动，特别是 2003 年以后我国房地产市场发展迅速，虽然房价不断上涨，但是客观来说，城镇住宅供应量大大增加，城镇人均住房面积已大幅度增长。2021 年 8 月 31 日，住房和城乡建设部部长王蒙徽在国新办举行"努力实现全体人民住有所居"新闻发布会上指出，我国住房发展取得巨大成就，到 2019 年，我国城镇人均住房建筑面积达到 39.8 平方米。[①] 由此可见，我国房地产市场供求关系正在发生变化，意味着为我国保障性住房政策调整提供新的空间。

四、政府财政负担与收入来源发生变化，亟待增强保障性住房建设可持续性

政府财政能力对保障性住房建设是否具有可持续性产生至关重要的影响，不管采取何种住房保障方式，最终都需要以政府强大的财政实力作为支撑。我

---

① 数据来源：住房和城乡建设事业发展取得历史性成就［EB/OL］．［2020-08-31］．http://www.scio.gov.cn/xwfbh/xwbfbh/wqfbh/44687/46680/zy46684/Document/1711598/1711598.htm.

国政府财政负担与收入来源发生了很大的变化，将对保障性住房建设的可持续性产生重大影响。

第一，目前我国保障性住房建设主要以财政资金支持为主，未来几年内面临巨大还款压力，使政府财政负担加重。2007年以后特别是党的十八大以来，我国加大了保障性住房建设的支持力度，大多数保障性住房项目是以政府财政资金支持项目建设为主。这些保障性住房建设资金除了一部分政府财政预算支出以外，很多是以银行贷款的形式存在，未来几年内面临还款高峰期。随着政府财政负担的不断增加，为了增强保障性住房建设的可持续性，必须对住房保障方式、筹资方式等适时进行调整。

第二，土地出让金收益下降，将对地方政府财政收入来源产生不利影响，也对保障性住房建设模式产生影响。在房地产价格过快上涨的背景下，地方政府通过出让国有土地使用权获得了较多的地方财政收入，土地出让金收入一度成为地方财政收入的重要来源，也成为保障性住房建设的重要资金来源。但是在房地产市场风险加大以及征地制度改革等因素的影响下，土地出让金收入出现比较大的波动，从中长期来看，土地出让金收入难以持续。地方政府土地出让金收入面临不确定性，财政收入来源发生变化，这是未来保障性住房制度建设必须加以重视的问题。

第二节　中国城镇保障性住房制度改革的影响因素

城镇保障性住房制度是我国经济社会政策的重要组成部分，关系到城镇中低收入家庭的切身利益，也关系到社会的和谐安定。由于城镇保障性住房制度是一种跨越多个不同经济社会领域、具有较大影响力的制度安排，它的设计与改革必然受到很多因素的制约与影响，实施过程中必然牵涉到各方面的利益。这些影响因素与利益主体将对我国城镇保障性住房制度的实施产生重大影响，因此必须认真分析与总结相关影响因素，理顺各方面的利益关系，从而保证保障性住房制度的顺利实施。可以将我国城镇保障性住房制度的影响因素归纳为政治、经济以及社会三个方面。

一、政治因素

一个国家的政治制度及政治氛围会对本国的相关制度安排及政策产生重要影响。具体来说，我国的国体、政治体制等政治因素会对我国城镇保障性住房制度产生重要影响。

（一）我国的国体对保障性住房制度的影响

国体指的是国家的性质，表明了社会各阶层在国家中所处的地位。我国《宪法》第一条规定"中华人民共和国是工人阶级领导的、以工农联盟为基础的人民民主专政的社会主义国家"。我国是人民当家作主的社会主义国家，实行的各项政策都必须以人民的根本利益为出发点。作为关系人民切身利益的住房问题，国家应当给予足够的重视，政府应当在保障人民基本住房权益问题上发挥主导作用。我国的国体决定了政府应当在保障居民基本住房权益的问题上有所作为、主动作为，将保障居民的住房权益作为政府应尽的义务。

（二）我国政治体制对保障性住房制度的影响

我国的政治体制决定了党和政府在我国各个领域都充当着重要的角色，国家的决策与宏观调控对经济社会生活产生重要的影响。一方面，政府掌握了大量的经济、社会资源，有能力承担起主导保障性住房建设的重任；另一方面，中央政府与地方政府之间施政目标的差异性又使保障性住房建设出现挑战。如何调动地方政府积极推进保障性住房建设成为保障性住房制度设计与改革的重要课题之一。

二、经济因素

保障性住房制度能否顺利实施与一个国家的经济发展水平息息相关，可以说经济因素对保障性住房制度的资金来源、保障范围、保障水平、保障方式等方面都具有重要的影响。经济因素包括经济发展水平、政府财政能力、居民住房支付能力、住宅供需状况等。

（一）经济发展水平对保障性住房制度的影响

这里的经济发展水平指的是经济发展所处的阶段，即城镇化与工业化的发展程度。从发达国家（地区）的保障性住房实践来看，工业化与城市化的快速发展使人口迅速向城市集中，剧增的城市人口产生了巨大的住房需求，造成城市中低收入家庭住房困难、居住条件恶劣，从而产生巨大的保障性住房需求。当发达国家（地区）完成工业化进程进入后工业时代之后，城市人口相对稳定，住宅供应量较为充足，保障性住房需求相对较弱。可见，城镇化与工业化所处的阶段对保障性住房需求的基本面具有重要的影响，是保障性住房制度改革需要考虑的重点因素之一。

我国正处于城镇化与工业化的快速发展时期，新型城镇化建设成为我国未来十年现代化建设进程中的大战略，是推动我国经济持续健康发展的重要动力。新型城镇化的快速发展在带动经济发展的同时，也必然促进大量的农村人口向城市集聚，产生巨大的住房需求。巨大的住房需求一方面促进房地产市场的持续繁荣，另一方面也必然导致城镇中低收入住房困难家庭难以依靠市场机制解决住房问题，从而产生较大的保障性住房需求。因此，在未来相当长的一段时期内，我国必然要加强保障性住房建设，保障中低收入家庭的基本住房权益。

（二）政府财政能力对保障性住房制度的影响

保障性住房制度的实施需要政府投入大量的人力、物力、财力，归根结底，考验的是政府的财政承受能力。政府财政负担能力越强，就越有条件为更多的中低收入家庭提供更高水平的住房保障；政府财政负担能力弱，能为中低收入家庭提供的只能是低水平、小范围的住房保障。近年来，我国政府财政收入保持较快增长，根据财政部发布的数据，即使受新冠肺炎疫情的影响，2020年全国财政收入仍然达到 182895 亿元[①]，财政实力不断壮大，这为我国大力推进保障性住房建设奠定了良好的基础。但是，同时我们也要看到，我国财政收入绝对规模小于发达国家（地区），人均财力远远落后于发达国家（地区），这决定了我国无法短期内提供大范围、高水平的住房保障，只能逐步提高城镇中低收入家庭住房水平，逐步扩大保障范围。

（三）居民住房支付能力对保障性住房制度的影响

居民住房支付能力的高低取决于居民收入水平以及住房价格，保障性住房

---

① 数据来源：国库司 . 2020 年财政收支情况 ［EB/OL］. ［2021-01-28］. http：//gks. mof. gov. cn/tongjishuju/202101/t20210128_ 3650522. htm.

需求与居民住房支付能力的高低成反比。从我国住房价格来看，2003 年以来我国房地产价格开始步入上升期，价格不断上涨，在房价的带动下，房租也不断上涨。从我国城镇居民的收入来看，一是我国平均收入水平不高；二是贫富差距逐渐扩大，根据《中国统计年鉴（2020）》披露的数据来看，2018 年及 2019 年我国居民收入基尼系数分别达到 0.468 和 0.465，超过国际警戒线水平。① 一边是不断上涨的房价，另一边是城镇中低收入家庭较低的工资水平，中低收入家庭的房价收入比超过 5∶1 的合理比例。② 近年来，出现"蜗居""蚁族""房奴"等现象，便是房价收入比失衡的现实表现。在这种情况下，我国必须加大对中低收入家庭住房保障的力度。

（四）住宅供需状况对保障性住房制度的影响

住宅供需状况对住房保障的保障方式选择具有重要影响。从发达国家（地区）的保障性住房制度实践来看，住宅供需状况对其选择保障方式具有重要的影响。在住宅供需矛盾比较突出的条件下，很多国家（地区）都会选择政府直接建设公共住房或者政府补贴建设公共住房的方式，即以"砖头补贴"的方式在短期内为中低收入家庭提供大量的房源；而当住房供需矛盾缓和之后，大多数国家（地区）都会转而采取主要以"人头补贴"的方式为中低收入家庭提供房租补贴，提高中低收入家庭的住房消费能力。我国在实施保障性住房制度的过程中，一方面要根据我国住房供需状况不断调整保障方式，另一方面各个地区要立足本地区的住房供需实际情况，采取合适的保障方式，不能盲目跟风。

三、社会因素

城镇保障性住房制度与其他公共政策不同，不仅涉及经济领域的问题，而且与社会领域许多方面紧密相关，其最大的特征就在于政策直接面向广大人民群众，直接影响广大中低收入家庭的切身利益，并与家庭、社区、单位等各方面均具有紧密联系，对社会安定有直接影响。因此，城镇保障性住房制度设计必须充分考虑社会因素，才能够获得最大的支持。

---

① 参见：http：//www.stats.gov.cn/tjsj/ndsj/2020/indexch.htm.
② 林峰.完善与创新廉租住房制度研究 [J].城市开发.2008（7）：10-13.

（一）城镇保障性住房制度必须考虑我国城乡二元社会格局

由于历史的原因，我国长期处于城乡互相封闭的状态，在户籍、社会保障等方面存在明显的差异。受此影响，保障性住房制度也呈现出城乡互相封闭的状态，城镇保障性住房制度仅针对拥有当地城镇户籍的居民。随着我国城镇化的快速发展，城镇保障性住房制度必须将新市民纳入保障范围，否则容易造成新的社会问题。

（二）城镇保障性住房制度必须与城镇家庭收入结构相适应

以收入和家庭财产来划分社会阶层结构，可以分为最低收入家庭、低收入家庭、中低收入家庭、中等收入家庭以及高收入家庭等，社会阶层结构对保障性住房制度有明显的影响。只有对社会阶层结构有正确的认识并对各个阶层的家庭数量、家庭收入、家庭负担、住房状况、住房需求等方面进行深入调查分析，才能制定出真正符合社会需求的保障性住房制度。①

（三）城镇保障性住房制度必须考虑家庭结构及功能变迁因素

家庭结构及其功能变迁将对保障性住房需求产生一定的影响。我国计划生育政策实施三十几年，第一代独生子女逐渐登上社会舞台，我国家庭结构出现明显的变化，家庭供养结构也发生较大的改变。越来越多的家庭出现"4-2-1"的家庭结构，即家庭由四位老人、一对夫妻以及一个孩子组成。"4-2-1"家庭结构呈现出小型化、核心化的特征，一方面"空巢老人"不断增加，另一方面年轻夫妻赡养父母与抚养后代的负担沉重。虽然我国从2011年开始不断放开"二孩"政策，并从2021年开始实行"三孩"政策，但是人口老龄化的问题仍然十分严峻。因此，保障性住房制度必须充分考虑"空巢老人"群体的特殊保障需求，将住房保障与生活便利、精神抚慰等方面相结合；同时应当采取多种方式对中低收入家庭提供住房保障。

（四）城镇保障性住房制度应当为社会安定做出贡献

住房问题是涉及民生的重大社会问题，处理不妥当将对社会安定产生破坏

---

① 刘金辉，梁鹏. 郑州经济适用房分配遇冷场　专家建议努力培育多元化的住房供给市场［N/OL］. 经济参考报，［2012-05-29］. http://dz.jjckb.cn/www/pages/webpage2009/html/2012-05/29/content-45220. htm? div=-1.

作用。近几年房价上涨过快已经催生出各种社会问题，成为影响社会安定的隐患之一。保障性住房制度对于稳定房价、构建和谐社会的"防火墙"具有重要作用。

第三节　中国城镇保障性住房制度改革的目标

住房问题关系到人民安居乐业、社会和谐稳定，处理不当会带来严重的经济社会问题。由于住房问题牵涉面很广，相对应地，城镇保障性住房作为中低收入家庭解决住房问题的重要方式，其制度目标也应当是多元化的。总体来说，我国城镇保障性住房制度的目标是努力保障城镇中低收入家庭的基本住房权益，实现"住有所居"、社会经济持续健康稳定发展的目标。具体来说，包括以下几个方面：一是实现"住有所居"；二是促进房地产行业健康发展；三是维护社会和谐与稳定。

一、实现"住有所居"

实现"住有所居"是我国城镇保障性住房制度的出发点与首要目标。"住有所居"指的是保障城镇中低收入家庭的基本住房权益，使每个家庭都享有一套符合基本住房条件、经济、适用、环保的住房。

（一）"住有所居"并非人人拥有住房

"住有所居"指的是保障中低收入家庭拥有房屋的居住权与使用权，而不是拥有房屋的所有权。从我国保障性住房制度的发展历程来看，早期强调保障居民住房所有权，形成了以经济适用住房为主体的保障性住房制度，造成了一系列乱象。在居民收入征信系统不完善、住房信息系统未能实现全国联网的条件下，为中低收入家庭提供有限产权的保障性住房，一方面产生骗取保障性住房资源的现象，导致保障性住房资源流失；另一方面，保障性住房退出渠道不顺畅，资源使用效率较低。因此以经济适用住房为主体的保障性住房制度饱受诟病。

将保障性住房制度目标定位为"住有所居"，形成以公租房、保障性租赁住房、共有产权房为主体的保障性住房制度使我国保障性住房制度发生重大转变。公租房、保障性租赁住房以租的形式为城镇中低收入家庭提供基本住房保障，出让房屋的使用权，保留房屋的所有权，一方面防止非法侵占保障性住房资源的行为，另一方面退出机制顺畅，极大地提高了保障性住房的使用效率。

（二）保障对象是城镇中低收入住房困难家庭

通过完善城镇保障性住房制度，我国将形成以政府为主导提供保障性住房、以市场为主满足多层次需求的住房供应体系。中高收入家庭依靠市场解决住房问题，实现个性化的住房需求。因而，城镇保障性住房制度针对的是城镇中低收入住房困难家庭，为其提供基本住房保障。保障对象的判断根据两个标准：一是低收入标准；二是住房困难标准。由于国家财政负担能力的制约，应当根据财政能力的增强逐步扩大保障范围，做到应保尽保。

（三）提供基本住房保障

我国还处于社会主义初级阶段，国家经济实力以及政府财政能力有限，为城镇中低收入家庭提供的住房保障只能是具备基本居住条件的住房。这种住房应当质量合格、功能齐全、基础配套设施较为完善，人均住房面积应当能够满足人民最低需要。并且基本住房保障的标准要随着经济发展、社会进步而得到提高。中低收入阶层内部由于家庭人口、收入等因素会有不同的保障需求，应当重视这种区别，提供多层次的住房保障。

二、促进房地产行业健康发展

以市场为主提供的商品房和以政府为主提供的保障性住房两者构成我国城镇保障性住房供应体系，高收入家庭依靠商品房解决住房问题，中低收入家庭依靠保障性住房解决住房问题，两者应当同时推进，不可偏废。商品房发展滞后必然给政府保障性住房增加很大的压力，而保障性住房建设不足，必然会影响商品房市场健康发展。城镇保障性住房建设是实现房地产行业健康发展的重要保证。

2003年以来，我国将房地产行业定位为国民经济的支柱产业，将其作为经济发展的重要动力，促进了房地产行业的快速发展。但是，在强调房地产业国民经济支柱产业地位的同时，弱化了保障性住房建设，片面强调房地产市场机制的作用，造成房价过快上涨，出现房地产炒作投机行为。更为严重的是，一些地方政府为了增加财政收入与追求高增速的 GDP，不顾地方发展实际，盲目扩大房地产投资，造成房地产泡沫，甚至出现了"鬼城"，影响房地产业的健康发展。

城镇保障性住房建设促进房地产业健康发展的作用体现在以下几个方面：一是大力推进城镇保障性住房建设能在短时间内增加住房供给量，对于稳定房价、抑制房价过快上涨的势头具有重要作用，从而降低房价泡沫的风险；二是通过稳定房价、降低炒房收益预期，打击房地产投机行为，使房地产投资理性化；三是通过稳定房价，降低房地产开发商的超额利润，淘汰开发能力差、水平低下、信誉不好的开发商，提升开发商的整体实力，促进房地产业的规范化发展；四是通过稳定房价，减少盲目新建房地产项目的行为，使房地产行业理性化发展。

三、维护社会和谐与稳定

维护社会和谐与稳定是保障性住房制度的最终落脚点，也是最终的社会目标。住房问题不仅是关系国民经济发展的经济问题，也是关系社会和谐与稳定的重大社会问题，更是实现共同富裕目标的重要内容之一。

在市场经济条件下，市场发挥资源配置的决定性作用，使资源配置效率最大化。但是市场不是万能的，无法兼顾公平，总有一些人因劳动技能不适应、就业不充分等因素而收入水平低。房地产市场本身不会自动解决低收入家庭住房问题，仅依靠市场必然造成低收入家庭住房困难、居住条件恶劣，需要政府提供保障，否则必然会带来严重的社会问题。

住房问题解决得越好，人民群众住房负担适中，人民群众就能安居乐业，社会就会越稳定，社会也才会不断进步；相反，住房问题解决得不好，人民群众住房负担过重，住房条件恶劣，甚至出现流落街头的现象，必将极大破坏社会和谐与稳定，成为爆发各种社会危机的诱因。

正因为住房问题对于社会和谐与稳定的特殊重要性，习近平同志多次对保障性住房建设作出重要论述。在 2013 年 10 月 29 日中共中央政治局第十次集体学习时指出"要千方百计增加住房供应……构建以政府为主提供基本保障、以市场为主满足多层次需求的住房供应体系"。习近平同志此次表态第一次从社会公平正义、共享改革发展成果的角度要求加快住房保障和供应体系建设。

习近平在党的十九大上提出"坚持在发展中保障和改善民生","增进民生福祉是发展的根本目的",① 将住有所居作为补齐民生短板的重要内容之一。2019 年 7 月 30 日，习近平在十九届中央政治局会议上提出"不将房地产作为短期刺激经济的手段"②，旗帜鲜明地将保增长的任务从房地产政策中剔除，进一步强化住房的民生属性。2020 年中央经济工作会议更是史无前例地指出住房问题关系民生福祉，从而将住房问题的民生属性推向了前所未有的高度。③

第四节　中国城镇保障性住房制度改革的原则

城镇保障性住房制度改革涉及广大城镇中低收入家庭的切身利益，关系到房地产业的健康发展，也关系到国民经济健康运行以及社会和谐稳定。因此，必须以科学以及符合国情的原则指导我国城镇保障性住房制度建设，提高保障性住房制度的执行效果。总体来说，应当遵循以政府为主导、以人为本、公平、创新以及可持续性的原则。

一、以政府为主导，强化政府在保障性住房建设领域的职责

住房是典型的准公共物品，享受基本的住房保障是公民的基本权益之一，为公民提供基本的住房保障应当成为政府提供的社会保障的重要内容，政府应当在保障性住房建设中发挥主导作用。政府在保障性住房建设中的主导作用体现在以下几个方面：一是政府要树立正确的观念，将为中低收入家庭提供基本住房保障作为政府义不容辞的义务，而不是对人民的恩惠；二是政府要主动作为，制定保障性住房发展规划，建立符合地区实际的保障性住房制度与实施办法；三是政府必须在保障性住房建设上发挥主导作用，为保障性住房建设提供

---

① 习近平. 决胜全面建成小康社会　夺取新时代中国特色社会主义伟大胜利——在中国共产党第十九次全国代表大会上的报告 [N]. 人民日报，2017-10-28（003）.

② 习近平主持中共中央政治局会议 [EB/OL]. [2019-07-30]. http://www.gov.cn/xinwen/2019-07/30/content_ 5417282. htm.

③ 中央经济工作会议在北京举行　习近平李克强作重要讲话　栗战书汪洋王沪宁赵乐际韩正出席会议 [N]. 人民日报，2020-12-19.（001）

充足的人力、物力、财力，保证保障性住房建设有序推进；四是政府必须完善各项配套措施，保证保障性住房的适用性与分配的公平性。

2003 年以来，我国将房地产业定位为国民经济的支柱产业，对住宅属性的认识还不够完整、不够全面，过多强调住宅的商品属性，忽视了住宅的居住属性。在各种因素的综合作用下，房价攀升，中低收入家庭住房困难，影响了社会的安定和谐。2007 年以后特别是党的十八大以来，中央深化了对住宅居住属性的认识，出台了一系列支持保障性住房建设的政策措施，取得了一定的成效。但由于中央与地方施政目标的差异性、地方政府财权与事权的不匹配等因素，地方政府缺乏大力推进保障性住房建设的动力。鉴于地方政府在保障性住房制度实施过程中的重要性以及缺乏建设保障性住房动力的现实，应当通过将地方政府保障性住房建设相关指标纳入绩效考核机制的范围、地方政府负责制等方式约束地方政府行为，辅之以分税制改革、加大中央对地方的财政转移力度等提高地方政府实施保障性住房建设的能力。

二、坚持以人为本的原则，增强保障性住房的适用性

坚持以人为本的原则强调实施保障性住房制度的过程中要重视中低收入家庭的住房需求，增强保障性住房的适用性，提高保障对象的满意度。坚持以人为本的原则主要体现在两个方面：一是保障性住房设计、基础配套措施等要考虑中低收入家庭的实际需求，增强保障性住房的适用性；二是坚持多层次保障性住房制度，满足不同收入层次住房保障需求。

（一）增强保障性住房的适用性

保障性住房不同于商品房，其价格比商品房便宜，租金比市场租金低廉，因此相对应地保障性住房的品质、户型、基础配套设施等各方面都比商品房略低一筹，这是公平地对待保障性住房享受者与商品房购买者的方式之一，同时也是避免非法侵占保障性住房资源的措施之一。尽管如此，还是应当根据以人为本的原则，保证保障性住房的质量、努力提高保障性住房的品质、完善基本的配套措施，便利中低收入家庭的工作与生活。

（二）满足不同收入群体的个性化保障需求

城镇中低收入家庭之间由于家庭人口、收入、住房情况、受教育程度存在

差异，决定了中低收入家庭具有不同的住房保障需求。最低收入家庭倾向于接受租金较为低廉的公租房，中低收入家庭、新就业大学生、新市民（外来务工人员）倾向于接受保障性租赁住房，中等收入家庭则倾向于接受受限制产权、低首付的共有产权房及限价房。总之，中低收入家庭内部的保障需求存在差异性，应当从以人为本的角度出发，满足各个收入层次家庭的保障性住房需求。

三、坚持公平的原则，严厉打击各种骗保行为

保障性住房制度是国家为了促进社会公平、保障中低收入家庭基本住房权益而在住房领域采取的一系列政策措施，保障范围是城镇的弱势群体，因此公平是保障性住房制度的应有之义。保障性住房制度建设应当坚持公平的原则，严厉打击各种骗取保障性住房资源的行为，保证保障性住房分配到真正有需求的家庭手中。公平的原则体现在以下几个方面：一是有效减少骗保行为，保证保障性住房资源分配的公正；二是保证程序公开公正，杜绝"插队"现象；三是将符合条件的非当地户籍人口纳入保障对象，打破户籍的藩篱。

（一）有效减少骗保行为，保证保障性住房资源分配的公正

在我国过去的保障性住房制度实施过程中，存在不少骗保行为，比如媒体曝光的经济适用房小区出现宝马等豪车的现象。骗保现象使我国保障性住房制度遭受批评，特别是经济适用房制度受到的批评更多，许多学者主张取消经济适用房制度。应当从通过严格的准入制度、合理的退出渠道（包括政府优先回购等）、严厉的惩罚措施等来压缩骗保行为的利益以及增加骗保行为的成本，从而保证保障性住房资源分配的公正。

（二）保证程序公开公正，杜绝"插队"现象

由于我国保障性住房制度历史较短，虽然近年来国家大力支持建设，但是保障性住房供需缺口仍然较大。在保障性住房资源需求大于供给的情况下，容易发生暗箱操作、"寻租"与"插队"等不公平的现象。应当将保障性住房申请程序与分配过程全程公开，通过积分制等方式建立合理的排队机制，杜绝权利"寻租"与"插队"等现象。

（三）将符合条件的非当地户籍人口纳入保障对象，打破户籍的藩篱

我国大部分城市实行的保障性住房制度都将户籍作为享受保障性住房的准入门槛之一，将为当地经济发展做出重要贡献的新市民（外来务工人员）排除在外，这显然是不公平的，也不利于当地社会的和谐与稳定。应当将在迁入地具有稳定工作、稳定收入来源、居住达到一定年限的新市民（外来务工人员）纳入当地保障性住房保障对象，打破地域和户籍的藩篱，消除户籍带来的不公平。

四、坚持创新的原则，充分发挥市场机制的作用

保障性住房建设是政府公共服务的重要内容之一，政府应当发挥主导作用。但是在具体操作过程中，不应当局限于政府的力量与现有的模式，应当通过创新体制与机制，充分发挥市场的作用，将社会资本与民间资本引入保障性住房建设领域，发挥市场主体在保障性住房建设以及管理中的积极作用，并通过政府的政策加以引导与规范。坚持创新原则体现在两个方面：一是创新体制与机制，发挥市场在保障性住房建设中的积极作用；二是创新保障模式，不断提高保障性住房政策的水平。

（一）创新体制与机制，发挥市场在保障性住房建设中的积极作用

从目前我国保障性住房建设的实践来看，政府包办了出资、融资、土地供应、建设、分配、管理等流程，体现出政府的责任意识与效率。但是保障性住房建设是一项复杂的系统工程，并且对资金需求量很大、管理要求很高。如果能够通过体制与机制创新将社会资本引入保障性住房建设领域，并通过政策加以规范，必定能够促进保障性住房建设的发展。

（二）创新保障模式，不断提高保障性住房政策的水平

经过多年的努力，我国正在构建以公租房、保障性租赁住房、共有产权房为主体的保障性住房体系。在今后相当长的一段时间内，这三种形式的保障性住房应该是我国保障性住房供应的主体，但是绝不能认为只能有这三种实现形式。随着经济社会的进一步发展，将不断催生出个性化的住房保障需求，应当坚持创新的原则，不断根据中低收入家庭的诉求创新保障性住房模式与保障方

式，提高保障性住房政策水平。

五、坚持可持续性原则，实现保障性住房政策的连续性

保障性住房建设是一项长期的系统工程，相关制度设计与安排必须从当前出发，并着眼于未来，将短期、中期以及长期的目标进行统筹考虑，实现保障性住房政策的连续性。保障性住房建设的可持续性体现在以下几个方面：一是保持政府支持保障性住房建设政策的连续性；二是坚持长远规划，优先安排保障性住房建设各种资源；三是适度保障，保障范围、水平与政府财政能力相匹配。

（一）保持政府支持保障性住房建设政策的连续性

保障性住房建设的顺利实施有赖于政府的重视与政策支持，社会力量的参与也需要政府加以规范和引导。因此，政府支持保障性住房建设政策的连续性对于实现保障性住房建设的可持续性至关重要，可以通过保障性住房立法的方式将保障性住房建设作为政府公共职能的重要组成部分，从而保证政府政策的连续性。

（二）坚持长远规划，优先安排保障性住房建设各种资源

我国正处在经济社会快速发展的时期，保障性住房建设面临的形势也处在不断变化之中。应当在认真分析调研的基础上，结合国民经济和社会发展的中长期规划，对我国保障性住房建设进行长远规划，并进行初步预算，优先安排保障性住房建设的各种资源，保证保障性住房建设的可持续发展。

（三）适度保障，保障范围、水平与政府财政能力相匹配

实现保障性住房建设的可持续发展，不能脱离我国经济社会发展的实际情况。应当根据我国经济社会发展所处阶段、政府财政能力等来合理安排保障性住房的保障范围与保障水平，并根据经济社会的不断进步调整保障范围与保障水平，实现动态可持续发展。

第五节　中国城镇保障性住房制度改革的目标模式

在正确把握我国城镇居民保障性住房需求与我国城镇保障性住房建设实践的基础上，充分借鉴保障性住房建设的国际经验，结合我国城镇保障性住房建设面临的新背景与新要求，提出我国城镇保障性住房建设的目标与原则。在我国城镇保障性住房建设目标与原则的基础上，提出我国城镇保障性制度的目标模式是：以政府为主导，提供以公租房、保障性租赁住房为主体，经济适用住房、限价房、共有产权房、住房补贴相结合的保障性住房体系。

如图 6-1 所示，由城镇住房保障管理中心全权负责城镇居民住房保障工作，一方面根据本地经济社会发展水平与政府财政负担能力确定保障性住房建设补贴标准，补贴采取"砖头补贴"与"人头补贴"相结合的方式，即建设保障房与发放住房补贴相结合；另一方面根据家庭住房情况及收入情况审核确定保障对象，结合他们的支付能力与保障需求采取多样化的保障形式，满足居民个性化的住房保障需求。

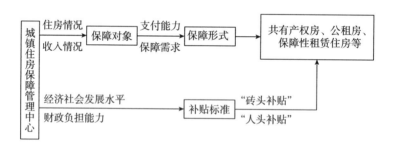

图 6-1　我国城镇保障性住房制度目标模式

一、成立专职机构负责城镇居民住房保障工作

城镇保障性住房建设涉及规划、融资、建设、分配、管理、退出等多个环节，是一项十分复杂的系统性工程，应当成立专职的保障性住房管理部门，名称可以定为"城镇住房保障管理中心"。

城镇住房保障管理中心负责处理与城镇保障性住房建设相关的一切事务，包括保障性住房供应与保障性住房分配、管理、退出等事项。城镇住房保障管理中心设立项目建设部负责组织相关单位进行保障性住房建设的前期规划，协调土地、资金等生产要素，并负责组织相关单位承建保障性住房项目；设立审批部，负责向社会发布保障性住房申请条件、项目信息、审批程序等，负责审核、监控、跟踪申请家庭的收入、财产、住房条件等，确定保障对象；设立分配部，负责制定保障性住房分配制度，组织保障性住房资源的分配与发放；设立管理部，负责保障性住房的后期管理，包括组织物业服务与制定、实施退出制度；设立监察部，保证保障性住房制度实施的公正，打击非法侵占保障性住房资源的行为。

二、保障对象多层次性

从宏观来看，我国城镇保障性住房制度的保障对象是城镇中低收入住房困难家庭，但是中低收入群体按照收入层次来划分，还可以细分为最低收入家庭、低收入家庭、中低等收入家庭、新就业职工（青年人）及新市民（外来务工人员）。目前我国大部分城镇保障性住房制度覆盖了最低收入家庭、中低收入家庭、中等收入家庭，只有少数城镇将新就业职工（青年人）及新市民（外来务工人员）单列纳入保障性住房制度。

（一）最低收入家庭

这部分家庭往往由于家庭成员年龄结构失衡、天灾人祸等因素造成收入低下、住房条件恶劣、生活窘迫。这部分家庭往往只能蜗居在从祖辈继承而来的破旧房屋内或者租住在条件恶劣的出租屋，根本无力购买商品房，甚至连市场租金都付不起。对这部分最低收入家庭应当由政府提供租金低廉的公租房或者发放房租补贴，帮助他们改善居住条件、降低居住成本。

（二）低收入家庭

低收入家庭由于劳动技能不适应、就业不充分导致只能从事一般体力性工作，收入低下，是城镇居民中的弱势群体。这部分低收入家庭由于收入低，负担不起购房支出，无力承租条件优越的商品房，只能租住在条件相对较差的老旧出租屋，条件简陋、居住拥堵，改善住房条件需求强烈。这部分低收入家庭约占城镇人口的10%左右，是我国城镇保障性住房制度的工作重点之一，政府应当为其提供公共租赁住房或者发放住房补贴。

（三）中低收入家庭

这部分家庭一般拥有比低收入家庭更为体面的工作和生活，具有一定的住房消费能力，不愿意长期租房，有购房意愿但又无法完全依靠自己的能力购买普通商品房，是城镇住房问题中典型的"夹心层"。这部分中低收入家庭有一定的积蓄与住房消费能力，购买商品房的意愿比较强，应当加以适当引导与支持，为中等收入偏下家庭提供经济适用房，为中等收入偏上家庭提供共有产权房或者限价房，满足他们"居者有其屋"的愿望。

（四）新就业职工（青年人）及新市民（外来务工人员）

新就业职工（青年人）及新市民（外来务工人员）的住房保障问题是下阶段我国城镇保障性住房建设的重要内容。新就业职工主要包括本地刚参加工作的青年、刚毕业参加工作的大学（大专）生，这部分群体职业发展潜力大。但是刚进入社会，交际、应酬、职业发展等各项支出大，又没有积蓄，暂时买不起商品房，支付不起高额的房租，只能居住在条件相对较差的出租屋。新就业职工的保障性住房需求是过渡性的，政府应当为其提供配套条件相对较好的保障性租赁住房或公共租赁住房，以低于市场租金的原则为其提供过渡性住房保障。

新市民（外来务工人员）由于户籍的问题被排斥在城镇保障性住房制度之外，这是不合理的，给社会安定与和谐埋下隐患。外来务工人员为迁入地城市建设、经济发展做出了巨大的贡献，许多新市民（外来务工人员）已经在迁入地长期居住并成家立业，完全融入当地的生活。政府应当将新市民（外来务工人员）纳入公共租赁住房保障范围，以家庭收入、住房情况、实际居住地标准取代户籍标准，为广大外来务工人员提供住房保障。

三、保障性住房体系的多层次性

与保障对象的多层次性相对应，保障性住房体系也应当是多层次性的。我国应当构建以公共租赁住房、保障性租赁住房、共有产权房为主体的保障性住房体系，满足城镇中低收入家庭个性化的住房保障需求。

（一）公共租赁住房

公共租赁住房由政府或者公共机构持有，向最低收入家庭、低收入家庭、部分青年人以及新市民以低于市场价格的租金水平出租。公共租赁住房居住条件比廉租房好，房租比廉租房高，既能满足低收入家庭改善住房条件的需求，又能实现以租养房。公共租赁住房应当成为我国保障性住房发展的主要方向之一，应逐步将原来由廉租房保障的低收入群体以及一部分原来由经济适用住房保障的中等偏低收入群体纳入公共租赁住房保障范围，使公共租赁住房成为保障性住房的主要实现形式。

（二）保障性租赁住房

保障性租赁住房的保障对象主要包括符合条件的新市民、青年人等群体。保障性租赁住房是我国在住房保障制度领域的重要创举，是党中央坚持以人民为中心、坚持"房住不炒"、突出住房民生属性、缓解住房租赁市场结构性供给不足作出的重要安排。根据《国务院办公厅关于加快发展保障性租赁住房的意见》（国办发〔2021〕22号）的规定，保障性租赁住房建筑面积以低于70平方米的小户型为主，租金价格低于同地段同品质的市场租赁住房租金。这一政策将充分发挥市场机制作用，吸引多方参与建设和经营，坚持"谁投资，谁所有"，允许集体经营性建设用地、企事业单位自有闲置土地、产业园区配套用地和存量闲置房屋参与保障性租赁住房建设。保障性租赁住房制度妥善处理了政府和市场在保障性住房领域中的分工问题，既坚持了住房的民生属性，又充分调动了各种市场资源参与建设。可以预见的是，保障性租赁住房将成为我国保障性住房体系最重要的组成部分，获得快速发展。

（三）共有产权房等销售型保障性住房

这部分保障性住房主要包括共有产权房、限价房、经济适用房等销售型保障性住房。共有产权房由于建立了良好的保障性住房资源回收制度，能够很好地杜绝保障性住房资源流失的问题，将成为销售型保障性住房的主流形式，而限价房和经济适用房将逐步缩小建设及供应量直至完全退出保障性住房领域。

1. 共有产权房

2017年北京市住房和城乡建设委员会等多部门联合印发《北京市共有产权住房管理暂行办法》（京建法〔2017〕16号），将共有产权房定义为"政府提供政策支持,由建设单位开发建设,销售价格低于同地段、同品质商品住房价格水平,并限定使用和处分权利,实行政府与购房人按份共有产权的政策性商品住房"。共有产权房主要针对城镇中低收入、住房困难的家庭,是最接近商品住房的保障性住房品种,将是未来我国城镇销售型保障性住房的主要形式。政府与个人或者政府、企业与个人或者企业与个人按照产权份额同比例出资,限定退出条件和方式,既能为住房困难家庭提供具有保障性质的购房支持,又能有效防止保障性住房资源流失的问题。

2. 限价房

限价房是政府采取限制价格与限制面积为中低等收入家庭提供的住房保障,是政府面对高房价采取的一种措施。限价房价格较高、居住质量较好,主要针对的是城镇中低等收入住房困难群体,这部分家庭既不想长期租房,购买商品房压力较大,是住房市场上的"夹心层"。可以安排一定比例的限价房作为保障性住房的辅助实现形式,满足中低收入住房梯度消费需求以及满足拥有住房产权的需求。

3. 经济适用房

经济适用房是政府给予土地、税收等优惠政策,以微利向城镇中低收入家庭出售的保障性住房,满足中低收入拥有房产的需求。1998 年"房改"将经济适用房确定为我国住房供应的主体,并将其作为城镇住房保障的主要实现形式。从实践效果来看,虽然经济适用房在一定程度上满足了中低收入家庭拥有房产的需求,但是经济适用房投入大、资源使用效率较低。在发展的现阶段,只能将其作为保障性住房体系的辅助实现形式,将一部分符合经济适用房条件的家庭纳入公共租赁住房以及共有产权房的保障范围。

四、提供适度住房保障

如前文所述,保障性住房制度保障的范围以及保障标准受制于一个国家经济发展水平、政府财政负担能力、住宅产业供需状况、居民住房消费能力等因素。我国保障性住房的保障范围以及保障标准必须与我国社会主义初级阶段的国情相适应,为城镇中低收入家庭提供适度住房保障。适度的住房保障包括三个方面的含义:一是保障范围要适度;二是保障标准要适度;三是对不同收入层次家庭的补贴要有所区别。[①]

---

① 陈伯庚. 中国特色住房保障体系构想 [J]. 住宅产业. 2011 (3): 12-15.

（一）保障范围要适度

保障范围指的是符合城镇保障性住房制度申请条件的城镇家庭数，一般以户籍、收入及住房情况等作为标准。保障范围太狭窄，中低收入家庭住房难以改善，不利社会和谐稳定；保障范围太广，对政府财政压力太大，容易形成"等、靠、要"的不良风气，也不利于房地产市场的健康发展。综合我国经济发展水平、政府财政负担能力以及城镇居民收入情况等因素考虑，应将占我国城镇总户数30%左右的中低收入家庭、低收入家庭、最低收入家庭、新就业职工以及符合条件的外来务工人员纳入保障范围。为城镇30%中低收入家庭提供住房保障的目标可以分步实现，"十三五"期末基本覆盖15%左右的中低收入家庭，争取"十四五"期末实现30%的目标，并且随着经济社会发展，保障范围可以逐步扩大。

（二）保障标准要适度

保障标准指的是为中低收入家庭提供的住房保障的水平，具体来说，包括保障性住房的面积、基础配套设施、住房补贴的数额等。保障标准受制于社会经济发展水平以及政府财政负担能力。我国仍然处于社会主义初级阶段，财政能力有限，加上城镇保障性住房需求较大，目前还达不到为全部中低收入家庭提供宽敞、舒适水平的住房保障，只能提供质量可靠、功能健全，能够满足基本居住需求的住房保障。我国各地区发展的水平差异很大，保障标准要立足于本地的实际并且要随着经济社会的发展而不断提高。

（三）对不同层次收入家庭的住房补贴要有所区别

如前文所述，中低收入家庭内部可以划分为最低收入家庭、低收入家庭、中低收入家庭等层次，他们住房支付能力不同，对保障性住房需求也不同。政府通过建设多层次保障性住房供应体系满足不同保障性住房需求的同时，对不同层次收入家庭的保障标准也要有区别，以实现保障性住房政策的公平及提高保障性住房资源的使用效率。具体来说，住房补贴应随收入由低到高而递减，即住房补贴额的排序为：最低收入家庭>低收入家庭>中低收入家庭。

第七章

完善中国城镇保障性
住房制度的对策建议

完善城镇保障性住房制度，改善城镇住房困难家庭的住房条件，解决新市民、青年人等群体住房困难问题是贯彻落实习近平总书记关于住房问题重要论述的必然要求。必须以习近平新时代中国特色社会主义思想为指导，以实现全体人民住有所居为目标，立足新发展阶段、贯彻新发展理念、构建新发展格局，坚决贯彻落实"房住不炒"，更加突出住房的民生属性，加快完善以公租房、保障性租赁住房和共有产权住房为主体的住房保障体系。完善我国城镇保障性住房制度是一项复杂的系统工程，需要一系列政策措施的协调与配合，同时还需要跟进相关配套措施，这些措施之间必须能够互相衔接并且有效运行，才能为我国城镇保障性住房制度顺利实施提供良好条件。

第一节　加快城镇保障性住房制度的立法体系建设

住房权是一项基本的人权，通过立法的形式对居民的住房权进行保障是居民享受住房权的重要保证。从国外保障性住房建设的经验来看，住房保障立法是顺利推进保障性住房制度的重要保证，美国、英国、新加坡、日本等国家都制定了各种保障性住房法案，从法律上保证居民的基本住房权益。例如，美国制定了《国民住宅法》（1961 年）以及《国民可支付住房法》（1990 年）等，英国制定了《住宅出租和补偿法》（1975 年）以及《住房法》（2004 年）等，新加坡制定了《新加坡建屋与发展法》以及《特别物产法》（20 世纪 60 年代）等，日本制定了《公营住宅法》（1951 年）、《住宅公团法》（1955 年）

以及《城市住房计划法》（1966 年）等，这些住房法律法规为本国居民的住房权益提供了法律保障。

一、加快城镇保障性住房制度的立法体系建设的意义

加快城镇保障性住房制度立法体系建设意义重大，是实现经济社会全面可持续发展的客观要求，对于解决城镇中低收入家庭住房问题，保障群众的基本住房权益，维护社会稳定和谐，促进共同富裕具有重要意义。

（一）制定城镇保障性住房法体现了政府执政为民的决心

住房是关系人民群众安居乐业的重大民生问题，享有基本的住房理应是公民基本的权益。1998 年"房改"以后，我国结束了实物福利分房制度，将大部分家庭推向房地产市场。2003 年以来，我国房价不断攀升，城镇中低收入家庭住房负担过重，难以依靠自身能力解决住房问题。在房价不断攀升的背景下制定城镇保障性住房法，从法律层面保障居民的住房权益体现了政府执政为民的决心。

（二）制定城镇保障性住房法是落实政府职责，切实维护居民住房权益的重要保障

政府特别是地方政府是城镇保障性住房建设的实施主体，不仅要投入资金、土地，还需要投入大量的人力与物力，完善各项配套措施。在以往突出经济发展考核指标的政府考核机制下，保障性住房建设在地方政府考核中占比较小。因此，即使是中央政府三令五申强调加强保障性住房建设，地方政府仍然缺乏足够的动力贯彻执行，进而影响保障性住房建设进展。通过法律对地方政府形成建设保障性住房的硬约束，才能有效落实政府提供保障性住房的职责，切实维护居民住房权益。

（三）制定城镇保障性住房法是实现保障性住房建设政策连贯性与可持续发展的重要保证

在缺乏城镇保障性住房法的情况下，保障性住房政策的制定缺乏相关的法律约束，保障范围与保障标准缺乏相关法律指导，存在主观随意性以及政策多变性的可能，无法保证保障性住房政策的连贯性与可持续性。通过城镇保障性

住房法对政府行为进行规范与约束，防止保障性住房政策朝令夕改，有利于实现保障性住房建设的可持续发展。

二、我国城镇保障性住房制度立法的现状

我国城镇保障性住房制度立法进展缓慢，虽然在 20 世纪 80 年代末就开始探讨保障性住房立法的问题，但是直到 2008 年 11 月《住房保障法》才被列入第十一届全国人大常委会五年立法规划，由住房和城乡建设部住房保障司负责该法的起草工作。据住建部称《住房保障法》已经形成初稿，但是什么时候能够正式颁布实施，目前很难给出一个准确的时间表。①

（一）保障性住房法缺失，法律基础薄弱

改革开放以来，我国加强了各个领域的法制建设，形成了较为完善的法律体系。但是在住房领域，《宪法》设有确立居民的基本住宅权，国家也没有颁布住房保障的专门法律。居民享有基本住宅权未能确立便不能树立正确的保障性住房建设的指导思想，而保障性住房法的缺失则造成保障性住房建设缺乏强制性与权威性的发展依据和指引。

（二）各类政府文件成为保障性住房建设依据，缺乏硬约束

在保障性住房法律缺失的情况下，各级政府颁布的各类文件成为保障性住房建设的依据，呈现出典型的政策特征。1998 年"房改"出台政策确立以经济适用房为主体的保障性住房制度；2003 年国家出台政策将房地产行业确立为我国国民经济的支柱产业，忽视保障性住房建设；2007 年国家重新加大对城镇中低收入家庭住房的保障力度，颁布各类政策、文件支持保障性住房建设；2021 年国务院办公厅发布《关于加快发展保障性租赁住房的意见》（国办发〔2021〕22 号），明确提出我国住房保障体系的发展方向。由此可见，保障性住房制度的发展依据来自国家各个部门颁布的政策、规定，缺乏法律的硬约束，呈现出多变性的特征。

---

① 住建部：住房保障法已有初稿　出台时间未定［EB/OL］. 中国新闻网，［2011-03-09］. http：//www. Chinanews. com/estate/2011/03-09/2893117. shtml？finance＝2.

三、我国城镇保障性住房制度立法的基本原则

城镇保障性住房制度立法的基本原则体现了法律的理念与宗旨，是住房保障精神的高度概括。城镇保障性住房制度立法基本原则一方面要充分体现公民的基本住房权，保障公民的住房权益；另一方面要从我国的国情出发，确保城镇保障性住房法律符合我国的国情。

（一）享受基本的住房是公民的基本权利

必须从法律上确立公民享受基本住房的权利，将其作为公民享有的基本人权之一。享受政府提供的适当住房保障是公民应当获得的权利，为公民提供适当的住房保障是政府应尽的义务。树立公民享有政府提供住房保障的"权利观"，并赋予公民通过法律手段维护基本住房权益的权利，才能对政府形成硬约束，打破政府消极对待保障性住房建设的态度。

（二）坚持普遍性保障的原则

住房问题关系每个人的切身利益，拥有适当的住房条件是幸福生活的前提，坚持普遍性保障的原则指的是人人有享有获得住房保障的权利，每个公民都应当成为住房保障制度的保障对象。但普遍性保障的原则并不意味着每个人都享有保障性住房，而是指任何公民在不能获得基本住房条件的情况下，都应当平等地享有从国家获得住房保障的权利。

（三）坚持适度保障的原则

在强调公民享有住房保障权的同时，必须从我国国情出发，认清我国仍处于并将长期处于社会主义初级阶段以及我国保障性住房供求矛盾十分突出的现状，坚持适度保障的原则。坚持适度保障原则，意味着必须以保障公民基本生活需要为出发点，为公民提供基本的住房保障，提供的保障性住房以经济、适用为特征，是一种基本福利的水平。

（四）坚持公平原则

房地产市场以效率为准则，无法兼顾公平，保障性住房制度正是对公平性的有力补充，公平是城镇保障性住房立法的应有之义。在近几年的保障性住房

建设实践中，由于保障性住房资源价格相对较低，在保障性住房分配过程中出现非法占有保障性住房资源的现象，导致部分保障性住房资源流失。因此，在城镇保障性住房制度立法中，应当严厉打击各种非法侵占保障性住房资源的行为，确保保障性住房制度的公平。

四、我国城镇保障性住房制度立法的内容

城镇保障性住房制度立法应当至少包括政府职责、保障目标、保障对象、保障标准、保障方式、法律责任等内容。

（一）政府职责

城镇保障性住房制度立法应当明确政府有责任与义务为城镇居民提供基本住房保障，政府应在城镇保障性住房建设中发挥主导作用，明确规定中央政府与地方政府在保障性住房建设中各自承担的职责。

（二）保障目标

应当在城镇保障性住房制度立法中明确保障目标在于实现"住有所居"，应当处理好实现"人人有房住"与"人人拥有住房"的关系。保障性住房制度应当以公共租赁住房、廉租房等出租型产品为主，优先满足"人人有房住"的目标，同时兼顾部分中低收入家庭拥有住房的愿望，适当推出一定比例的限价房、经济适用房等销售型保障性住房。

（三）保障对象

保障对象的规定应当坚持普遍性与各个地区特殊性相结合的原则，总体上来说，城镇中低收入住房困难家庭都应成为保障性住房制度的保障对象。判断标准主要有两条：一是收入标准，家庭年收入应当在规定的收入标准以下；二是住房困难标准，家庭人均住房面积等指标应当在规定的标准以下。收入标准与住房困难标准可由各个地方根据发展实际情况进行规定。同时，弱化户籍在确定保障对象中的作用，应当将符合一定条件的外来迁移人口纳入当地保障性住房制度。

（四）保障标准

保障标准包括保障性住房面积、套型、基础配套设施等内容，保障标准应

当符合经济发展水平以及政府财政负担能力。保障性住房立法可就住房保障标准进行原则性规定，具体标准由地方根据当地发展实际以及政府财政负担能力制定。

（五）保障方式

保障方式可以分为"砖头补贴"与"人头补贴"。"人头补贴"指的是对中低收入家庭租房与购房行为直接补贴的方式；"砖头补贴"指的是对建设环节进行补贴，从而间接降低中低收入家庭住房支出。具体的实现形式包括房租补贴、共有产权房、保障性租赁住房、限价房、经济适用房、公租房等。城镇保障性住房制度立法应当确定以公租房、廉租房、发放住房补贴为主，经济适用房、限价房为辅的保障性住房体系，并制定各种保障方式的实施细则。

（六）法律责任

法律责任指的是保障性住房制度实施过程中各参与主体违反保障性住房法律规定时应当承担的责任。约束的对象包括政府、相关工作人员、建设及运营单位、申请人等，应当详尽规定各个约束对象的权利与义务，并规定各种违法行为的法律责任，为保障公民基本住房权益、打击非法侵占保障性住房资源提供法律依据。

第二节 建立财政资金与多元化融资制度

在保障性住房建设中，建设资金来源是重要的环节之一，无论是新建保障性住房还是发放住房补贴，都需要大量的资金支持，可以说，稳定的资金来源是保障性住房建设持续运行的基础。特别是我国正处于保障性住房快速推进时期，"十四五"期间将以保障性租赁住房为重点，进一步增加保障性住房的供给，需要巨额的资金投入。当前，资金来源渠道相对单一造成资金匮乏是我国保障性住房建设的最大阻碍，深入研究如何拓宽保障性住房建设资金来源渠道，创新融资机制，突破建设资金瓶颈，对于顺利推进保障性住房建设具有重要意义。

一、我国保障性住房建设资金需求估算

从我国保障性住房建设发展规划来看，未来相当长一段时期内资金需求十分庞大。假设保障性住房每套面积 50 平方米，每套住房按照 13 万元的通行建设成本计算（不含土地成本），要实现"十二五"期间建设 3600 万套保障性住房的目标，则共需投入 4.68 万亿元，平均每年大概需要投入约 1 万亿元。根据住建部的统计，"十三五"期间棚改开工 2300 多万套，投资金额约 7 万亿元，平均每年投入超过 1.4 万亿元。[①]"十四五"期间，我国将以保障性租赁住房为重点，增加保障性住房的供给，将产生大量的资金需求。不仅如此，随着我国城镇化的快速发展，每年都会新增大量保障性住房需求直至城镇化速度放缓，这意味着未来 10~15 年我国都必须进行大规模的保障性住房建设，需要投入大量的资金。[②]

从保障性住房的构成来看，分为共有产权房、经济适用房、限价房等销售型保障房以及公租房（含廉租房）、保障性租赁住房等租赁型保障性住房。销售型保障性住房按照微利的原则出售给中低收入家庭，资金能够实现循环利用，在一定程度上能够缓解短期的资金压力；租赁型保障性住房只租不售，不仅需要投入建设资金，后期还需要提供运营补贴，虽然能够实现保障性住房资源循环利用，但是短期资金压力较大。对于政府而言，短期内租赁型保障性住房的资金投入强度大于销售型保障性住房。

"十二五"规划提出重点发展公共租赁住房，并使其逐步成为我国保障性住房的主体。具体来说，根据"十二五"规划，在 3600 万套保障性住房中，公租房与廉租房约占 50%，即大约 1800 万套，棚户区改造约 1100 万套，经济适用房与限价房约 700 万套。"十三五"期间，不断提升租赁型保障性住房在保障性住房体系中的地位，并不断探索租赁型保障性住房的实现形式。2021年 4 月 30 日，中央政治局会议提出增加保障性租赁住房供给。2021 年 6 月 24 日，国务院办公厅发布《关于加快发展保障性租赁住房的意见》（国办发〔2021〕22 号），明确提出构建以公租房、保障性租赁住房、共有产权为主体的住房保障体系。据此，住建部于 2021 年 8 月 31 日在国新办举行"努力实现

---

① 赵展慧等．"十三五"期间，我国棚改累计开工两千三百多万套——住有所居喜圆梦［N］．人民日报，2021-02-17（001）．

② 吴科伟，赵燕菁．高覆盖率保障房建设的融资方式［J］．城市发展研究，2012（10）：67-73.

全体人民住有所居"新闻发布会上提出"十四五"期间以发展保障性租赁住房为重点,进一步完善住房保障体系,增加保障性住房的供给,努力实现全体人民住有所居。但构建以出租型为主体的保障性住房体系在短期内将给各级政府带来十分沉重的资金压力。

二、我国保障性住房建设资金现有来源渠道及不足

总体上说,我国保障性住房建设资金来源分为政府投入与社会融资。政府投入包括政府财政预算支出、土地出让金净收益、中央代地方发行的地方债、地方融资平台、住房公积金增值收益等。社会融资包括政策性银行中长期贷款、商业银行贷款、社保基金贷款、保险公司贷款以及社会机构资金投入等。

由于保障性住房建设项目以微利为原则,利润空间较小且回收周期长,在缺乏相关激励政策的情况下,社会资金参与保障性住房建设积极性不高。因此,在当前情况下,政府财政预算资金、土地出让金收益、银行贷款成为我国保障性住房建设资金的主要来源。以 2011 年我国保障性住房建设资金来源构成为例,1000 万套保障性住房供需投入资金 1.38 万亿元左右,其中各级政府财政投入 5000 亿元左右,占比约 36.2%;需要通过银行贷款筹资 4000 亿元左右,占比约 29.6%;企业、个人和社会投资 4800 亿元,占比约 34.8%。[①]

(一) 政府财政预算资金

政府财政预算资金特别是地方政府财政预算资金是保障性住房建设的重要资金来源。地方政府财政预算资金支持保障性住房建设受制于以下因素:一是受制于地方政府财政负担能力,在分税制体制下,地方政府财权与事权不匹配,地方政府财政负担过大,在一些经济欠发达的地区,财政收入不足以支持保障性住房建设;二是在现有政绩考核体制下,地方政府为了获得上级的首肯更多关注的是经济增长速度、招商引资等指标,而保障性住房建设则经常遭受"冷遇"。

(二) 土地出让金收益

2003 年以来,随着房地产价格的不断攀升,土地使用权出让价格也不断上涨,土地出让金收益快速增长,成为许多地方政府的财政收入支柱。由于土

---

① 穆虹.“十二五”期间住房保障投资的重点和难点 [J]. 行政管理改革,2011 (9):15-21.

地出让金已经成为地方政府重要的财政收入来源，相关部门规定必须将地方土地出让金净收益的10%以上用于保障性住房建设。土地出让金对于保障性住房建设发挥了积极的作用，但是存在以下挑战：一是城市土地资源是有限的，在地方政府大肆经营土地财政的背景下，许多城市已经面临"无地可卖"的尴尬境地，土地财政具有一定不确定性；二是我国房地产行业经过十年黄金时期的发展，目前已经逐步趋向理性，房价再次进入快速上涨周期可能性较小，这将对土地出让金的收益水平产生很大影响；三是构建城乡统一建设用地市场将缩小地方政府征地范围，集体建设用地转为城市建设用地的价格差减少压缩了地方政府土地财政的空间。

（三）银行贷款

银行贷款资金理应成为保障性住房建设资金的重要来源。在廉租房建设、棚户区改造等保障性住房建设中，银行贷款资金都发挥了重要作用。但这部分资金主要来源于政策性银行的贷款（比如国家开发银行截至2019年底已发放各类保障性住房贷款46406亿元[①]），商业银行对保障性住房建设项目支持力度不够，保障性住房贷款占贷款总额比重还很低。商业银行对保障性住房建设项目态度冷淡有以下原因：一是商业银行是追求利润最大化的企业，保障性住房建设项目贷款产生的收益较低且风险较大，影响商业银行的积极性；二是受银行存贷比监管趋严以及资金成本上涨的影响，银行信贷资源成为稀缺资源，银行更倾向于将优先资源用于收益更高的项目。

基于以上的分析我们可以看出，目前我国保障性住房建设资金来源的主要渠道面临规模不足、可持续性差等问题，亟须通过各种政策支持与金融创新拓展资金来源渠道。

三、建立财政资金与多元化融资渠道

从发达国家（地区）保障性住房建设实践来看，政府财政资金投入固然发挥了重要作用，但同时通过各种政策积极引导企业、个人等各类社会资本参与保障性住房投资、运营，缓解政府的财政压力。从我国实际情况出发，应当构建以政府为主导、社会资本积极参与的保障性住房建设资金筹集机制，实现保障性住房建设的可持续发展。

---

① 参见：http://www.cdb.com.cn/ywgl/xdyw/msjr/.

（一）充分发挥政府在保障性住房建设融资中的主导作用

为公民提供基本的住房保障是政府应尽的义务，政府理应在保障性住房建设融资中发挥主导作用。政府在保障性住房建设融资中的主导作用包括加大财政预算投入、出台各项优惠政策、组建保障性住房投融资平台、创新土地供应机制等。

1. 加大政府财政预算投入力度

一是要加大各级财政预算投入对保障性住房建设的支持力度。将保障性住房建设资金纳入各级财政预算支出范围，逐步提高保障性住房建设支出占政府支出总额的比重。二是合理安排财政资金支持保障性住房建设的支出结构，财政资金支出重点在利润空间小、回收期长的公租房、廉租房等租赁型保障性住房。三是加强对土地出让金净收益用于支持保障性住房建设支出的监管，使其形成刚性支出，确保最低10%用于保障性住房建设，经济发达地区可适当提高比例。

2. 出台各项优惠政策鼓励各类资金参与保障性住房建设

社会资金与政府财政资金不同，更多关注的是投资项目产生的效益。政府必须主动出台各类优惠政策，才能调动社会资金参与保障性住房建设的积极性。对于社会资金参与保障性住房建设，建议政府出台包括免收各项行政事业性收费、财政贴息贷款、税收优惠、住宅以及商业用地配套等优惠政策。

3. 组建保障性住房投融资平台

由地方政府组建保障性住房投融资平台对于破解保障性住房建设资金缺口大的问题具有重要的意义。可由省级或者市级地方政府组建保障性住房投融资公司，采取市场化运作的方式，全面负责本级政府主导的保障性住房投资、融资和建设工作。公司成立以后可以通过向金融机构贷款、发行基金和债券等方式吸收社会资金，用于保障性住房建设。

4. 创新保障性住房土地供应机制

目前我国保障性住房建设土地一般采取无偿划拨的形式，这也是地方政府消极对待保障性住房建设的重要原因。虽然无偿划拨表面上看降低了保障性住房建设的成本，但是却减少了土地出让收益，影响政府财政支持保障性住房建设的资金来源。应鼓励创新保障性住房土地供应机制，如允许在集体土地建设保障性住房等，以此降低土地成本。

（二）调动商业银行参与保障性住房建设的积极性

商业银行作为我国资本市场的主力军，应当成为保障性住房建设资金来源的最重要渠道，充分发挥其杠杆效应。一是出台专门针对商业银行支持保障性住房建设的优惠政策，允许商业银行采取更为灵活的贷款利率、贷款期限、还本付息计划，减免保障性住房建设项目贷款的各项税费等。二是中国人民银行、中国银行保险监督管理委员会等银行业监督管理部门应加强督促、引导银行加大对保障性住房建设的信贷支持力度，创新金融政策传导路径，确保相关政策落地实施。三是商业银行自身应当转变观念，认清保障性住房建设是我国当前最重要的公共事务之一，虽然利润空间小，但是整体风险较低，收益稳定，可以作为长期的放贷项目。四是商业银行应当从保障性住房建设项目的自身特征出发，不断创新保障性住房建设的融资模式，为保障性住房建设提供全方位的金融服务。五是商业银行可以利用其产品研发能力，将保障性住房建设项目设计成各类低风险理财产品，为保障性住房建设筹集资金。

（三）创新机制引导社会资金参与保障性住房建设

改革开放以来，我国民营经济获得了飞速的发展，民间积累了大量资金，通过机制创新将这些社会资金引导到保障性住房建设领域，既能缓解保障性住房建设资金紧张的状况，又能为民间资金开辟新的投资渠道。

1. 创新项目运作模式，调动开发商参与保障性住房建设的积极性

具体来说有两种方式：一是为保障性住房建设项目配套一定比例的商业与可售商品住宅，提高保障性住房建设项目的利润率，吸引符合条件的开发商参与建设；二是规定普通商品住房建设项目配比一定比例的保障性住房，并给予相关政策倾斜。这两种方式一方面能够有效解决保障性住房建设的资金问题，另一方面有助于提升保障性住房建设项目的品质，可以尝试大力推广。

2. 通过政企合作引导社会资金参与保障性住房建设

不同的保障性住房类型采取不同形式的政企合作方式。对于经济适用房与限价房等销售型保障性住房，可以采取 BT（Build Transfer）的合作方式。BT指的是"建设—移交"模式，由符合条件的开发机构按照政府的标准垫资建设保障性住房，建设完成之后移交给政府，政府组织销售工作，并以销售款作为回购资金。对于廉租房、公共租赁房等租赁型保障性住房，可以采取 BOT（Build Operate Transfer）的合作方式。BOT 指的是"建设—经营—转让"模

式，由符合条件的开发机构负责项目建设，并将一定年限的物业经营权交给开发机构，并由其收取租金，政府再给予适当的财政补贴，到期由政府收回项目所有权。BT 模式与 BOT 模式的优点在于通过市场方式引入社会资金参与保障性住房建设，实现政府、企业与保障对象的三赢。

3. 创新金融工具，提升政府性资本引导社会资本支持城镇保障性住房建设的能力①

金融工具的缺失是社会资金难以参加保障性住房建设的重要原因，国家应当出台支持保障性住房建设金融工具创新的政策，为保障性住房建设融资提供新的渠道。一是研究 REITs 模式即房地产投资信托基金，将保障性住房项目的收益证券化，提供无风险固定收益的产品，并由政府出台相关的优惠政策加以推广。二是通过发行中长期票据筹集资金，由于保障性住房项目建设、回收周期较长，发行中长期票据对于我国保障性住房建设具有重要意义。三是通过发行企业债筹集建设资金，政府出台倾斜政策支持负责保障性住房建设的企业发行企业债，并加强资金管理，确保其专门用于保障性住房建设。四是适时引导社保基金、保险资金进入保障性住房建设领域，社保资金与险资安全性要求较高，收益性及流动性要求相对较低，与保障性住房建设特征较为吻合，可出台相关政策引导进入保障性住房建设领域。②

第三节　优化城镇保障性住房建设供地制度

土地供应是城镇保障性住房建设的基础，无论是出租型保障性住房还是销售型保障性住房，都需要以一定的土地作为基本条件。保障性住房建设供地机制与商品房建设供地机制存在巨大的差异，必须重视这种差异性，并合理确定保障性住房建设的供地制度，促进保障性住房建设。

① 李晓鹏，孙健夫. 从政府投入看中国城镇住房保障的发展［J］. 甘肃社会科学，2019（3）：200-208.

② 唐玉兰，肖怡欣. 我国保障性住房融资策略探讨［J］. 经济纵横，2012（3）：37-40.

一、我国城镇保障性住房建设现行供地制度及缺陷

我国城镇保障性住房建设现行供地制度主要包括两点内容：一是使用城市国有土地；二是土地采取划拨的方式供应。1998 年国务院发布的《关于进一步深化城镇住房制度改革加快住房建设的通知》（国发〔1998〕23 号）提出，"经济适用住房建设用地应在建设用地年度计划中统筹安排，并采取行政划拨方式供应"。这一规定奠定了我国城镇保障性住房建设用地制度的基础，并一直沿用至今。2007 年国务院发布的《关于解决城市低收入家庭住房困难的若干意见》（国发〔2007〕24 号）提出，廉租房与经济适用房建设用地实行行政划拨方式供应，并在土地供应计划中单列并予以优先安排。根据该意见的规定，2007 年修订了《经济适用住房管理办法》（建住房〔2007〕258 号）。该办法规定经济适用住房建设用地以划拨的方式供应并纳入当地年度土地供应计划，申报年度用地指标时单列并确保优先供应。2007 年修订《廉租住房保障办法》（建设部令第 162 号），该办法规定地方应优先安排廉租住房建设用地，采取划拨方式供应。2021 年 6 月 24 日，国务院办公厅发布的《关于加快发展保障性租赁住房的意见》（国办发〔2021〕22 号）创新性地提出了保障性住房的供地方式。该意见规定了保障性租赁住房的供地来源主要包括五个渠道，分别是新供国有建设用地、集体经营性建设用地、企事业单位自有闲置土地、产业园区配套用地和存量闲置房屋。

从上述规定来看，我国目前城镇保障性住房土地供应制度仍以采取划拨方式供应为主、多主体供应为辅（其中限价房是最接近商品房的保障性住房，其土地以限价方式出让），并且近年来中央对优先保障保障性住房建设用地的要求越来越严格。虽然国家已经从供地制度上对多主体供地进行了安排，但是在实践中，现行的保障性住房建设供应制度存在不少问题，土地供应往往成为保障性住房建设中最为薄弱的环节之一，需要加以优化与改善。

（一）保障性住房建设供地缺乏刚性约束，难以保证足量供应

在现有制度框架下，通过经营土地财政获得较高财政收入成为各地方政府的占优策略，部分地方政府热衷于将土地以"招、拍、挂"的形式出让用于开发高档住宅以及普通商品房，获得更高的土地出让金收益。保障性住房建设用地采取行政划拨的方式出让，不仅不能获得土地出让金收入，政府还要投入

大量的财政资金用于基础配套设施建设，在缺少刚性约束的条件下，地方政府自然缺乏足够的动力与压力，难以保证足量供应。

（二）保障性住房建设用地供应缺乏规划，布局不合理

从近年来的保障性住房建设实践来看，地方政府大多迫于中央与社会舆论的压力，仓促建设保障性住房项目，缺乏长期的布局与规划，结果便是布局凌乱、选址不合理。保障性住房项目一般处于相对偏僻的郊区，基础设施比较落后，不仅影响入住家庭的工作、生活，还为城市病的产生埋下隐患。

二、完善城镇保障性住房建设的供地制度

完善城镇保障性住房建设的供地制度，一方面要确保足量供应，适当提高保障性住房供地比例，采取各种方式增加保障性住房建设用地供应量；另一方面要提高土地使用效率，确保建设目标的实现。

（一）完善保障性住房建设规划、供地计划与监督机制

保障性住房建设是我国一项长期的社会保障事业，各地区应当从地区实际出发，制订保障性住房建设发展规划，对土地需求进行合理预测。在此基础上，合理布局保障性住房用地、商品房用地、工商业用地等，尽量做到在满足保障性住房建设用地需求的同时保证房地产市场的健康发展，满足各类用地的合理需求。在充分调查与合理布局的基础上，科学编制年度土地供应计划，合理划定保障性住房用地与其他用地之间的比例，并将其作为硬性指标强制实施。

完善的保障性住房建设规划与供地计划仅仅是优化城镇保障性住房供地制度的第一步，强有力的监督机制是贯彻实施的重要保证。应向公众公开保障性住房建设规划与供地计划，赋予公众知情权与监督权；建立土地储备与土地出让的检查制度与听证制度，维护公众参与地方公共事务管理的权利；建立保障性住房建设定期报告制度，加强信息披露力度；明确保障性住房土地供应的监督机构，完善监管措施；加强对保障性住房规划实施、土地划拨、计划执行率等情况的监督与检查；制定奖惩措施，对弄虚作假、违反保障性住房供地政策的组织及个人进行处罚，追究相关责任人的责任。

(二) 探索农村集体建设用地参与城镇保障性住房建设的方式

我国土地实行社会主义公有制，城市土地归属国家所有，农村土地归属农村集体经济组织所有。国家实行土地用途管制，将土地分为农用地、建设用地以及未利用土地，并规定任何单位和个人进行建设，需要使用土地的，必须依法申请使用国有土地。我国现行的土地制度形成了城乡建设用地二元结构的特征，这不仅阻止了农村土地直接进入城市建设用地市场，同时也成为利用农村集体土地参与建设保障性住房的障碍。

党的十八届三中全会提出建立城乡统一的建设用地市场，在符合规划和土地用途管制的前提下，允许农村集体建设用地出让、租赁、入股。这意味着为农村集体建设用地进入城市建设用地市场提供了政策上的通道与现实可能性，也为创新城镇保障性住房建设供地制度提供了新的方向。《关于加快发展保障性租赁住房的意见》（国办发〔2021〕22 号）明确提出集体经营性建设用地是保障性租赁住房的主要供地渠道之一，这为农村集体建设用地参与保障性租赁住房建设提供了政策依据。允许农村集体建设用地参与城镇保障性住房建设一方面可以增加保障性住房建设用地供应量，另一方面由于集体建设用地地价较为低廉，可以降低保障性住房建设成本。因此，政府应当积极探索农村集体建设用地参与城镇保障性住房建设的方式，特别是一些城乡接合部或者城中村的集体建设用地，更应在城镇保障性住房建设中发挥作用。一是研究出让一定年限的（如 70 年）集体建设用地土地使用权用于建设保障性住房，相关的程序与标准可参照国有土地出让、建设模式；二是由政府下属保障性住房机构或者建设主体向集体租赁一定年限的集体建设用地土地使用权用于建设保障性住房，并由运营主体支付租金；三是允许农村集体经济组织以集体建设用地入股保障性住房建设项目，并通过商业配套指标、税收优惠等实现平衡。

(三) 提高土地使用效率，集约节约利用土地

除了增加城镇保障性住房建设供地数量之外，集约化使用土地、提高土地使用效率也是缓解供地矛盾的重要举措。国家"十二五"规划提出实行最严格的节约用地制度，从严控制城市建设用地的规模，对于保障性住房建设用地来说更是如此。各地政府应当根据当地土地利用总体规划、城乡建设发展规划、保障性住房建设规划、保障性住房供需关系等合理安排保障性住房用地储

备与布局，按照总量控制与集约节约利用土地的原则，合理确定新增保障性住房建设用地的规模、结构、时序以及容积率等指标。

一是合理确定保障性住房建设容积率指标，在符合当地建筑指标相关规定、不影响保障性住房小区整体环境以及在实现住户合理舒适度的前提下，适当提高保障性住房项目的容积率，建筑以高层住宅为主，使土地使用效率大幅度提高。二是整理各种闲置、空闲以及低效率使用的城市国有建设用地，将这些土地优先供应用于保障性住房建设。具体来说，在符合各项规划的前提下，鼓励这些低效率使用土地的占有者以租赁、参股、转让等方式参与城镇保障性住房建设，提高土地使用效率。①

（四）逐渐转变保障方式，弱化对土地的依赖

不同类型的保障性住房以及不同的保障方式对于土地的需求具有很大的差异。共有产权房（包括经济适用房、限价房）等销售型保障性住房实现回收的周期较长、难度比较大，这类保障性住房对土地需求较强；公租房（含廉租房）、保障性租赁住房等租赁型保障性住房只出租不出售，循环使用的频率较高，这类保障性住房对土地需求相对较弱。采取货币化补贴方式则进一步淡化了对土地的依赖，低收入家庭在获得住房补贴之后，自行到市场租住房屋，充分利用现有住房资源，提高房屋使用率。因此，一方面应调整保障性住房供应体系，实行以公租房、保障性租赁住房为主，共有产权房（经济适用房、限价房）等销售型保障性住房为辅的保障性住房制度，提高保障性住房建设用地的使用效率；另一方面，随着我国房地产市场发展以及城镇保障性住房建设的发展，在住房供需矛盾缓解之后，应当逐步转变住房保障方式，增加货币补贴的比重，逐步减少实物配租的方式，弱化住房保障对土地的依赖。

第四节　完善城镇保障性住房各项管理制度

城镇保障性住房管理制度包括准入制度、轮候制度、退出制度以及监督管理制度等内容，这些管理制度关系到保障性住房制度的效率与公平，要实现保

---

① 张占斌，李万峰，费友海，王海燕. 中国城镇保障性住房建设研究［M］. 北京：国家行政学院出版社，2013.

障性住房制度公平实施与高效运行，必须完善各项管理制度。

一、严格城镇保障性住房准入制度

严格的城镇保障性住房准入制度是保证公平分配的前提，准入制度包括规定明确的保障对象、严格的审核程序。准入制度是确保保障性住房资源公平分配的第一道屏障，完善准入制度无疑具有重要的意义。

（一）明确保障范围与保障对象

目前我国保障性住房准入条件一般有三个：一是财产、收入低于规定的标准；二是住房困难；三是拥有当地的户籍（公共租赁住房、保障性租赁住房放宽对这一条件的限定）。例如 2007 年建设部等修订发布的《经济适用住房管理办法》第二十五条规定，申购经济适用房应同时满足以下规定：一是具有当地城镇户口；二是家庭收入符合市、县人民政府划定的低收入家庭收入标准；三是无房或现住房面积低于市、县人民政策规定的住房困难标准。再例如 2012 年住建部发布的《公共租赁住房管理办法》第七条规定，申请公共租赁住房应当符合以下条件：一是在本地无住房或者住房面积低于规定标准；二是收入、财产低于规定标准；三是申请人为外来务工人员的，在当地稳定就业达到规定年限。2021 年 6 月 24 日国务院办公厅发布的《关于加快发展保障性租赁住房的意见》（国办发〔2021〕22 号）中，保障对象为符合条件的新市民和青年人，在具体实施中以收入和住房困难情况为主要准入条件，放松了对户口的要求。

从上述规定来看，我国现行的保障性住房准入条件所划定的保障范围与保障对象在理论上是明确的，但是在实践中却是不够合理的。首先，收入、财产以及住房困难标准采取绝对值的方式从而成为静态的标准，从各地的实践来看，收入、财产以及住房困难的标准制定之后就很少再去调整，相关标准并未随着经济、社会的发展而变化，未能形成动态调整机制。其次，对收入、财产的界定不严格，现有规定仅将工资收入以及房产纳入界定的范围，这明显是不合理的。收入除了工资收入以外，还有大量的奖金、分红、津贴等收入，而财产除了房产还有汽车、金银首饰等。再次，以家庭人均面积住房困难的标准界定过于简单化。最后，以户籍作为申请的门槛形成了新的不公平现象，虽然公租房和保障性租赁住房放宽了对户籍的要求，但是还不能做到完全对新市民（外来务工群体）开放。

在准入制度方面，可以借鉴国内外成功的经验，建立动态、操作性强、公平的准入标准。一是以地区人均可支配收入的一定比例（该比例小于1）来作为准入的低收入标准，使低收入标准随着人均可支配收入的变动而变动，从而建立动态调整机制，并且该比例可以随着经济社会发展的进步而提高。二是合理确定人均可支配收入比例的系数，该系数的确定应当综合考虑当地居民住房消费能力，可以住房消费收入比或者房价收入比等指标作为参考。住房消费收入比（房价收入比）越高，说明当地居民住房负担越重，则要提高比例系数，加强住房保障的力度。三是明确规定将家庭获得的工资收入、奖金、津贴、分红、赠予等全部收入纳入家庭收入的范畴，将房产、汽车、金银首饰、大件家具等纳入家庭财产的范畴。四是将住房年限、质量等纳入住房困难标准的考核范围，将危房、年久失修住房的住户一并纳入住房困难的范围。五是逐步放松直至完全取消户籍对保障对象的限制，以在当地拥有稳定工作为条件，例如在当地连续缴纳社保三年以上，与企业签订五年以上固定劳动合同等。

（二）建立严格的审核程序

从保障性住房实践来看，信息不对称是审核过程中面临的最大挑战之一。建立单位、社区、街道以及房管部门多级审核程序，并建立诚信档案，将违反规定的单位及个人记录在案。首先，由申请人所在单位开具个人收入证明，包括工资、绩效、奖金、津贴等信息，无业（失业）人员由所在社区开具。其次，社区应当组建专门入户调查队伍，对申请人及其家庭成员的住房状况、家庭人数、生活条件等各方面进行入户调查，并出具申请人家庭收入、财产、住房状况的证明。再次，由街道派专人对申请人单位、所在社区出具的各种证明以及申请人提交的各种材料进行核查、访谈，并出具复核意见。最后，由所在地房管部门根据相关政策、掌握的各种信息做出最后的审批意见。房管部门应当成立专门的督导小组，建立诚信档案，对申请人、审核单位的各种违规行为记录在案，作为决策的参考。

二、实行公平的轮候排队制度

科学的轮候排队制度是保障性住房公平分配的重要保证，对于申购家庭来说，能够为其提供稳定的未来预期，有助于安抚申购家庭的情绪，从而维护社会稳定。目前我国保障性住房轮候一般采取随机摇号的方式确定排队顺序，虽然初衷在于消除主观因素的影响，但是实践中却存在不少问题。首先，随机摇号存在人为操纵摇号系统的可能性；其次，随机摇号忽视了申请家庭内部之间保障需求缓急的差异性，看似公平，其实不尽合理；最后，随机摇号增加了申请结果的不确定性，容易激起申请家庭的不满情绪，造成新的社会问题。因此，未来我国保障性住房应当采取以综合评分为主、随机摇号为辅的轮候制度。

可借鉴新加坡及中国香港，建立更为合理的保障性住房轮候制度。由当地房管部门建立保障性住房轮候档案，将符合申请条件的家庭按照申请类别都列入轮候档案排队轮候，将并轮候档案向全社会公开，任何单位与个人均可以自行查阅。排队的顺序根据申请时间、家庭人均住房状况、住房质量、家庭成员学历、家庭收入等因素确定，并对这些指标进行评分并赋予一定的权重计算出申请家庭的总得分，最后按照家庭总得分高低进行排队轮候。

三、完善城镇保障性住房退出制度

合理的保障性住房退出制度能够极大提高保障性住房资源的利用效率，压缩非法侵占保障性住房资源的牟利空间，因此构建合理的保障性住房退出制度是我国保障性住房制度建设亟待解决的重要问题之一。

租赁型保障性住房退出机制与销售型保障性住房退出机制不同。目前租赁型保障性住房退出主要有以下几种方式：一是租赁合同到期未续约；二是租期内违规出租、闲置等被强制退出；三是承租人在合同未到期之前因收入、房产等情况发生变化，不符合条件而退出。销售型保障性住房退出主要是通过购买者出售实现退出，按规定，出售时应向政府补缴一定比例的土地增值收益。从目前我国保障性住房退出的实践来看，主要还是被动式退出，保障对象缺乏主动退出的动力与压力，应探索构建奖惩并举的保障性住房退出制度[①]，形成保障对象主动退出保障性住房的退出机制。

奖惩并举的退出机制要做到奖励有足够的吸引力，惩罚要有足够的力度，才能达到引导主动退出的效果。对于出租型保障性住房，一方面采取优惠政策（如税收优惠、房贷补贴等）支持其购买经济适用房或者商品房、发放过渡性住房补贴等奖励性措施鼓励其退出，另一方面通过征收市场租金、追罚租金、纳入不诚信档案，甚至追究法律责任等惩罚性措施对不符合条件的租户形成退出的压力。对于销售型保障性住房，建议采取政府定向回购的方式实现退出，

---

① 秦虹. 进一步完善住房保障体系［N］. 学习时报，2019-06-26（001）.

回购价格为原有价格的基础上加上略高于银行一年期定期利率的价格。为鼓励销售型保障性住房享受者退出，可采取优惠政策（如税收优惠、房贷补贴等）支持其购买商品房。另外，应加大对非法侵占销售型保障性住房行为的惩罚力度，包括纳入不诚信档案、经济处罚、追究法律甚至刑事责任，对骗保行为形成强大的威慑力。

四、健全城镇保障性住房分配监督机制

健全的城镇保障性住房分配监督机制是确保公平、公正的重要保证。监督对象包括政府相关部门、申请家庭、开发建设单位等相关主体。健全的城镇保障性住房分配监督机制应当包括三个方面的内容：分配前监督、分配过程监督、分配后的监督，三个环节缺一不可。

（一）分配前监督

分配前监督指的是在确定分配对象之前的资格审查，主要涉及申请家庭的家庭收入、家庭财产以及住房状况的审查。健全分配前监督，能够从源头上杜绝非法侵占保障性住房资源的行为：一方面要健全个人收入登记系统，将该系统覆盖工资、奖金、津贴、绩效等各种收入；另一方面要大力推进房产信息全国联网，实时掌握申请家庭的住房状况。

（二）分配过程监督

分配过程监督指的是在确定保障对象过程中的监督，主要涉及分配程序是否公正以及加大对保障对象相关信息的公示力度。应当组建督查小组全程参与保障性住房资源的分配过程，确保分配程序合规、公开、公正，杜绝相关人员暗箱操作的行为。在确定保障对象之后，应当通过各种渠道进行公示，明确标注举报电话、联系方式等信息，加强公众的监督。

（三）分配后的监督

分配后的监督指的是对已享受保障性住房的保障对象进行后续的监督，收回不符合保障条件家庭占用的保障性住房。一方面可以规定每两年由受保障家庭提供相关证明材料，由管理部门重新审核；另一方面管理部门应当组建督查队伍进行不定时调查，实时掌握相关信息。

第五节　将新市民（外来务工人员）纳入城镇
保障性住房制度保障范围

改革开放以来，随着我国城镇化与工业化的快速发展，新市民（外来务工人员）已经成为人口数量巨大的特殊社会群体。他们成为城市重要的组成部分，为当地经济建设与社会发展做出了重要贡献。外来务工人员之中的很大一部分人已经长期生活在迁入地，甚至已在当地成家立业，生儿育女，完全融入当地的文化与生活，是所在城镇名副其实的新市民。但是由于户籍等原因，外来务工人员在为当地经济发展做出贡献的同时，却在养老、医疗、住房保障等方面无法享受与当地人同等的待遇，这既是不公平的，也是影响社会和谐稳定的极大隐患。作为城市的重要组成部分，理应将新市民（外来务工人员）纳入城镇保障性住房制度，这是新时代完善我国城镇保障性住房制度的重要内容之一。

鉴于新市民（外来务工人员）群体的特殊性，可采取三种方式为其提供住房保障，从而将其纳入城镇保障性住房制度：一是将新市民（外来务工人员）纳入现有的城镇保障性住房体系；二是推广城市流动人口安置区；三是采取城乡统筹、地区间联动的方式解决新市民（外来务工人员）的住房问题。[①]

一、现有城镇保障性住房体系的保障对象

如前文所述，我国城镇保障性住房体系主要包括公租房（含廉租房）、保障性租赁住房、共有产权房、限价房、经济适用房等。除了公租房及保障性租赁住房，其余三种类型保障性住房主要面向具有当地户籍的中低收入群体，而公租房虽然将新市民（外来务工人员）也纳入保障对象，但是同时也规定了一定的申请门槛。

---

① 蔡鹏，严荣. 新市民的住房问题及解决路径［J］. 同济大学学报（社会科学版），2020（2）：70-82.

（一）廉租房与公租房的保障对象

廉租房建设在 2007 年之后取得了快速的发展，为保障城镇最低收入家庭的基本住房权益做出了重要贡献。2007 年建设部等部门颁布的《廉租住房保障办法》第二条指出，城市低收入住房困难家庭指的是"城市和县人民政府所在地的镇范围内，家庭收入、住房状况等符合市、县人民政府规定条件的家庭"，虽然未提及户口为申请的必备条件，但是第十七条规定"申请廉租住房保障的家庭，应当由户主向户口所在地街道办事处或者镇人民政府提出书面申请"，这无疑强化了户口作为申请的必备条件，从而将新市民（外来务工人员）排除在廉租房保障范围之外。

党的十八大以来，国家将公租房作为保障性住房发展的主要方向，将新就业无房职工和在城镇稳定就业的外来务工人员纳入保障范围。2012 年住房和城乡建设部发布《公共租赁住房管理办法》，规定"申请人为外来务工人员的，在本地稳定就业达到规定年限"可以申请公共租赁住房，从而将外来务工人员纳入公租房的保障范围。

（二）限价房的保障对象

各地限价房的申请条件都有所差异，但是共同点在于都将具有当地城镇户口作为申请资格的必备条件。例如福州市规定限价房楼盘的申请人必须具有"福州市五城区城镇户口，并在本市工作、居住"；北京市规定申请限价房必须满足"申请人须有本市户籍"等条件；深圳购买限价房的必备条件之一是具有"深圳市户籍人口"。由此可见，不具备当地户籍的新市民（外来务工人员）被排除在限价房的保障范围之外。

（三）经济适用房的保障对象

经济适用房是 1998 年"房改"确定的城镇保障性住房的主体，申请资格的必备条件之一是具有当地城镇户口。2007 年建设部等部门发布的《经济适用住房管理办法》（建住房〔2007〕258 号）第二十五条明确规定城市低收入家庭申购经济适用房必须满足"具有当地城镇户口"等条件。不具备当地城镇户口的新市民（外来务工人员）被排除在经济适用房的保障范围之外，这也是近年来房价上涨的推动力之一。

（四）共有产权房的保障对象

2007 年，江苏省淮安市率先在全国试点共有产权房。2014 年，北京、上海等 6 个城市作为全国共有产权房试点城市。2020 年 12 月 21 日，住建部部长王蒙徽表态要加快构建以保障性租赁住房和共有产权住房为主体的住房保障体系。共有产权房的购房资格主要有两点：一是在所在城市无房；二是具备所在城市的户籍。在实践中，部分城市（例如北京）根据中央"以满足新市民住房需求为主要方向"的精神，提出将共有产权住房用于满足符合本市住房限购条件且在本区工作的非本市户籍家庭的住房需求。①

（五）保障性租赁住房的保障对象

2020 年中央经济工作会议提出将解决好大城市住房突出问题作为 2021 年重点任务之一，提出要高度重视保障性租赁住房建设。② 据此，2021 年 6 月 24 日，国务院办公厅发布《关于加快发展保障性租赁住房的意见》（国办发〔2021〕22 号），明确提出保障性租赁住房主要解决符合条件的新市民、青年人等群体的住房困难问题。

二、将新市民（外来务工人员）纳入城镇保障性住房体系

从上述分析可以看出，新市民（外来务工人员）在迁入地城市享受住房保障的最大障碍在于户口限制。由于户口限制，使得新市民（外来务工人员）解决住房问题主要依靠购买商品房或者从市场租住住房。对于绝大部分的新市民（外来务工人员）来说，他们收入低下、工作不稳定，无力支付高额房价以及高额的租金，于是出现了各种"群租"现象，这是不公平的，同时也埋下了重大的安全隐患，不利于城市的发展。应当将新市民（外来务工人员）纳入城镇保障性住房提系。

（一）大力发展保障性租赁住房，将新市民（外来务工人员）作为重点保障对象

根据 2021 年 6 月 24 日国务院办公厅发布的《关于加快发展保障性租赁住

---

① 参见：http://zjw.beijing.gov.cn/bjjs/xxgk/ztzl/gycqzf/index.shtml。
② 中央经济工作会议在北京举行　习近平李克强作重要讲话　栗战书汪洋王沪宁赵乐际韩正出席会议〔N〕人民日报，2020-12-19（001）．

房的意见》（国办发〔2021〕22号），保障性租赁住房主要解决符合条件的新市民、青年人等群体的住房困难问题。国家从制度上鼓励并支持多主体以多种方式参与保障性租赁住房的建设与运营，实现多渠道供给。国家希望通过发挥市场机制作用，充分调动主体、引导各类资源参与社会保障性租赁住房建设与运营，扩大保障性租赁住房的供给量。各城市（特别是人口净流入的大城市）应将保障性租赁住房作为"十四五"期间发展的重点，并将新市民（外来务工人员）作为重点保障的对象，实现应保尽保。

（二）将新市民（外来务工人员）纳入共有产权房与公租房的保障范围

具体来说，可从放宽经济适用房申购条件与公租房申请条件入手，弱化户口的约束。将经济适用房的"具有当地城镇户口"的条件修改为"当地常住人口，并在当地具有稳定的工作"，常住人口可以定义为在当地居住满五年以上，缴纳个税或者社保满五年以上，与当地企业签订五年以上用工合同等，从而将在迁入地稳定生活并具有稳定工作的新市民（外来务工人员）纳入共有产权房的保障范围。放宽公租房的申请条件，将"在本地稳定就业达到规定年限"调整为"在本地工作一年以上或者与企业签订三年以上固定用工合同"，降低公租房对于新市民（外来务工人员）稳定就业年限的门槛。

（三）推广城市流动人口安置区为新市民（外来务工人员）提供住房保障

城市流动人口安置区指的是政府在新市民（外来务工人员）的聚集地建造具有一定基础配套设施的宜居小区，由政府统一经营、统一管理，为新市民（外来务工人员）提供住房保障。城市流动人口安置区以廉租房的标准建造，实行成本租金原则，新市民（外来务工人员）凭与企业达成的书面用工协议或者与企业签订的用工合同便可向城市流动人口安置区管理机构申请办理入住手续。

推广城市流动人口安置区模式关键在于落实资金来源于土地供应的问题。资金来源方面可由以下几个部分组成：一是政府预算内安排的资金；二是土地出让金收益的一定比例；三是可向受益企业收取一定的公房建设资金并以政策优惠进行平衡；四是收取的房租。政府应当将城市流动人口安置区的土地纳入当地土地供应计划并予以优先安排，实行行政划拨供应，切实保证土地供应。

（四）采取城乡统筹的方式解决新市民（外来务工人员）的住房问题

解决新市民（外来务工人员）住房问题也要坚持制度创新，将新市民

（外来务工人员）住房问题与城乡统筹发展、宅基地制度改革等方面相结合，探索出解决新市民（外来务工人员）住房问题的新模式。

可以尝试实施以农村宅基地换城市住房与户籍，从而实现新市民（外来务工人员）与当地居民享受同等待遇，推动新市民（外来务工人员）市民化发展。例如，探索新市民（外来务工人员）在农村拥有的宅基地置换成城市建设用地指标，并以该指标换取迁入地城市的住房、社保与户口，一方面可将大量农村集体建设用地"盘活"，另一方面实现新市民（外来务工人员）市民化。另外，可以探索农村宅基地流转办法，允许长期在外的新市民（外来务工人员）自主交易宅基地，实现在城市安居乐业。

第八章

结论与展望

第一节　研究总结

党的十八大以来，中央及各级政府更加注重保障及改善民生，坚持"房住不炒"定位，突出住房的民生属性，致力于建立多主体供给、多渠道保障、租购并举的住房制度。加强保障性住房建设和管理，满足城镇住房困难家庭基本住房需求，对于保证全体人民有更多获得感、实现共同富裕、维护社会和谐稳定、确保人民安居乐业具有重要的意义。本书正是在此背景下，以马克思主义相关理论为指导，借鉴已有研究成果，对我国城镇保障性住房制度历史演进及现行制度安排进行研究，从定量研究与定性分析两个视角对我国城镇保障性住房制度进行制度评价与绩效考察，为完善我国城镇保障性住房制度提供依据。在此基础上，借鉴部分发达国家（地区）保障性住房制度的经验，提出完善我国城镇保障性住房制度的总体构想、目标模式及对策建议。通过分析，得出了以下结论：

第一，住房具有商品与准公共物品的双重属性。一方面，在市场经济条件下，住房是商品，通过房地产市场的发展可以增加住房供应量、提高住宅质量，从而改善人民居住环境与质量，满足人民多样化的住房需求。另一方面，住房问题关系民生福祉，具有准公共物品属性，单纯依靠市场配置无法实现全体人民"住有所居"的目标，需要政府提供住房保障支持。

第二，市场经济条件下，住房问题看似是个人问题，但实际上它更是一个关系社会和谐稳定、经济健康发展的重大民生问题。保障城镇中低收入家庭基本住房权益、实现全体人民"住有所居"对于实现共同富裕、保障人民安居乐业、扩大内需、产业结构优化升级、房地产市场健康稳定发展以及顺利推进新型城镇化等具有重要作用。

第三，中国城镇保障性住房制度是伴随着中国城镇住房制度改革不断深化而逐步发展与完善的。其历史演进基本上遵循着从全面福利过渡到市场主导，再从市场主导转向民生主导的路径。在演进过程中，城镇保障性住房制度及建设规模随着国家经济发展的需要和对住宅定位的变化而发生很大的变化。

第四，1998年"房改"以来，有一段时间我国城镇保障性住房建设发展较为缓慢。党的十八大以来，我国更加重视城镇保障性住房建设，目前已经建成了世界上最大的住房保障体系。已经初步形成了包括公租房（含廉租房）、保障性租赁住房、共有产权房、经济适用房、限价房等形式在内的完整的保障性住房体系，积累了不少保障性住房建设、管理以及分配的经验。这些成就是我国进一步完善城镇保障性住房制度、保障城镇中低收入家庭基本住房权益的重要基础。

第五，2007年以来，我国加大了对城镇保障性住房建设的支持力度，大规模实施保障性安居工程，目前已经建成规模巨大的保障性住房，对于保障城镇中低收入家庭基本住房权益发挥了积极作用。但是仍存在保障范围窄、资源分配不公平、效率有待提升、法制建设不健全等问题，这些问题使我国城镇保障性住房制度总体评价仅为中等，也是群众对我国城镇保障性住房制度评价不高的重要原因，还有较大的改进空间。

第六，从发达国家（地区）的发展历程来看，在工业化与城镇化快速发展的阶段，普遍经历了住房短缺与住房困难，由此引发了大量的社会问题。从发达国家（地区）保障性住房建设经验来看，有以下几点值得我们借鉴：一是政府必须在保障居民基本住房权益中发挥主导作用，弥补市场不足；二是健全的立法约束是保障性住房建设顺利推进的重要保证；三是保障性住房制度必须随着国情的变化而不断调整；四是没有"放诸四海皆可行"的、固定的保障性住房制度模式，关键是要根据本国的实际选择最优的制度安排。

第七，完善城镇保障性住房制度是一项复杂的系统工程，涉及许多方面的工作，需要制定相关的法律法规以及各项配套政策。努力实现全体人民"住有所居"的目标，完善城镇保障性住房制度必须从立法体系建设、建立多元化融资渠道、有效的供地制度、完善各项管理制度、将新市民（外来务工人员）纳入保障范围等多方面入手，才能提高城镇保障性住房制度的适度性、公平性以及效率性，从而更好地保障城镇中低收入家庭的基本住房权益。

第二节 研究展望

　　"十四五"以来，我国已经开启全面建设社会主义现代化国家新征程，新型城镇化与工业化仍然是我国经济发展的巨大动力，城镇中低收入家庭住房困难问题也将随之长期存在。因此，进一步完善符合我国国情的城镇保障性住房制度、实现全体人民"住有所居"的目标将成为长期热点问题，具有重要的理论价值与现实指导意义。本书在城镇保障性住房制度思想史研究、制度评价与改革方案上做了初步的努力与探索，得出了一些有益的结论。但由于主观能力有限，对城镇保障性住房制度思想史研究深度不够，制度评价指标体系有待健全，改革方案需要进一步优化。同时，受客观条件制约，未能全面、深入对我国一些地区城镇保障性住房制度创新实践进行实地调研，相关的第一手调研资料不足。这些问题需要在今后的学习与工作中加以改进。

　　总之，城镇保障性住房制度改革是一个不断深化的动态过程，更是一项复杂的系统工程。在本书写作过程中，笔者努力尝试为我国城镇保障性住房制度评价与改革提供一个可供借鉴的框架与模式，但由于笔者水平、学识、实践、经验等各方面的局限，书中必然存在许多不足之处，恳请各位专家、同行、读者批评指正！

参考文献

［1］ Adams J. S. The meaning of Housing in America ［J］. Annals of the Association of American Geographers, 1984（3）: 515-526.

［2］ Apgar W. , Whiting E. J. An Emerging Tool for Affordable Housing Finance ［R］. HKS Working Paper No. rwp03-015, 2003.

［3］ Behn R. D. Why Measure Performance Different Purposes Require Different Measures ［J］. Public Administration Review, 2003, 63（5）: 586-606.

［4］ Cressman R. Evolutionary Dynamics and Extensive Form Games ［M］. Cambridge: The MIT Press, 2002.

［5］ Cummings J. L. , Dipasquale D. The Low-Income Housing Tax Credit: An Analysis of the First Ten Years ［J］. Housing Policy Debate, 1999（10）: 251-307.

［6］ David T. Brown, Liquidity and Liquidation: Evidence from Real Estate Investment Trusts ［J］. The Journal of Finance, 2000（55）: 469-455.

［7］ Disney J. Affordable Housing in Australia: Some Key Problems and Priorities for Action ［R］. Melbourne: Australian Housing and Urban Research Institute, 2007.

［8］ Donnison D. , Ungerson C. Housing Policy ［M］. London: Penguin Books Ltd. , 1982.

［9］ Drucker P. E. The Practice of Management ［M］. New York: Harper Press, 1954.

［10］ Duda M. , Zhang X. , Dong M. China's Homeownership-Oriented Housing Policy: An Examination of Two Programs Using Survey Data from Beijing ［R］. Cambridge: Harvard University, Joint Center for Housing Studies, 2005.

[11] Durst N. J. , Sullivan E. The Contribution of Manufactured Housing to Affordable Housing in the United States: Assessing Variation among Manufactured Housing Tenures and Community Types [J] . Housing Policy Debate, 2019, 29 (6): 880-898.

[12] Galster G. Comparing Demand-Side and Supply-Side Housing Policies: Marke an Spatial Perspectives [J] . Housing Studies, 1997, 12 (4): 561-577.

[13] Gyourko J. , Linneman. Measurement Problems in Quantifying the Distributional Effects of Subsidy Programs [J] . Journal of Urban Economics, 1990a (28): 19-33.

[14] Gyourko J. , Linneman P. Rent Controls and Rental Housing Quality: A Note on the Effects of New York City's Old Controls [J] . Journal of Urban Economics, 1990b, 27 (3): 398-409.

[15] Howell K. Affordable Housing Preservation in Washington, D. C. : A Framework for Local Funding, Collaborative Governance, and Community Organizing for Change [M] . New York: Routledge, 2021.

[16] Kemeny J. Corporatism and Housing Regimes [J] . Housing Theory and Society, 2006 (23): 1-18.

[17] Kim I. J. , Kim G. Y. , Yoon J. Estimation of the Tenants' Benefits Residing in Public Rental Housing with Unit Size Constraint in Korea [J] . Urban Studies, 2004, 41 (8): 1521-1536.

[18] Kim S. S. , Yang I. H. , Yeo M. S. , et al. Development of a Housing Performance Evaluation Model for Multi-family Residential Building in Korea [J] . Building and Environment, 2005, 40 (80): 1103-1116.

[19] Kouzmin A. , Löfflor E. , Klages H. , et al. Benchmarking and Performance Measurement in Public Sectors: Towards Learning for Agency Effectiveness [J] . The International Journal of Public Sector Management, 1999, 12 (2): 121-144.

[20] Li J. , Spidalieri K. Home is where the Safer Ground is: The Need to Promote Affordable Housing Laws and Policies in Receiving Communities [J] . Journal of Environmental Studies and Sciences, 2021 (11): 682-695.

[21] Natividade-Jesus E. , Coutinho-Rodrigues J. , Antunes C. H. A Multicriteria Decision Support System for Housing Evaluation [J] . Decision Support Sys-

tems, 2007, 43 (3)：779-790.

[22] Nevitt A. A. Housing in a Welfare State [J] . Urban Studies, 1977 (14)：33-40.

[23] Olanrewaju A. L. , Idrus A. What is Determining Affordable Housing Shortages in the Greater Kuala Lumpur, Malaysia? [J] . Property Management, 2019, 38 (1)：52-81.

[24] Olsen E. O. An Economic Analysis of Rent Controls：An Empirical Analysis of New York's Experience [J] . Journal of Political Economy, 1972 (11)：1081-1110.

[25] Richard G. , Alan M. and Christopher W. Housing and the New Welfare State：Perspectives from East Asia and Europe [M] . London：Ashgate Publishing Ltol, 2007.

[26] Ramage K. , Bell M. , Zaretsky L. , et al. Is the Right to Housing Being Realized in Canada? Learning from the Experiences of Tenants in Affordable Housing Units in a Large Canadian City [J] . Societies, 2021, 11 (2)：1-9.

[27] Shelton J. The Cost of Renting Versus Owning a Home [J] . Land Economics, 1968 (44)：59-72.

[28] Spink B. What has the State ever Done for us Areviewofthe State's Role in Influencing the UK's Housing Market：1800 to 2003 [M] //Somerville P. , Sprigngs N. Housingand Social Policy：Contemporary Themes and Critical Perspective. London：Routledge, 2005.

[29] Stephen Malpezzi. Urban Housing and Financial Markets：Some International Comparisons [J] . Urban Studies, 1990, 27 (6) .

[30] Susin S. Rent Vouchers and the Price of Low - Income Housing [J] . Journal of Public Economics, 2002, 82 (1)：109-152.

[31] Wallace J. E. Financing Affordable Housing in the United States [J] . Housing Policy Debate, 1995, 6 (4)：785-814.

[32] Weibull J. W. Evolution, Rationality and Equilibrium in Games [J] . European Economic Review, 1998, 42 (3)：641-649.

[33] 阿瑟·奥沙利文 . 城市经济学 [M] . 苏晓燕，译 . 北京：中信出版社，2003.

[34] 艾建国，陈泓冰，鲁璐 . 保障房退出机制研究 [J] . 城市问题，

2012 (2): 76-80.

[35] 巴曙松，牛播坤，杨现领．保障房制度建设：国际经验及中国的政策选择 [J]．财政研究，2011 (12): 16-19.

[36] 毕宝德．土地经济学 [M]．北京：中国人民大学出版社，2006.

[37] 卜靖．国外住房保障制度主要模式及对我国的启示 [J]．当代经济管理，2013 (3): 39-43.

[38] 蔡德容．中国城镇住房：理论、实践与改革思路 [M]．北京：中国统计出版社，1991.

[39] 蔡鹏，严荣．新市民的住房问题及解决路径 [J]．同济大学学报（社会科学版），2020 (2): 70-82.

[40] 曹飞．我国保障房制度存在的问题及完善 [J]．郑州大学学报（哲学社会科学版），2013 (1): 81-84.

[41] 曹建海，徐小春．德国房价为何平稳 [N]．人民日报，2010-08-23 (017)．

[42] 曹建海．保障房建设的可持续探讨 [J]．现代城市研究，2012 (5): 27-31.

[43] 车若语，高书平，陈琛．新形势下农民工居住选择与保障性住房研究 [J]．广西社会科学，2017 (12): 145-150.

[44] 陈伯庚．中国特色住房保障体系构想 [J]．住宅产业，2011 (3): 12-15.

[45] 陈成文，胡竹军．低收入家庭的住房保障——英、美、日三国的实践模式及其启示 [J]．中国软科学，2008 (7): 150-154.

[46] 陈成文，黄利平．论住房保障与实现新时代"弱有所扶" [J]．城市发展研究，2019 (3): 1-5.

[47] 陈峰．我国住房保障体系的优化重构——基于体系顶层设计视角的探讨 [J]．华中师范大学（人文社会科学版），2012 (9): 47-56.

[48] 陈杰，胡明志．共有产权房：住房供给侧改革何以发力 [J]．探索与争鸣，2017 (11): 110-115.

[49] 陈磊，刘秀华．基于模糊综合评价模型的城市土地集约利用潜力评价——以河南省平顶山为例 [J]．南方农业学报，2011 (42): 340-344.

[50] 陈孟熙．经济学说史教程（第四版）[M]．北京：中国人民大学出版社，2017.

［51］陈淑云．共有产权住房：我国住房保障制度创新［J］．华中师范大学学报（人文社会科学版），2012（1）：48-58.

［52］陈涛．我国城镇保障性住房规模动态仿真及其优化配置研究［D］．南昌：南昌大学博士学位论文，2011.

［53］陈阳．我国保障性住房的发展现状、趋势与对策［J］．财经问题研究，2014（S2）：42-46.

［54］陈西宜．我国保障性住房政策实施过程中存在的问题及对策［J］．经济纵横，2010（11）：78-81.

［55］陈征，李建平，郭铁民．《资本论》在社会主义市场经济中的运用与发展［M］．福州：福建教育出版社，1998.

［56］陈征，李建平，郭铁民．社会主义初级阶段经济纲领研究［M］．北京：经济科学出版社，2000.

［57］陈征，李建平，郭铁民．政治经济学［M］．北京：高等教育出版社，2003.

［58］陈征．《资本论》解说（1-3卷）［M］．福州：福建教育出版社，1999.

［59］陈征．社会主义城市地租研究［M］．济南：山东人民出版社，1996.

［60］成思危．中国城镇住房制度改革：目标模式与实施难点［M］．北京：民主与建设出版社，1999.

［61］成志刚，彭少峰．我国保障性住房制度的公共性缺损及其治理［J］．湘潭大学学报（哲学社会科学版），2012（3）：76-79.

［62］程恩富，钟卫华．城市以公租房为主的"新住房策论"［J］．财贸经济，2011（12）：107-113.

［63］程恩富．新"房改"的未来方向［J］．人民论坛，2011（3）：40-41.

［64］程伟，席卫群．优化我国住房保障体系的财税政策探讨［J］．当代财经，2013（3）：44-51.

［65］程益群．住房保障法律制度研究［D］．北京：中国政法大学博士学位论文，2009.

［66］褚超孚．城镇住房保障模式研究［M］．北京：经济科学出版社，2005.

［67］崔永亮．论城镇住房保障问题与制度重构［J］．经济纵横，2014
（9）：62-65.

［68］大卫·李嘉图．政治经济学及赋税原理［M］．韦俊功，译．北京：
光明日报出版社，2009.

［69］道格拉斯·C.诺斯．制度、制度变迁与经济绩效［M］．刘守英，
译．上海：上海三联书店，1994.

［70］邓宏乾．住房保障改革与创新研究［M］．北京：科学出版
社，2020.

［71］邓小平文选（第一卷）［M］．北京：人民出版社，1994.

［72］邓小平文选（第二卷）［M］．北京：人民出版社，1994.

［73］邓小平文选（第三卷）［M］．北京：人民出版社，1993.

［74］邓郁松．进一步完善住房保障相关政策的建议［N］．中国经济时
报，2013-07-11（A05）.

［75］邓郁松．完善我国住房保障体系的目标和总体思路［N］．中国经
济时报，2013-07-09（A05）.

［76］邓中美．社会保障性住房制度评价指标体系研究［J］．重庆科技学
院学报（社会科学版），2009（8）：96-97.

［77］丁怡婷．扩大保障性租赁住房供给［N］．人民日报，2021-07-08（007）.

［78］董丽晶，田源．保障性住房运行过程中的问题及对策研究［J］．管
理现代化，2011（5）：45-47.

［79］董昕．中国农民工的住房政策及评价（1978-2012年）［J］．经济
体制改革，2013（2）：70-74.

［80］董昕．中国政府住房保障范围的变迁与现状研究［J］．当代财经，
2011（5）：84-91.

［81］董新龙，林金忠．高品质公租房：国家战略与民生抉择［J］．经济
学家，2012（1）：30-40.

［82］段亚男．公共租赁住房管理的国际实践及启示［J］探索，2017
（5）：151-156.

［83］恩格斯．论住宅问题［M］．北京：人民出版社，2019.

［84］方永恒，张瑞．保障房退出机制存在的问题及其解决途径［J］．城
市问题，2013（11）：79-83.

［85］冯俊，张锋．当前城镇住房矛盾与对策［J］．管理世界，2014

（5）：1-4.

［86］冯宗容．我国住房保障制度的模式选择、实施原则及对策探析
［J］．经济体制改革，2007（4）：141-144.

［87］高波，等．我国城市住房制度改革研究：变迁、绩效与创新［M］.
北京：经济科学出版社，2017.

［88］高群．我国保障性住房的发展脉络与制度创新研究［J］．改革与战
略，2011（11）：168-171.

［89］高艳芳．我国低收入阶层住房保障制度研究——以郑州市为例
［D］．开封：河南大学博士学位论文，2010.

［90］高义，戚巍，易勇．我国地方政府住房保障绩效评估指标体系研
究——基于"目标—标杆"二维视角［J］．科研管理，2012（6）：154-160.

［91］葛怀志，张金隆，侯淅珉，马辉民．国内外住房保障研究述评
［J］．城市问题，2011（9）：65-70.

［92］葛毛毛，刘涛，马智利．我国住房制度改革中路径依赖问题及对策
分析［J］．华东经济管理，2013，27（12）：147-151.

［93］葛扬，贾春梅．廉租房供给不足的事实、根源与突破路径［J］．经
济学家，2011（8）：27-35.

［94］谷俊青．2007-2009年保障性住房实施效果评价及政策建议［J］.
中国建设信息，2010（2）：42-45.

［95］古斯塔夫·冯·施穆勒．国民经济、国民经济学及其方法［M］.
北京：商务印书馆，2017.

［96］顾海峰．新型城镇化、保障房制度与最优信贷环境——基于需求引
致与供给助推的双重视角［J］．中国软科学，2017（1）：70-81.

［97］顾海良．马克思主义发展史［M］．北京：中国人民大学出版
社，2010.

［98］关长坤，唐焱．我国住房保障制度研究态势评述［J］．中国房地
产，2011（10）：50-56.

［99］郭万达．应重视保障性住房对内需的直接拉动［N］．第一财经日
报，2008-12-02（002）.

［100］郭伟伟．"居者有其屋"——独具特色的新加坡住房保障制度及启
示［J］．当代世界与社会主义，2008（6）：162-167.

［101］郭小聪．政府经济职能与宏观管理［M］．广州：中山大学出版

社，1997.

［102］韩冬梅．论我国住房保障的进入与退出机制［D］．武汉：华中师范大学博士学位论文，2008.

［103］韩伟．我国《住房保障法》的基本制度建构［J］．北京社会科学，2011（4）：17-21.

［104］何静．国外住房保障制度的评介与启示［J］．管理现代化，2012（4）：123-125.

［105］何灵．现阶段廉租住房退出管理中的问题与对策［J］．现代经济探讨，2011（4）：20-24.

［106］胡彬．制度变迁中的中国房地产［M］．上海：上海财经大学出版社，2002.

［107］胡戴新．住有所居：廉租住房保障的财政学视角［J］．财政研究，2008（3）：13-15.

［108］胡光志，张剑波．中国租房法律问题探讨——现代住房租住制度对我国的启示［J］．中国软科学，2012（1）：14-25.

［109］胡海峰，胡吉亚．"十一五"期间北京市保障性住房体系总体评价和未来发展设想［J］．北京社会科学，2012（1）：7-14.

［110］胡家勇．政府干预理论研究［M］．大连：东北财经大学出版社，1996.

［111］胡锦涛．高举中国特色社会主义的伟大旗帜，为夺取全面建设小康社会新胜利而奋斗［M］．北京：人民出版社，2007.

［112］胡琳琳．保障性住房户型标准研究［J］．经济研究参考，2012（44）：18-21.

［113］胡培兆，孙连成．《资本论》研究之研究［M］．成都：四川人民出版社，1985.

［114］胡培兆．有效供给论［M］．北京：经济科学出版社，2004.

［115］胡绍雨．新时期我国住房保障制度的改革探索［J］．技术经济与管理研究，2013（3）：75-79.

［116］黄安永，朱新贵．我国保障性住房管理机制的研究与分析——对加快落实保障性住房政策的思考［J］．现代城市研究，2010（10）：16-20.

［117］黄俊峰．保障性住房制度改革中的政府角色研究［J］．求索，2012（2）：84-85.

[118] 黄俊峰. 我国保障性住房退出机制研究 [J]. 江西社会科学, 2013 (1)：53-56.

[119] 黄燕芬, 唐将伟, 张超. 住房保障发展不平衡不充分：表现、成因与对策 [J]. 国家行政学院学报, 2018 (6)：108-112+190.

[120] 季雪. 北京中低收入阶层住房问题研究 [M]. 北京：清华大学出版社, 2010.

[121] 建设部课题组. 多层次住房保障体系研究 [M]. 北京：中国建筑工业出版社, 2007.

[122] 江虹. 住房保障制度的国际比较分析 [J]. 商业时代, 2011 (18)：99-100.

[123] 江荣灏, 周晓艳, 张苗苗. 土地财政依赖和土地供给结构对城镇保障性住房供应的影响——基于地级及以上城市的面板数据 [J]. 华中师范大学学报（自然科学版）, 2021, 55 (3)：432-441+452.

[124] 江泽民文选（1-3 卷）[M]. 北京：人民出版社, 2006.

[125] 姜雪梅. 中国住房社会保障制度的框架设计 [J]. 价格理论与实践, 2013 (12)：45-47.

[126] 金萍. 论新生代农民工市民化的住房保障 [J]. 社会主义研究, 2012 (4)：89-91.

[127] 金双华, 于征莆. 政府住房保障政策国际经验及借鉴 [J]. 地方财政研究, 2021 (6)：92-100.

[128] 李德智, 谭凤, 陈艳超, 谢莉. 美国提高保障房项目可持续性的策略及启示 [J]. 城市发展研究, 2015, 22 (11)：109-113.

[129] 李海波. 保障房居住满意度影响因素及城际差异实证研究 [J]. 经济研究参考, 2018 (50)：11-19.

[130] 李辉婕. 各地区廉租住房保障水平测算及其与经济发展的适应性分析 [J]. 当代财经, 2008 (11)：39-42.

[131] 李会勋, 王学辉. 保障性住房产权设计模式研究 [J]. 理论月刊, 2017 (3)：92-96+101.

[132] 李建建. 中国城市土地市场结构研究 [M]. 北京：经济科学出版社, 2004.

[133] 李建平, 李建建, 黄茂兴, 等. 中国 60 年经济发展报告（1949～2009）[M]. 北京：经济科学出版社, 2009.

［134］李建平.《资本论》第一卷辩证法探索［M］. 北京：社会科学文献出版社，2006.

［135］李建平. 马克思主义经济学的创新与发展［M］. 北京：社会科学文献出版社，2008.

［136］李进涛，王一. 基于 Meta 回归的保障性住房居住满意度研究［J］. 湖北工业大学学报，2018，33（6）：88-93.

［137］李克武，聂圣. 从实物配租到货币配租：我国公租房制度的理性选择［J］. 江西社会科学，2019（8）：154-165+256.

［138］李莉. 美国公共住房政策的演变［D］. 厦门：厦门大学博士学位论文，2008.

［139］李培. 中国住房制度改革的政策评析［J］. 公共管理学报，2008（3）：47-55.

［140］李培. 中国住房制度改革的政策评析［J］. 公共管理学报，2008（3）：47-55.

［141］李扬，汪利娜，殷剑峰. 普遍住房保障制度比较和对中国的启示［J］. 财贸经济，2008（1）：37-43.

［142］李伊珍，汪丽. 各类型保障性住房满意度研究［J］. 特区经济，2014（10）：27-30.

［143］李勇辉，李小琴，沈波澜. 安居才能团聚？——保障性住房对流动人口家庭化迁移的推动效应研究［J］. 财经研究，2019，45（12）：32-45.

［144］李勇辉，林森，刘孟鑫. 土地财政、地方政府行为激励与保障性住房供给［J］. 湘潭大学学报（哲学社会科学版），2020，44（4）：85-91.

［145］李允. 中国大都市保障性住房政策实施的困境与出路分析［D］. 长春：吉林大学博士学位论文，2012.

［146］李正图，杨维刚，马立政. 中国城镇住房制度改革四十年［J］. 经济理论与经济管理，2018（12）：5-23.

［147］梁云凤. 德国的保障房制度及对我国的启示［J］. 经济研究参考，2011（61）：66-69.

［148］林梅. 当前中国住房保障制度建设面临的困境及对策［J］. 科学社会主义，2012（5）：110-113.

［149］林梅. 发达国家住房保障的基本模式及其经验与启示［J］. 当代世界与社会主义，2012（5）：104-107.

［150］林素刚．对公共租赁住房遇冷现象的研究［J］．价格理论与实践，2012（7）：21-22.

［151］刘波，赵继敏．世界城市住房保障政策比较研究［J］．国际城市规划，2012（1）：16-20.

［152］刘超奇．公共租赁住房模式研究——以深圳为例［D］．武汉：华中师范大学博士学位论文，2008.

［153］刘广平，陈立文，尹志军．基于住房支付能力的住房保障对象界定研究［J］．技术经济与管理研究，2015（12）：93-97.

［154］刘洪辞．蚁族群体住房供给模式研究［D］．武汉：武汉大学博士学位论文，2012.

［155］刘继同．社会福利制度战略升级与构建中国特色福利社会［J］．东岳论丛，2009（1）：78-87.

［156］刘力．城市新移民住房保障的重庆模式探讨——以公共租赁住房为例［J］．商业时代，2012（3）：102-103.

［157］刘书越，刘景广，王少军，王鹏，杨英法．保障性住房货币直补模式研究——以河北省为例［J］．经济论坛，2016（2）：109-112.

［158］刘双良，石丽婷．优化保障性住房的准入退出机制［J］．人民论坛，2017（34）：90-91.

［159］刘卫民．我国住房保障体系面临的新背景与新要求［N］．中国经济时报，2013-06-25（A05）.

［160］刘亚臣．我国城镇住房产权制度变迁与经济绩效研究（1949-2010）［D］．沈阳：辽宁大学博士学位论文，2011.

［161］刘亚娟．基于居住权的住房保障制度创新探析［J］．湖南师范大学社会科学学报，2021（5）：136-143.

［162］龙雯．公共住房保障中的政府责任研究［D］．长沙：湖南大学博士学位论文，2012.

［163］鲁学明，纪明山．经济学说史概要［M］．天津：南开大学出版社，1990.

［164］吕萍，修大鹏，李爽．保障性住房共有产权模式的理论与实践探索［J］．城市发展研究，2013（2）：20-24.

［165］吕萍，张绍基，丁富军，李爽．保障性住房用地方式比较及改革思路探索［J］．中国土地科学，2012（5）：5-10.

［166］吕雪峰．完善城镇居民住房保障制度的财政政策建议［J］．经济研究参考，2009（52）：41-43.

［167］罗应光，向春玲，等．住有所居：中国保障性住房建设的理论与实践［M］．北京：中共中央党校出版社，2011.

［168］马克思，恩格斯．马克思恩格斯选集（1-4 卷）［M］．北京：人民出版社，1995.

［169］马克思．资本论（1-3 卷）［M］．北京：人民出版社，2004.

［170］马蕾．我国保障房现状及可持续发展研究［J］．经济与管理评论，2015，31（6）：113-119.

［171］马乃云，李青．完善低收入群体住房保障的财税路径分析［J］．北京工商大学学报，2011（9）：99-104.

［172］马庆斌．保障性住房的国际经验借鉴和政策启示［J］．宏观经济管理，2010（10）：65-72.

［173］马歇尔．公民身份与社会阶级［M］．南京：江苏人民出版社，2008.

［174］马秀莲，范翻．住房福利模式的走向：大众化还是剩余化？——基于 40 个大城市的实证研究［J］．公共管理学报，2020，17（1）：110-120+173.

［175］毛丰付，王建生．保障性住房能够促进人口流动吗？——基于省际人口流动的引力模型分析［J］．华东经济管理，2016，30（11）：86-95.

［176］毛泽东选集（1-4 卷）［M］．北京：人民出版社，1991.

［177］孟星．解决农民工住房问题的前提条件与根本途径［J］．华东师范大学学报（哲学社会科学版），2016（4）：62-66+169.

［178］彭华民，唐慧慧．排斥与融入：低收入农民工城市住房困境与住房保障政策［J］．山东社会科学，2012（8）：20-29.

［179］戚瑞双．保障性住房住户福利研究——基于森的功能福利理论的研究（以北京市为例）［J］．技术经济与管理研究，2018（10）：3-10.

［180］钱小利．住房保障制度演进轨迹与现实响应：解析一个实例［J］．改革，2012（11）：91-97.

［181］秦虹．进一步完善住房保障体系［N］．学习时报，2019-06-28（001）.

［182］邱玥．房地产：解决好大城市住房突出问题［N］．光明日报，2020-12-24（013）.

［183］曲长祥，肖榕．中国保障性住房的发展轨迹及特征分析［J］．东北农业大学学报（社会科学版），2015，13（3）：26-31.

［184］任鹏充，任芃兴．保障性住房制度的国际比较及经验借鉴［J］．河北金融，2010（4）：108-111.

［185］任兴洲．我国住房保障体系的建立及其基本评价［N］．中国经济时报，2013-06-19（A05）．

［186］邵挺．我国城镇住房和住房保障的总体情况及发展趋势［N］．中国经济时报，2013-06-24（A05）．

［187］申卫星．住房保障法的起草：目标、原则与内容［J］．江淮论坛，2011（3）：96-102.

［188］沈立人．地方政府的经济职能和经济行为［M］．上海：上海远东出版社，1998.

［189］盛光华，汤立，吴迪．发达国家发展保障性住房的做法及启示［J］．经济纵横，2015（12）：106-110.

［190］石利．我国社会保障性住房监管机制新探［J］．管理现代化，2012（4）：15-17.

［191］孙志华．美国住房政策考察及借鉴［J］．山东社会科学，2012（9）：163-166.

［192］谭春辉．高校哲学社会科学创新能力评价模型研究［J］．评价与管理，2010（12）：62-67.

［193］谭锐，黄亮雄，韩永辉．保障性住房建设困境与土地财政压力——基于城市层面数据的实证研究［J］．现代财经（天津财经大学学报），2016，36（12）：61-72.

［194］谭锐．中国保障性住房体系的演进、特点与方向［J］．深圳大学学报（人文社会科学版），2017，34（2）：101-108.

［195］谭禹．委托-代理视角的保障性住房政策地方执行阻滞分析［J］．城市发展研究，2014，21（12）：31-37.

［196］汤顶华．快速城市化进程中大城市新城发展与住房保障的互动关系研究［D］．南京：东南大学博士学位论文，2019.

［197］唐钧．请再斟酌保障性住房政策［J］．中国发展观察，2011（3）：13-14.

［198］汪建强．浅析英国公租房租金制度及其对我国的启示［J］．价格

理论与实践，2012（12）：40-41.

[199] 汪洁. 新中国60年城镇住房保障发展的历程及启示 [J]. 理论导刊，2012（2）：29-32.

[200] 王宝娜. 论城市保障性住房法律制度的完善 [J]. 人民论坛，2012（12）：142-143.

[201] 王承慧. 美国公共住房发展的多面性及启示——以芝加哥、纽约与波士顿为例 [J]. 现代城市研究，2016（6）：22-30.

[202] 王蕾. 以公平为基点反思我国住房保障政策 [J]. 华东政法大学学报，2011（6）：117-123.

[203] 王世联. 中国城镇住房保障制度思想变迁研究（1949-2005）[D]. 上海：复旦大学博士学位论文，2006.

[204] 王微，邓郁松，邵挺，等. 房地产市场平稳健康发展的基础性制度与长效机制研究 [M]. 北京：中国发展出版社，2018.

[205] 王小广. 我国需要什么样的住房保障制度 [J]. 经济研究参考，2012（44）：4-7.

[206] 王晓东，洪爱华. 个人保障性住房融资再研究——基于政府财政与民间资本合力效应的实证分析 [J]. 华东经济管理，2014，28（12）：129-133.

[207] 王晓燕，李美洲. 美德英新等国房地产市场发展和管理经验教训及其对我国的启示 [J]. 西南金融，2019（12）：44-52.

[208] 王彦鹏. 城镇居民保障性住房建设与配置 [J]. 地方财政研究，2009（10）：4-10.

[209] 王元明，沙瑶. PPP模式下保障性住房建设中私营机构参与积极性研究 [J]. 公共财政研究，2017（6）：35-45.

[210] 王仲彦，申玲. 保障性住房市场公平分配研究 [J]. 商业时代，2011（13）：94-96.

[211] 王子成，郭沐蓉，邓江年. 保障性住房能促进流动人口城市融入吗？[J]. 经济体制改革，2020（1）：176-181.

[212] 王祖山，余昕. 保障性住房建设"加速跑"会"跑偏"吗？——以满足多元化福利诉求为导向的反思 [J]. 湘潭大学学报（哲学社会科学版），2018（5）：63-68.

[213] 韦颜秋. 住房保障制度国际比较、借鉴及中国政策优化 [J]. 城

市发展研究，2014，21（12）：14-19+37.

［214］魏铭材，陈圆，陈超．房地产市场发展、保障性住房与人居民生
［J］．产业与科技论坛，2021（12）：15-16.

［215］魏小雨．论我国住房保障体系中的政府职能［J］．河南师范大学
学报（哲学社会科学版），2011（9）：126-128.

［216］吴宾，孙慧慧．廉租住房保障的政府绩效评估初探［J］．长春工
程学院学报（社会科学版），2011，12（1）：44-48.

［217］吴立范．美英住房政策比较［M］．北京：经济科学出版社，2009.

［218］吴宁，陈卫华．英国住房保障模式的有益启示［J］．世界经济与
政治 2011（12）：43-44.

［219］吴伟荣，马玉磊．我国保障性住房退出机制研究［J］．财政监督，
2013（2）：75-76.

［220］吴翔华，虞敏敏，左龙．外来务工人员住房保障意愿研究——基
于南京市外来务工人员调研［J］．调研世界，2015（7）：28-31.

［221］吴宣恭，等．产权理论比较：马克思主义与西方现代产权学派
［M］．北京：经济科学出版社，2000.

［222］武超群，蓝天．国外保障房建设中政府参与方式分析及对我国的
启示［J］．中央财经大学学报，2011（9）：13-18.

［223］武力．中华人民共和国经济史（增订版上、下卷）［M］．北京：
中国时代经济出版社，2010.

［224］武妍捷，牛渊．住房保障对象范围界定及机制构建研究［J］．经
济问题，2018（3）：85-89.

［225］武中哲．保障房退出的政府动机、执法成本与制度建构［J］．山
东财经大学学报，2016，28（6）：26-33.

［226］习近平．摆脱贫困［M］．福州：福建人民出版社，1992.

［227］习近平谈治国理政（第一卷）［M］．北京：外文出版社，2018.

［228］习近平谈治国理政（第二卷）［M］．北京：外文出版社，2017.

［229］习近平谈治国理政（第三卷）［M］．北京：外文出版社，2020.

［230］相伟．保障性住房规划存在的突出问题及对策建议［J］．经济研
究参考，2012（44）：39-41.

［231］谢恒，汤永鸿，单海鹏．中国保障性安居工程 PPP 融资模式研究
［J］．经济问题，2015（8）：61-65.

［232］谢恒，周雯珺．国外保障性住房建设融资方式借鉴［J］．宏观经济管理，2012（5）：87-89.

［233］谢义维，江峰．发达国家住房保障制度体系比较研究［J］．江西社会科学，2014，34（9）：197-201.

［234］邢海峰．"十二五"保障性住房供应体系建设思考［J］．现代城市研究，2012（5）：8-12.

［235］徐滇庆．房价与泡沫经济［M］．北京：机械工业出版社，2006.

［236］徐东辉．中国公租房制度创新研究［D］．长春：吉林大学博士学位论文，2012.

［237］徐虹．经济适用房退出机制改革研究［J］．价格理论与实践，2012（2）：38-39.

［238］徐苗，马雪雯．基于社会融合视角的保障性住房研究评述及启示［J］．西部人居环境学刊，2015，30（5）：93-99.

［239］徐苗，杨碧波．中国保障性住房研究评述及启示——基于中外期刊的计量化分析成果［J］．城市发展研究，2015，22（10）：108-118.

［240］亚当·斯密．国民财富的性质和原因的研究［M］．郭大力，王亚南，译．北京：商务印书馆，2008.

［241］严荣．保障性住房建设：地方政府的行为逻辑［J］．现代经济探讨，2014（10）：13-17.

［242］阳艳．香港公共房屋制度研究［J］．法制与经济，2012（1）：110-112.

［243］杨春志，康俊亮．共有产权住房制度研究［J］．北京航空航天大学学报（社会科学版），2016，29（5）：1-6.

［244］杨风召，杨青龙，方冬．保障性商品房价格合理性研究——以基本的居住功能为出发点［J］．南京财经大学学报，2017（6）：39-49.

［245］杨继瑞，黄潇．公租房制度建设的一个典型案例剖析［J］．经济纵横，2012（1）：50-54.

［246］杨继瑞．房地产新政：现状、展望与思考［M］．成都：西南财经大学出版社，2005.

［247］杨菊华．制度要素与流动人口的住房保障［J］．人口研究，2018（1）：60-75.

［248］杨巧，李意．非营利组织参与住房保障的国外实践与启示［J］．

经济纵横，2014（12）：129-132.

［249］杨绍媛．住房保障税收政策研究［D］．济南：山东大学博士学位论文，2008.

［250］杨向前．中国保障制度的演进与思考［J］．中共石家庄市委党校学报，2012（11）：19-25.

［251］杨跃龙，韩笋生．澳大利亚住房保障的供给侧改革和创新性实践［J］．城市与环境研究，2019（2）：80-92.

［252］姚玲珍．中国公共住房政策模式选择研究［M］．上海：上海财经大学出版社，2003.

［253］姚玲珍．中国公共住房政策模式研究（修订版）［M］．上海：上海财经大学出版社，2009.

［254］叶晓甦，黄丽静．公平和效率指导下的我国保障性住房体系建设［J］．城市发展研究，2013（2）：20-24.

［255］伊利，莫尔豪斯．土地经济学原理［M］．腾维藻，译．北京：商务印务馆，1982.

［256］尹梦霞．保障房建设在房地产及经济发展中的作用［J］．城市问题，2012（2）：67-70.

［257］虞晓芬，傅剑，林国栋．社会组织参与住房保障的模式创新与制度保障——英国住房协会的运作经验与借鉴［J］．城市发展研究，2017，24（1）：117-122.

［258］虞晓芬．我国城镇住房保障体系及运行机制研究［M］．北京：经济科学出版社，2018.

［259］曾国安，张河水．城市化中的住房保障需求特点及中国城市住房保障制度与政策设计［J］．开发研究，2011（2）：73-76.

［260］张波，刘江涛．经济适用住房退出机制的构建［J］．经济理论与经济管理，2008（7）：34-40.

［261］张鹤．土地供给、保障房建设与商品房价格［J］．中国高校社会科学，2019（6）：58-68+156.

［262］张丽凤．中国城镇住房制度变迁中政府行为目标的逻辑演进（1949-2008）［D］．沈阳：辽宁大学博士学位论文，2009.

［263］张清勇．我国住房保障政策的发展、问题与思路［J］．中国财政，2016（1）：57-59.

［264］张泉，张昕．保障性住房政策演进：一个比较视角［J］．重庆社会科学，2015（6）：41-46.

［265］张协奎，樊光义．论习近平新时代住房发展观［J］．财经科学，2020（3）：53-65.

［266］张旭文．哪些因素阻碍了保障性住房供给［J］．人民论坛，2019（21）：68-69.

［267］张旭文．我国保障性住房有效供给研究［D］．南昌：江西财经大学博士学位论文，2021.

［268］张耀凯．政企合作开发公租房项目运作模式的研究［D］．成都：西南交通大学博士学位论文，2011.

［269］张运书．日本住房保障制度的法理分析与借鉴［J］．现代经济探讨，2011（6）：88-92.

［270］张占斌，李万峰，费友海．中国城镇保障性住房建设研究［M］．北京：国家行政学院出版社，2013.

［271］张占录．我国保障性住房建设存在问题、发展障碍与制度建设［J］．改革与发展，2011（3）：72-75.

［272］章春杰．建立和完善厦门市社会保障性住房制度的探索与思考［D］．厦门：厦门大学博士学位论文，2009.

［273］章征涛．和谐视角下重庆市主城区保障性住房居住空间发展研究［D］．重庆：重庆大学博士学位论文，2010.

［274］赵茜宇，张国伟，郑伟，张占录．保障房土地供应制度困境与重构探析——以北京市为例［J］．经济体制改革，2015（5）：191-195.

［275］赵天奕．完善保障性住房制度，着力扩大内需［J］．宏观经济管理，2013（2）：36-38.

［276］赵伟，曾繁杰．我国住房保障体系的症结与改革思路［J］．甘肃社会科学，2010（4）：78-81.

［277］赵以邗．完善住房保障制度需关注的几个问题［J］．中国金融，2011（15）：89-90.

［278］郑慧．租赁型保障性住房退出机制研究［J］．经济研究参考，2012（44）：29-32.

［279］郑鑫．公共住房保障中如何强化政府责任［J］．人民论坛，2016（23）：99-101.

［280］郑云峰，朱珍．构建房地产管理长效机制的思考［J］．福州党校学报，2021（5）：56-60．

［281］郑云峰，朱珍．习近平关于住房问题重要论述的逻辑生成、思想内涵与实践要求［J］．攀枝花学院学报，2021（6）：8-14．

［282］郑云峰．德国住房保障：制度构成、特征及启示［J］．北华大学学报（社会科学版），2016（2）：117-120．

［283］郑云峰．中国城镇保障性住房制度研究［D］．福州：福建师范大学博士学位论文，2014．

［284］中国公共经济研究会课题组．构建"商保融合"的新型市场化保障房模式［J］．国家行政学院学报，2015（6）：116-118．

［285］周博颖，张璐．住房保障政策评估方法及指标体系研究［J］．城市发展研究，2020，27（11）：111-117．

［286］周理．城镇保障性住房与商品性住房供给比例研究［D］．西安：西安建筑科技大学博士学位论文，2010．

［287］周琳．保障房建设资金筹集困境与破解［J］．商业时代，2012（29）：137-138．

［288］周其仁．房价问题的政治含义［J］．中国企业家，2005（16）：28-29．

［289］周青．基于供给侧改革的城市保障性住房供需平衡研究——以广西南宁市为例［J］．广西社会科学，2016（7）：17-22．

［290］周卫嘉．网络关系、保障性住房政策对住房价格的影响研究［D］．长春：吉林大学博士学位论文，2010．

［291］周雪飞．我国住房保障政府绩效评价的体系构建［J］．行政事业资产与财务，2009（6）：38-42．

［292］周玉梅，黄艺红．构建中低收入群体住房保障体系问题探讨［J］．理论探讨，2011（6）：86-89．

［293］朱孔来，李励．中国保障房建设管理的主要问题及改革建议［J］．理论学刊，2015（11）：83-88．

［294］朱新贵，李俊杰．三城市保障房后期管理比较研究［J］．城市问题，2016（4）：74-80．

［295］祝仲坤．公众满意度视角下中国住房保障政策评价［J］．人口与发展，2018（1）：43-53．

［296］踪程，闫浩，陈立文．住房品质、公共物品供给与保障房居民福利［J］．经济问题，2017（2）：51-55.

［297］祖晓青．创新保障性住房建设投融资机制［J］．开放导刊，2011（12）：24-27.

后　记

改革开放以来，我国城镇住房事业取得了巨大的成就，建成了世界上最大的住房保障体系，累计帮助2亿多困难群众实现了安居梦想。同时，必须清醒地认识到，我国城镇保障性住房事业发展不平衡、不充分问题仍然比较突出，特别是大城市的新市民和青年人的住房保障问题仍然比较严峻。多年来，我一直关注我国城镇保障性住房制度的改革进展及学术界相关的研究动态。2014年在导师李建建教授的悉心指导下，我完成了博士学位论文《中国城镇保障性住房制度研究》。在博士论文的基础上，我详细考察了近年来我国城镇保障性住房制度研究的最新进展、发展状况以及未来展望，进一步充实完善相关的数据和资料，形成了这一部尚不够成熟的专著，奉献给我的老师、同行以及广大读者。

能完成本书稿，由衷地感谢老师、同学、亲人及朋友们的关心与支持。衷心感谢我的导师李建建教授，先生真诚待人、无私奉献的高尚品德经常感动着我，他严谨的治学态度是我学习的榜样，广博的学识素养是我追求的目标。衷心感谢德高望重的陈征教授与李建平教授，他们高尚的人格及严谨的治学态度使我受益终身，在此致以最崇高的敬意及深深的谢意！

感谢廖福霖教授、李闽榕教授、张华荣教授、黄瑾教授、陈少晖教授、林子华教授、黄茂兴教授、蔡秀玲教授、陈俊明教授、祝健教授、戴双兴教授、高磊副院长、陈美华老师等众多老师的培养。感谢唐文忠校长、林俐达教授、林东教授、林海榕教授的关心和指导。

感谢福州职业技术学院领导及相关部门对本书出版的大力支持。

感谢经济管理出版社的鼎力支持，相关编校人员为本书的出版做了艰辛细致的工作并提出了宝贵的建议。

本书撰写过程中参考了许多国内外同行的相关研究成果，在此一并表示感谢！

　　最后，要特别感谢我的妻子朱珍副教授、我的家人对我学习及工作的理解和支持！

　　由于学识水平有限，掌握的材料不够充分，本书难免存在疏漏和不足之处，敬请批评指正。

郑云峰

2021 年 11 月于福州